图书在版编目（CIP）数据

丝绸之路艺术史 / 武斌著 . -- 北京 : 北京时代华文书局 , 2025. 8.
ISBN 978-7-5699-5366-4

Ⅰ . ①丝… Ⅱ . ①武… Ⅲ . ①丝绸之路－文化交流－文化史－研究－世界
Ⅳ . ① K103

中国国家版本馆 CIP 数据核字 (2024) 第 064280 号

SICHOU ZHI LU YISHUSHI

出 版 人：陈　涛
责任编辑：周海燕　戴　健
责任校对：陈冬梅
封面设计：XXL Studio　张　宇
内文设计：程　慧　贾静洁
责任印制：刘　银　訾　敬

出版发行：北京时代华文书局 http://www.bjsdsj.com.cn
北京市东城区安定门外大街 138 号皇城国际大厦 A 座 8 层
邮编：100011　电话：010-64263661　64261528

印　　刷：天津裕同印刷有限公司
开　　本：710 mm×1000 mm　1/16　　成品尺寸：170 mm×240 mm
印　　张：26　　字　　数：330 千字
版　　次：2025 年 8 月第 1 版　　印　　次：2025 年 8 月第 1 次印刷
定　　价：158.00 元

THE ART HISTORY OF THE SILK ROAD

丝绸之路艺术史

武斌　著

北京时代华文书局

目　录

前　言

一

近些年来，“丝绸之路”这个概念越来越引起人们的关注，并从一个单纯的学术概念进入公共生活领域。关于“丝绸之路”形成的历史及其对于现代社会中经济文化发展的重要意义，也是人们热烈讨论的话题。

那么，我们讨论的“丝绸之路”具体指的是什么呢？丝绸之路对于人类文明的发展具有什么意义呢？

简单地说，丝绸之路是在历史上形成的从东到西贯穿亚欧大陆，远及北非地中海沿岸以及东非海岸的交通大通道。就其在文明史上的作用而言，可以把对丝绸之路的探讨范围限定在亚欧大陆的地理空间内。现在通常都把丝绸之路分为通过西北陆路的陆上丝绸之路、草原丝绸之路和通过东海、南海的海上丝绸之路三大干线，另外还有从四川通往印度的西南或南方丝绸之路，以及通往东边的东北亚丝绸之路。这样，丝绸之路就不是单一的自东徂西的路线，而是几乎遍布亚欧大陆的纵横交错的交通网络。这个交通网络，既有从东到西的几条干线，也有围绕这些干线形成的许多支线，还有从北到南的若干线路；既有踏过流沙、翻越雪山的陆路，也有万顷波涛的海路，还有纵横万里的草原之路。

这样的交通网络就把整个亚欧大陆联系起来了。有了这样的交通网络，就在亚欧大陆实现了各民族最早的联系和交流，实现了各文化间最早的互联互通和共建共享。

我们现在一般都把汉代张骞通西域作为丝绸之路的开端，但实际上丝绸之路并不是从张骞以后才有的。路是人走出来的，有了人

图 0-1　　敦煌壁画中的张骞出使西域图

就有了路。有了人类的活动，就有了走向远方的梦想，就有了探索交通道路的努力，因此就有了“彩陶之路”“玉石之路”“草原之路”及以后的“青铜之路”等，因此，丝绸之路的历史可以追溯到新石器时代，汉代丝绸之路的大畅通正是在此前数千年人类活动的基础上实现的。（图 0-1）

丝绸之路最初是因为商贸活动而开辟的，商贸活动以及追求商业利润的努力是人类开辟道路交通最持久的动力，各国各民族的商人是丝绸之路上人数最多、延续时间最长，也是贡献最大的一个群体，丝绸之路沿线的许多城镇都是因他们的活动而繁荣起来的，甚至就是这些商人建立起来的。也正是因为这些商人持续千百年地行走在丝绸之路上，才实现了物种的大交换、商品的大交换，让各民族充分分享了一切文明的先进成果。中国的丝绸、茶叶、瓷器等丰富精美的物产源源不断地传播到除美洲、大洋洲以外的世界各地，西方的香料、玻璃等奇珍异宝也源源不断地输入中国。

商人们不仅传播着物质文化的成果，还在各民族之间沟通文化信息，这成为各民族相互了解和认识的最初渠道。因此，丝绸之路不仅仅是商贸之路、物质交换之路，更是各民族、各文化相遇、接触、交流与融合之路。在丝绸之路上，除了物产和物种的大流动，还有技术的转移、艺术的交流，以及宗教和思想文化的传播。丝绸之路是人类文明交流和互鉴的产物，是联系起来的世界各民族文明对话之路。通过丝绸之路，在旷日持久的岁月里，联系起来的世界上的各个民族、各种文化展开了大交流、大汇通、大融合。有了这样的大交流、大汇通、大融合，也就有了东西方文明的大发展，有了世界文明的融合和共同的繁荣。丝绸之路的本质是文明的对话，是各民族文化的互联互通，是人类文明的共享。

丝绸之路，一个包罗万象的诗一般的名称，具有浪漫色彩。丝绸之路的历史就是通过亚欧大陆的大交通、文化大交流讲述的世界文明史。漫长而内容丰富的丝绸之路发展史，是世界文化发展史上一个奇伟壮丽的文化景观，一个人类文明共生与交融的伟大经验。展示与解读这个巨幅的历史画卷，总结中国与其他民族文化相遇、对话、交流与互动的历史经验，会使我们对于中华文化的特性与品质的认识，对于中华文化的民族性和世界性内涵的理解，对于面向全球化时代中华文化和世界文化发展的前景的展望，都获得有益的启发和思考。

二

在现代学术语境下，丝绸之路已经成为一个国际通用的学术名词，远远超越了“路”的地理学范畴，正如联合国教科文组织下的定义那样：“丝绸之路是对话之路。”这是东西方文明的对话，是亚欧大陆各个民族文化的对话，是人类的对话。

丝绸之路作为东西方文化的相遇、交流和对话之路，在世界文明史上具有特别重要的地位和意义。丝绸之路所经过、所沟通、所连接的亚欧大陆，正是世界古典时代文明的先进地带。从地中海岸到中国海岸这一古典地带，由许多古代民族、无数古代邦国集结为几个古代大帝国。丝绸之路像一条金色的丝带，横亘在古老的亚欧大陆上，把这几大文明古国连接起来，把东方与西方连接起来。在这漫漫长路上，在几千年的悠久岁月之中，民间商旅、官方使臣、虔诚的僧侣、勇敢的探险家和旅行家，以及征战的军队和迁徙的民众，相望于道，不绝于途。丝绸之路的文化意义的基本点就是中国文明与地中海文明之间各种文化的大交汇与大交流。丝绸之路是整个亚欧大陆上的文化交流之路，是东方与西方各民族的相遇、相识、沟通与交流之路。经过丝绸之路，各民族之间在物质的生产、文化的发展等方面不断相互交流、相互补充、共同进步，历千百年之盛衰兴替，蔚成古典世界文化历史之灿烂辉煌。

交流是文明发展的动力。对于任何一个民族的文化来说，要持续地发展、持续地保持其勃勃的生机与活力，必须拥有健全的开放机制，通过与其他文化的交流，吸收一切先进的文明成果，来补充、丰富和发展自己。

文化交流首先是不同文化的相遇和接触。这种相遇和接触对双方都会产生一定的影响。所有伟大文明的发生都是文化接触的结果。文化是民族的，也是世界的。这不仅是指各民族文化都是世界文化的组成部分，都参与了世界文化的创造和发展；也不仅是指各民族文化都包含着世界文化的普遍性内容和共同价值；还有一层意思，就是各民族文化都吸收了其他民族文化的积极的、先进的成果，并且将其纳入自己的文化体系之中，将外来文化融入自己的文化，使之成为自己的文化。这一过程也就使得民族文化获得了世界文化、全球文化的意义。

丝绸之路是中国文化走向世界的道路，是中国文化与西方文化相遇、交流、对话、融合的道路。丝绸、瓷器等丰饶的中华物产，

图 0-2 粟特壁画，7 世纪，撒马尔罕古城阿费拉昔牙卜遗址

经由这条国际贸易的大通道输往沿途各国，中国的生产技术、科学知识也陆续传往西方世界，而关于中国的种种游记、见闻乃至传闻，不时向西方传达着遥远的东方帝国的文化信息。西方的物产和技术、科学知识和发明创造，以及关于西方文化的传闻信息，也沿着这条大道源源不断地传播到中国，不断地给中华文化补充丰富和新鲜的内涵。可以说，丝绸之路是古代中华文化与外来文化相互交流、激荡和相互影响的主要途径之一，对于中华文化的丰富和发展具有十分重大的意义。（图 0-2）

通过丝绸之路，中华文化努力向海外开拓，积极与世界其他民族交流与对话，也是在不断地追求走向世界、追求获得普遍性和世界性。因此，从历史上看，中华文化是世界文化格局中很重要的一部分，是世界文化总体对话中很重要的一极。由于中华文化的参与，世界文化格局才显得如此丰富多彩、辉煌壮观、气象万千，世界文化的总体对话才显得如此生动活泼、生机盎然、妙趣横生。另一方面，中华文化在走向世界、参与世界文化总体对话的过程中，也使自己获得了世界性的文化价值和文化意义。

坦诚且主动地进行文化交流，广泛地吸收外来文化，大规模地进行文化输出，都是对自己的民族和文化有着强烈的自信心的表现。

三

各民族艺术文化的交流，是丝绸之路历史上最浪漫、最有趣味的文化交流。

中西之间的艺术交流，可能开始得很早。考古学家们早就指出，在仰韶彩陶文化中，就有中西方相互影响的痕迹。在远古的传说中，也有黄帝派伶伦去西方寻找音乐和乐器的故事。在中国古代的传说中，伶伦是音乐的始祖，那么可以认为，在中华音乐文化的源头上，就有了中西交流的痕迹。商周时期，西域的乐舞艺术已经传播到中原，当时的周朝宫廷音乐舞蹈艺术，已经受到了西域乐舞的影响。此后，一直到汉唐时期，西域乐舞更广泛地传播到内地，比如著名的“三大乐舞”，始终受到热烈的欢迎。许多西域民族的艺术家来到内地，直接传播西域的音乐舞蹈艺术；许多来自西域的乐器直接进入中原音乐的演奏中。西域乐舞的传播成为丝绸之路上文化交流极富浪漫色彩的篇章，在很大程度上影响了中国音乐舞蹈艺术的发展。

佛教艺术的传播对中国文化的丰富和发展有着重大影响。在中西文化交流史上，佛教传入中国并且中国化是丝绸之路历史上的一个重大事件，也是世界文化史上的重大事件。佛教在中国传播，并且成为中国传统文化的一个重要组成部分，这对于中国文化的发展有着极为深刻的影响。佛教不仅是一种信仰体系、一种宗教形态，而且是一个巨大的文化丛，包含着极为丰富的内容。在佛教传入中国的同时，印度的医学、天文学、哲学、逻辑学等也都传播到中国，对中国文化的发展起到了很大的促进作用。其中影响特别大的是佛教艺术，包括造像、石窟、绘画、音乐、建筑艺术等。三国时，曹植对佛教音乐特别关注，对于推广普及佛教音乐做了很多工作。在南朝时，齐竟陵王萧子良还在朝廷的支持下，专门开展了一次推广佛教音乐的研讨会。在造像和石窟方面，从新疆一直到大同、洛阳，丝绸之路沿线遍布着大大小小的佛教石窟，这成为丝绸之路上独特的风景。并且，由于犍陀罗艺术受到希腊艺术文化的影响，其成为希腊艺术与东方艺术的一个接触点。佛教对中国绘画艺术的影响也是十分明显的。还需要特别提及的是佛教对于中国音韵学的影响，其促进了中国诗歌艺术的大发展。

到了明清之际，由于大航海时代的到来，中国与欧洲有了直接的交往，欧洲各国的商船纷至沓来，天主教传教士也纷纷来到中国开展传教活动。这些欧洲的传教士也和当年佛教信徒传播的情况一样，不仅是进行宗教活动，还将当时的西方文化传播到中国，其中包括音乐和绘画等西方艺术形式。其中最有影响力的是意大利传教士画家郎世宁，他把西洋画风带到清朝宫廷，形成了风靡一时的“郎世宁画风”，对中国绘画艺术的发展产生了很大的影响。与此同时，中国的艺术风格也经过丝绸之路传播到欧洲大陆，在欧洲形成持续许多年的“中国风”，给欧洲绘画、工艺和园林艺术的发展带来了很大的影响。

总之，几千年来，中国与西域、印度乃至欧洲沿着丝绸之路有着广泛的艺术交流。各民族创造的丰富多彩的艺术形式陆续传播到中国，为中华文化所吸收，丰富了中华艺术文化的内容和形式，对中华民族精神文化的发展起到了很大的促进作用。体现世代中国人审美精神的各种艺术风格也传播到世界各地，对世界各民族艺术文化的发展起到了很大的促进作用。

丝绸之路的艺术史，就是中西方的艺术文化交流史。丝绸之路上的艺术文化交流，是中西文化交流史上最为精彩的篇章。

第一章

丝绸之路的远古遗风

一　寻找彩陶之路

1918年，一位中年人来到了河南新安县。他是此时担任北洋政府农商部地质调查所顾问的瑞典人安特生（Johan Gunnar Andersson，1874—1960）。安特生是国际著名的地质学家和考古学家，此时他来中国已经4年多了。之前他在北京附近考察时，发现周口店地区化石的价值，由此引发了20世纪上半叶中国最重要的科学活动——“北京人”的发掘和研究。

安特生此次来河南，还是要继续进行古生物化石的调查和研究。在当地来华传教士的帮助下，安特生在河南西部的一些遗址中发现了一些化石。1920年深秋，安特生派助手刘长山前往河南洛阳西部地区考察。刘长山回到北京时，带回数百件石斧、石刀和其他类型的石器。这些石器均购自同一个地点——渑池县仰韶村。安特生对刘长山带回的这些石斧十分重视，觉得这里面隐藏着一个重大的秘密。

1921年4月，安特生再次前往河南，试图证实刘长山的发现并确认发现地点。4月18日，安特生从渑池县城徒步来到仰韶村。在村南约1000米的地方，他发现了一些被流水冲刷后露出地面的红底黑花、打磨光滑的彩陶残片及一柄石斧。接着，安特生一行又发现了更多夹杂着灰烬和遗物的地层。他断定这里一定有一处原始人活动的遗址存在。从1921年10月27日到12月1日，安特生和中国地质学家袁复礼等人一起对仰韶村进行了为期35天的考古调查发掘。他们发现了大量精美的彩陶，而且还在一块陶片上发现了水稻粒的印痕。仰韶村遗址出土的彩陶，线条流畅、图案

图 1–1　　仰韶遗址出土的彩陶器

图 1–2　　半坡遗址出土的单体鱼纹彩陶盆，西安半坡博物馆藏

绚丽。这是仰韶文化的主要特征，所以仰韶文化又享有“彩陶文化”之盛誉。（图 1–1）

安特生的发现极为重要，他揭示了中国原始文化发展中的一个重要阶段，这个阶段的原始文化就以他发现的彩陶为代表。

彩陶是中国先民在新石器时期创造的闪烁着人类智慧的重要器物。除了仰韶村遗址外，它还大量出现在黄河流域。仰韶文化的制陶工艺相当成熟，器物规整精美，多为细泥红陶和夹砂红陶，其装饰以彩绘为主，于器物上绘精美彩色花纹，一般多装饰在器物的口沿和上腹部，也有全身布满了花纹的器物，还有用人面纹做装饰的。半坡类型的彩陶纹饰以各式各样的鱼纹最富特征，庙底沟类型的彩陶纹饰主要为由圆点、勾叶、弧线三角和曲线等组成的连续带状花纹，另外还有磨光、拍印等装饰手法。彩陶是中国史前文化成就的标志，也是世界历史文化的珍品。（图 1–2）

仰韶彩陶的发现，使安特生怀疑其是否与中亚的土库曼斯坦安诺遗址的彩陶有某种联系。安特生比较了仰韶彩陶与中亚安诺彩陶后，发现二者的彩陶图案有许多相似的地方。他认为这说明新石器时代的居民是相互往来、有一定联系的。虽然河南距安诺道里极远，然“两地之间实不乏交通孔道”。据此，安特生发表了题为《中华远古之文化》的论文，提出了“彩陶西来”的假说。

按照这个假说，彩陶在传入中原的过程中，在丝绸之路和草原

图 1-3　　马家窑文化遗址出土的彩陶罐

图 1-4　　马家窑文化遗址出土的舞蹈纹彩陶

之路的青甘地区应当有传播遗迹。安特生决定验证这个假说。1923 年，安特生沿黄河西上兰州，在货摊上偶然找到一个装烟叶的旧彩陶罐，得知其来自临洮后，他一路找到洮河西岸一个叫马家窑的村子，发现了新的仰韶文化遗址。让他震惊的是，这里的彩陶器型丰富，打磨细腻，图案比仰韶彩陶的更加绚丽。1924 年夏，安特生又在甘肃广河县洮河西岸发现了齐家遗址，这里出土的多是没有花纹的素陶，而彩陶多为红褐色，纹饰简单，出土的大耳罐与古希腊瓶子造型相似。于是，安特生推论：有绚丽彩陶的马家窑文化应当晚于齐家文化，马家窑的彩陶比仰韶的彩陶发达，更接近于西方彩陶。（图 1-3、图 1-4）

各地发现的彩陶之间有一定的联系，这一点是大家都认同的。但是，传播的路线是从东到西还是从西到东呢?

20 世纪二三十年代，我国考古工作者黄文弼等人在新疆发现零星的彩陶遗存。1942 年，考古学家裴文中以新疆彩陶晚于黄河流域彩陶的论断质疑“彩陶文化西来说”，提出了存在“史前丝绸之路”的观点。此后，甘青地区大量史前遗址和墓葬的发掘，吸引了众多学者对这一区域史前文化的关注。于是史前时期黄河流域彩陶文化西渐的路线逐渐清晰，仰韶文化、马家窑文化等彩陶文化的移动方向是自东向西而非相反。1960 年，考古学家李济进一步提出“彩陶之路”的概念。其认为，黄河中下游的中原地区是中国古代文化的

图 1–5　双腹耳网纹彩陶罐，战国，
新疆哈密市巴里坤哈萨克自治县南湾墓地 109 号墓出土，
新疆维吾尔自治区博物馆藏

图 1–6　田园葡萄纹彩陶罐，约公元前 800—前 500 年，
新疆和静县察吾乎 4 号墓地 43 号墓出土，
新疆维吾尔自治区博物馆藏

图 1–7　无耳彩陶罐，约公元前 1000 年，
新疆哈密市天山北路墓地出土，
新疆维吾尔自治区文物考古研究所藏

发源地，中原文化在诞生以后，呈现出向周围扩散的趋势，在西部地区表现出由东而西的传播方向。从仰韶文化开始的中原彩陶文化，在中国境内曾广泛扩散，其西支由甘肃、宁夏传入新疆。彩陶文化进入新疆地区时，几乎晚了 3500 年，又晚至距今 2000 年左右还存在。它成为彩陶文化在西部的最后余韵。从彩陶文化西进的路线来看，最早出现在天山以东地区和罗布泊流域，然后向天山以南、以北地区发展。（图 1–5、图 1–6、图 1–7）

彩陶之路是早期中西文化交流的首要通道，是丝绸之路的前身，对中西方文明的形成和发展都产生过重要影响。

二　黄帝西巡的传说

彩陶之路的发现，说明在

很古老的时候，在人类文明的曙光时期，我们的先民就与亚欧大陆的其他文化有了联系，这种联系表明当时已经有了利于交往的交通。有了人类，就有了走出去的“路”，就有了与其他族群的交往与交流。

我们的先民可能很早就通过这些交通路线，与北部和西部的其他民族交流往来，互相交换物质文明的成果和文化信息。所以，在中国的新石器文化中，不仅有南北不同地区文化的相互交流和影响，也有与亚欧大陆上其他新石器文化交流和互相影响的痕迹。除了彩陶的交流与影响外，我们还可以举出许多例子。比如我们现在作为主粮的小麦，就是在新石器时期通过这样的交通路线从西亚传播过来的；六畜中的牛、马、羊，也是沿着这样的路线从西亚、中亚地区传播到中原的。

在中国的古史传说中，也有早期人类向西方探索的记载。关于黄帝西至昆仑和崆峒，大概是关于中国先民最早与西域方向建立联系的传说。

黄帝是传说中的人物，但是关于黄帝的传说，内容很丰富、很具体，并且都与中华文明的起源有关，黄帝是早期文明中很多发明的创制者。因此，笔者还是倾向把黄帝看作是一位真实存在过的人，只不过传说有些夸张，有些荒诞，有些不可思议。

在关于黄帝的传说中，有一些关于黄帝西巡的记载，也就是黄帝向西行进、开发，走通向西的路。

许多史籍中都提到了黄帝西巡的事迹。黄帝听说有个叫广成子的仙人住在崆峒山，就前去向他请教。《史记·五帝本纪》说黄帝“西至空桐，登鸡头”。传说广成子大仙曾经在此修道，黄帝几次上山问道。据说空桐在肃州东南30千米，“鸡头”即“空桐”的别名，或大陇山的异名。广成子见黄帝说：“自你治理天下后，云气不聚而雨，草木不枯则凋。日月光辉，越发地缺荒了。而佞人之心得以成道，你哪里值得我和你谈论至道呢？”黄帝回来后，就不再理问政事。黄帝自建了一个小屋，里边放上一张席子，一个人在那里反省了 3 个月，而后又到广成子那里去问道。当时广成子头朝南躺着，黄帝跪着膝行到他跟前，问他如何才得长生。广成子蹶然而起说：“此问甚好！”接着就告诉他至道之精要：“至道之精，窈窈冥冥；至道之极，昏昏默默。无视无听，抱神以静，形将自正；必静必清，无劳女形，无摇女精，乃可以长生。目无所见，耳无所闻，心无所知，女神将守形，形乃长生。”[1]说完，广成子给了他一卷《自然经》。

黄帝向广成子问道后，又登过王屋山，得取丹经，并向玄女、素女询问修道养生之法。

中国古籍载黄帝西巡之行踪，远至昆仑。《山海经》之《海内西经》第十一说：“海内昆仑之墟，在西北，帝之下都。”又《西山经》第二说：“昆仑之丘，实惟帝之下都。”周穆王西巡时，曾登上昆仑之丘，瞻仰黄帝行宫的遗迹。

还有黄帝派伶伦西行昆仑的传说。相传伶伦是黄帝时代的乐官，是发明律吕据以制乐的始祖。黄帝派伶伦去找竹子制作笛子。《吕氏春秋·古乐篇》有“昔黄帝令伶伦作为律”的一段记载，说伶伦模拟自然界的凤鸟鸣声，选择内腔和腔壁生长匀称的竹管，制作了十二律：“雄鸣为六”，是 6 个阳律；“雌鸣亦六”，是 6 个阴吕。

---

1 节选自《庄子·在宥》。转引自吾淳著：《中国哲学通史·古代科学哲学卷》，江苏人民出版社 2021 年版，第 143 页。

《吕氏春秋》记载伶伦是“自夏之西”,《汉书》载“大夏之西，昆仑之阴”“阮隃之阴”，都是说伶伦到了西方的昆仑，“阮隃”就是昆仑。他在那里取竹制笛，听凤鸣制十二律。

这似乎叙说了一个中国乐器的西方起源故事，至少说明中国音乐在源头上就与西域的音乐有所接触和交流。到了商周时代，就有了关于音乐舞蹈艺术来自周边“四夷”民族的明确记载。周公制礼作乐，建立起中国历史上第一个完备的宗庙音乐体系。除宗庙音乐外，周代音乐又可分为士人音乐、民间音乐和四夷之乐，周代的乐舞中已经融入了四方少数民族的节目。

三　丝绸之路的早期维纳斯

在广大欧亚地区的新石器文化中，都有陶塑的裸体女像。在辽宁喀左县的红山文化遗址中，出土了大量泥塑人像残块，可辨别出至少分属 6 个人像个体，有头、肩、手以及乳房等部位的残块，均属女性。女像裸体，五官清晰，面目肃穆，双手屈抚于腹部，肥大的躯干、硕大的乳房以及宽臀大腹等特征醒目。考古学界认为这是中国最早的女神像。（图 1-8、图 1-9、图 1-10）

这种史前裸体女像，在西到比利牛斯山、东到贝加尔湖的广大欧亚地区有不少发现，人们通常称之为“早期维纳斯像”。

丝绸之路上西域最早的女性雕像发现于孔雀河下游的小河墓地，在这里发现了三尊雕像，其中一尊为男性，另两尊为女性。女性雕像面部为椭圆形平面，上面可能曾经绘有五官。双臂极细，几

图 1-8　红山文化小型陶塑女性立像，辽宁省文物考古研究院藏

图 1-9　红山文化玉质双龙女神立像，私人收藏

图 1-10　红山文化陶塑孕妇像，辽宁省喀左县东山嘴红山文化遗址出土，中国国家博物馆藏

乎不成比例。腿部雕刻完整，小腿极粗，可分辨出球形的膝部。在楼兰附近的墓葬中也发现过一些小型女性雕像，其中一尊木质女性雕像，高 70 厘米，无腿，面部呈平面，用红赭石粉绘出五官，另一尊女性雕像仅有 10 厘米高。

在维也纳自然史博物馆，有一件小型石灰岩雕像，高 11 厘米，它就是著名的“维伦多夫的维纳斯”（Venus of Willendorf）。这座雕像的女性生理特征被有意夸张，巨大的胸部和腹部与圆圆的、小小的头部明显不成比例，脸部几乎是一片空白，头上有简单的波浪形图案，雕刻手法单纯简练，写实与抽象并重。艺术史学家把它看成是欧洲史前时代最美、最著名的女性雕像，它也被认为是旧石器时代艺术的标志性作品。

在法国国家考古博物馆，有一件出自旧石器时代晚期洞穴的维纳斯牙雕，用猛犸象牙制作而成，高度仅 3.5 厘米，造型的脸部空白，缺少刻画，头部的刻痕可能是表示编的辫子，但也可能是表示早期的编织帽。马耳他岛的哈尔·萨夫列尼史前遗址出土了多件男、女陶质雕像和一些还无法确定性别的雕像。其中有一件侧卧的赤陶土女性雕像，长 12.2 厘米，是遗址出土的诸多小雕像

图 1-11　美索不达米亚出土的新石器时代女性雕像，巴黎卢浮宫藏

中最为精致的一个，她的身体比例十分夸张，上身偏小巧，下半身高高隆起，到小腿及脚部又变得细瘦。整个形象给人一种生动的、陷入深度睡眠的感觉，被称为“最胖的睡美人”。

土耳其安纳托利亚高原上的恰塔霍裕克新石器早期遗址，发掘出土了多件雕像。其中一种是女像，首、足皆呈尖锥形，嵌在墙壁的裂缝中。石像或陶像中既有女性，也有男性。女性丰胸鼓腹，似有孕在身，裸体或少量着衣，或站立或斜身而坐或呈生产状，有的抱着小动物，有的抱着小孩。

贝加尔湖西部伊尔库茨克地区的马耳他（Malta）遗址，出土了由猛犸象牙制作的女神像。这些女性雕像为圆形，高度风格化，细节虽然难以辨别，但还是一眼就能看出它们的相似性。在德国霍赫勒·菲尔斯（Hohle Fels）洞穴也曾发现了用猛犸象牙雕成的外形奇特的雕塑，是一个胸部、臀部异常丰满并且生殖器极为夸张的女性。象牙雕塑高 6 厘米，距今至少 3.5 万年，被称为“霍赫勒·菲尔斯的维纳斯”。

在巴基斯坦西南部玛哈伽（Mehrgarh）遗址中，出土了南亚最古老的陶瓦人像，同样为类似的女神，丰满的乳房和宽大的臀部暗示其与生育力、创造力有关。除凸出的双目、高挺的鼻梁之外，繁复的发型也引人注目，精致的盘发或缀满头饰的披发代表了当时流行的风格。

可以认为，女性裸体陶塑造型艺术和表现出来的生殖崇拜文化观念，通过丝绸之路，在亚欧大陆的广大地区有着相互的传播和交流。（图 1–11、图 1–12）

图 1–12　古印度女性陶俑，公元前 26 世纪，新德里印度国家博物馆藏

四　周穆王大巡游与玉石之路

公元前 933 年，丝绸之路上出现了一支浩浩荡荡的队伍，这就是周穆王“西狩”的队伍。这是早期丝绸之路上的重大事件。

周穆王（？—前 922）即位时已经有 50 岁了。他以喜欢出游著名。穆王以八骏神马为御驾，由造夫驾车，率领“六师之众”，浩浩荡荡，向西方行进。他们自长安出发，过长水（漳水），历华亭西北（钘山）、泾水正流（虖沱）、固原南部（隃）、武威以东地区（焉居）、武威、张掖地区（禺知），而至于张掖河流域（阳纡）、居延附近（积石）。周穆王到达居延一带后，稍事休憩，即折向西行，入新疆境，至塔里木河流域。然后，周穆王绕塔克拉玛干沙漠南缘，过葱岭，经塔什干，进入中亚西王母之邦，受到西王母的隆重接待。周穆王抵西王母之邦后，再北行有“大旷原”，即吉尔吉斯旷野，那是周穆王西巡的终点。

这时候，穆王应该是将近七旬的老人了。如此高龄的周穆王西行万里，历尽艰辛，开辟了中原与西域的交通道路，发展了与西域部族的友好关系和贸易往来，仅从这一点来看，他就是十分令人感佩的。

穆天子西征，经过了河宗氏、赤乌氏、容成氏、鄄韩氏等20余个域外邦国部落，所到之处，各部族都友好接待，无不贡献方物特产，穆王也莫不一一赏赐中原物品，双方进行了大规模的物质文化交流活动。所以，穆王西狩还具有与西域各地进行贸易活动的意义。在穆王西狩这一传奇的旅行过程中，穆王和他所遇到的外族首领互相交换礼物，这可能是公元前10世纪中原和北方畜牧者交往关系的一种实际情形。

域外部族向穆王贡献的土特产，除了牲畜、禽兽乳血和酒之外，最大宗的是玉器。穆王此行共获得玉器万余件，数量非常多。从这个意义上，周穆王西行可以说是历史上最大的一次国家采玉行动。

玉器是中国独特的艺术品，是中国传统文化的一个重要组成部分，可以看作中国文化的代表或象征之一。汉字“玉”是指“美石”。“玉，石之美者”，先民们从旧石器时代进入新石器时代时，在选制细腻坚硬、色彩美丽的石器的劳动过程中所得出的有关玉的广义的观念，体现了中国传统赏玉超越自然属性、包蕴精神品格的价值取向。

中国玉石开采历史悠久，分布地域极广，蕴藏丰富多样，为玉雕艺术发展奠定了坚实的基础。中国人青睐玉石，其时间之长、分布之广、器型之多、做工之精、影响之深，为其他任何民族所不能及，由此形成源远流长的玉文化。

在距今8000年到4000年，玉文化传播的主要方向性运动可以简单归纳为“北玉南传”。起源于北方西辽河流域的玉器生产以兴隆洼文化为开端，以玉玦为最初的主导性玉器形式，8000年前出现在内蒙古东部地区。兴隆洼文化被确定为中国早期玉器的发源地。大约从距今 6000 年前开始，玉石神话信仰及玉器生产逐步进入中原地区，形成龙山文化时期的玉礼器组合的体系性制度，并从中部地区进一步传到西部和西北地区，抵达河西走廊一带，以距今 4000 年的齐家文化玉礼器体系为辉煌期。

从 4000 年前开始，出产于新疆昆仑山一带的优质和田玉，向中原进行了大规模的输送。和田玉进入中原，始于仰韶文化时期，于殷商时达到高潮。

和田玉古称“昆山之玉”“塞山之玉”或“钟山之玉”，分布于新疆莎车—塔什库尔干、和田—于阗、且末县绵延 1500 千米的昆仑山脉北坡海拔 3500 米至 5000 米高的山岩中。周穆王与西王母在昆仑之巅的瑶池把酒言欢时，曾接受西域诸国的朝拜，并说昆仑之丘是“群玉之山”，在那里“取玉三乘”“载玉万只”。

早期和田玉之东来，因为要经过一个被称为“禺氏”的游牧民族转手，所以和田玉又被称为“禺氏之玉”。这条向东的输送玉石之路是十分遥远且艰难的。战国时代文献《尸子》说 :“取玉甚难。越三江五湖，至昆仑之山，千人往，百人返，百人往，十人至。”去西域采玉、贩运玉的人很多，但能回来的只有十分之一，其他的人恐怕都葬身在漫漫的西行之路上了。

从商代出土的玉器中我们看到，和田玉已经开发、生产并应用于商代玉文化的各个领域。这说明至少在公元前 13 世纪，中国内地就已经开始和西域乃至更远的地区进行商贸往来。河南偃师二里头遗址出土的白玉柄形器，就是用和田白玉制成的，属于早商时代的遗物。河南安阳妇好墓、湖北随州曾侯乙墓、江苏徐州狮子山楚王墓等，都出土过大批和田玉器珍品。妇好墓中出土有较多用和田玉琢成的玉器，说明和田玉输入殷商最迟在商王武丁时代。“夏

图 1-13　龙冠凤纹玉饰，商代，台北故宫博物院藏

图 1-14　玉虎，河南安阳殷墟妇好墓出土

图 1-15　玉燕，河南安阳殷墟妇好墓出土

商周断代工程”的学者推算，武丁在位的绝对年代为公元前 1250 年至前 1192 年。公元前 11 世纪末，周武王攻入商都朝歌，一共缴获商朝的旧宝玉 1.4 万枚、佩玉 18 万枚，可见其数量之巨。（图 1-13、图 1-14、图 1-15）

玉石是中原文明最渴望得到的战略物资，对于建构中原王权意识形态起到重要作用。甲骨卜辞记载商王武丁曾四处“征玉”和“取玉”，即以军事手段抢掠玉材。周穆王西去昆仑山之前，是先循着黄河流向去探索古老的玉石之路，所以他从中原出发后的第一站不是向西进入甘肃，而是向北去往河套地区。有学者认为，周穆王沿着黄河去往西域的支配性要素，就是华夏先民关于“河出昆仑”和“玉出昆冈”的神话地理想象。从周王朝开始，昆山之玉就是王室竭力追求的西方宝物了。西周时期的高等级墓葬，如三门峡虢国墓和山西曲沃晋侯墓，出土玉器数量庞大且制作精致，几乎清一色为和田玉。到了战国、秦、汉时期，新疆和田玉应用更为普遍，证明新疆和田玉已经取代了较次的玉品种。《史记·大宛列传》载：

图 1–16　　王戚，河南安阳殷墟 54 号墓出土

图 1–17　　王戚，河南安阳殷墟 54 号墓出土

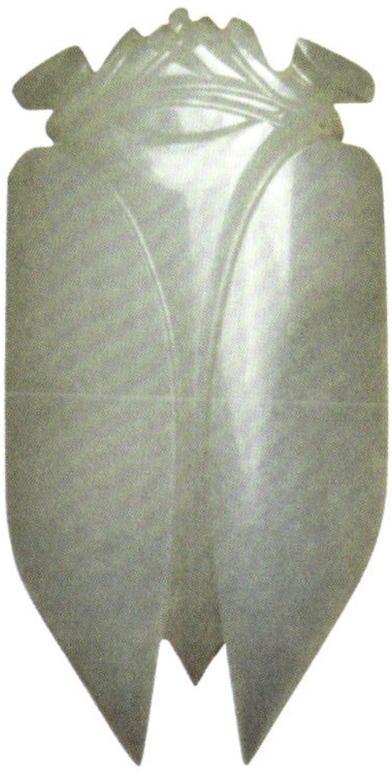

图 1–18　　玉蝉，西汉，河北满城汉墓出土

“汉使穷河源，河源出于阗，其山多玉石。”自张骞出使西域以来，新疆和田玉更是源源不断地流入中原，成为中国玉器加工的主要材料。（图 1–16、图 1–17、图 1–18）

由于和田玉的输入，华夏大地上形成一条从西域到中原的“玉石之路”。得益于活跃在西域和中原之间的商旅与部族频繁交换物质、交流文化，三四千年前，从昆仑山到中原的玉石之路开通，大致由于阗起，向东一支经且末、罗布淖尔，沿阿尔金山蜿蜒前行，另一支经昆冈、龟兹、高昌、伊吾，横越星星峡。它们在玉门关会合，再继续向东延伸，穿雁门关到长安、洛阳。玉门关位于敦煌西北方向 90 千米处，相传两汉时西域和田等地所产的玉石必经此关方能进入中原内地，其被命名为“玉门关”应是与和田玉有关的缘故。

五　动物纹饰风格南下

原始社会漫长的狩猎与对动物的驯养过程，成为古代欧亚草原游牧民族生活的

主要内容，他们神化了的动物精神，保障了游牧民族在与自然的搏斗中树立起生存的愿景与信心，因此，民族的起源和氏族的生存与某一动物相联系，强调动物图腾的保护神作用成为其精神世界的全部。游牧文明是某一自然区域游牧民族适应和改变自然的必然结果，是其族群历史积淀和文化凝聚的智慧结晶。由此产生的动物风格纹样、野兽造型与早期游牧文化有直接联系且随之生成发展，反映了这一时期的文化特征。

动物纹样（Animal style）艺术是指先民以动物形象为题材，装饰器皿、马具、服饰、带扣、牌饰、织物、兵器等日常生活用品的造型艺术及图案艺术。动物风格的造型今天多以金属饰牌留存为多，骨雕、木雕及皮毛等猎民、牧民所常用的生活用品，也都以动物的纹样去装饰与表达。欧亚草原上的青铜器的纹饰也非常相似，例如青铜短剑及刀柄上往往饰有各种动物造型，这些动物一般双眼凸出，两耳竖起，动感很强。这些具有共同特征的青铜器在草原通道上分布很广，从中国北方到黑海沿岸都有。特别是乌拉尔南部地区图尔宾诺文化中的塞伊玛类型青铜器，与卡拉苏克文化青铜器及中国北方青铜器有不少相似之处。而且，有些类似的青铜器还出现在中国中原地区的殷墟文化中。

动物纹样艺术的造型和纹饰以大角鹿、马、虎、豹、狼、野猪、牛、羊等为主要表现对象，也常见有从西亚或希腊传来的格里芬、斯芬克司造型，以及中国的龙、凤凰造型。（图 1-19）

动物纹样艺术产生的时间在公元前 10 世纪至公元 1 世纪之间。在公元前 7 世纪至公元 1 世纪欧亚草原地区全部的森林、沙漠与戈壁地区，古代游牧民族的动物纹饰造型艺术得到了广泛的传播与交流。西伯利亚、阿尔泰自古以来就被认为是欧亚草原游牧民族的摇篮，

图 1–19　“妇好”青铜鸮尊（局部），商代，河南安阳殷墟妇好墓出土，中国国家博物馆藏

阿尔泰地区是许多古代游牧民族的发源地，同时也是东西方游牧文化交融的地区。阿尔泰早期游牧文化与蒙古草原的游牧文化紧密相连，而由阿尔泰至西至里海的广大地区的斯基泰部落也有共同的习俗。可见，野兽纹饰在草原民族中得到了广泛传播。动物风格的小纹饰，较为实用地发展为猎民、牧民长袍上的纽扣、带钩、金属饰片以及剑柄皮带和马具上的装饰。动物风格的图案化、装饰化成为欧亚草原艺术发展和经济交流的标志，而这种自成体系的动物纹饰风格的

图 1-20 饕餮纹彩绘陶鬲，商代，辽宁省博物馆藏

工艺品一经流传，就在不同地区表现出形态各异的景观。

通过草原丝绸之路，通过中原人民与北方草原游牧民族的接触和交流，游牧民族的动物纹饰艺术风格也纷纷南下，为中原造型艺术所吸收。古代新疆的动物纹样艺术品，东起哈密、西到伊犁、南起昆仑山麓、北到阿勒泰地区都有出土。从新疆古代动物纹样艺术的题材、风格，艺术品形制及材料质地等各方面，都可寻到东西方文化交汇、融合的印记。如在焉耆出土的两汉时的龙纹金带具，显然是中原文化影响所致，而以狮子、虎、鹿、鸟等飞禽走兽为题材的动物纹样则明显和斯基泰式、鄂尔多斯式动物纹样有共同之处。当然，新疆古代的动物纹样还多以家畜，如牛、马、羊、骆驼等为题材，这点有别于早期斯基泰式动物纹样。

在中国的青铜器中，有许多动物纹饰的图案。其中的怪兽纹，是一类形态奇特而在现实世界根本找不到的动物纹样，例如饕餮纹、龙纹、凤纹等。这类纹饰在青铜器的装饰上占据着主要地位。饕餮纹又称“兽面纹”，是商代青铜器的重要纹样，其主要特征是兽面、大眼、有鼻、双角。大多以鼻梁为中线，两侧作对称排列，最上面是角，角

图 1-21 饕餮纹分裆鼎，商代，陕西历史博物馆藏

图 1–22

青铜单五父方壶，西周晚期，
陕西眉县杨家村出土，眉县文化馆藏

下是眉，眉下是目，两侧为耳，另外还有锋利的爪子。根据角形的不一，还分牛角形兽面纹、羊角形兽面纹、龙角形兽面纹等。饕餮是一种凶悍的动物，在自然界中是不存在的。（图 1–20、图 1–21、图 1–22）

战国、秦汉时期装饰图案的题材更为广泛，较之以前有重大突破。主要装饰纹样有怪兽纹、蟠螭纹、虺纹、龙凤纹、四神纹，以及各种日常生活中可见的如鹿、马、牛、羊、虎、雁、鱼等动物的纹样。（图 1–23、图 1–24、图 1–25）

图 1-23　　虎噬驴透雕铜牌饰，春秋战国时期，宁夏固原博物馆藏

图 1-24　　兽面纹银饰，战国，甘肃省博物馆藏

图 1-25　　填漆狩猎纹壶，战国晚期，台北故宫博物院藏

六　西王母：丝绸之路的女神

人类的特点之一是拥有好奇心，这种好奇心在人类童年时就有了。人们不满足于对自己生活的周围环境的了解和认知，还特别想知道自己周围以外的世界是什么样的，想知道在自己之外，还有什么样的人在生活，他们是怎样生活的。但是，在古代交通和交往很受限制的条件下，人们不可能走得太远，不可能知道那么远的人们的故事，所以在他们对于外部世界的认知中，夹杂了许多想象和

传闻，这些想象和传闻有许多是奇异的、古怪的和荒诞不经的。汉代以前，对于中原人来说，西域是一个相当遥远和神秘的地方，人们对于西域的认识多基于神话传说和奇异的想象。

早期人们对西域的奇异想象，最突出的是关于西王母的神话。西王母就是丝绸之路上的女神。周穆王万里大巡游，最后就是要去见西王母。

中国古史中早有关于“西王母”的传说。“西王母”又称“金母”或“金母元君”，俗称“王母娘娘”。在中国古代传说中，西王母被称为“万灵主母”，她居住于崇山峻岭之中，其圣地为中国西方的昆仑山脉。在中国古典神话中，昆仑神话是保存最完整、结构最宏伟的一个体系，西王母神话及信仰是昆仑神话的重要内容。

古代文献在谈到上古这一段历史时均有“西王母来献其白玉琯”的记载。这说明，早期西王母国时常向中原帝王朝贡。《尔雅》还记述说，黄帝在位时，西王母命使者助帝克蚩尤之暴，舜帝在位时命使者献白玉环，夏献白玉玦，授地图明疆分野相处，后帝德薄，渐不交往，断和平，以武力胁之。意思是在夏代，西王母国还敢于同夏朝以武力相对抗。

《山海经》把西王母描绘成一个半人半兽式的女性神祇。这类半人半兽式的神祇正是较原始的神祇形象，是古代先民在口头流传中将本部族图腾与本部族著名首领形象复合叠印的产物。“西王母”可能是古中国西北一部落的名称，该部落因剽悍凶恶而被中原的华夏族讹传为刑杀之神。在《穆天子传》中，西王母则被描绘成一位半神半人的多情女子，是一位雍容平和、能歌善舞的女王。西王母与穆王诗文唱和，情意绵绵，二人在昆仑山瑶池共饮琼浆玉液，使穆王乐而忘归。

那么，“西王母之邦”在什么地方呢？在古史传说中，西王母生活在西域，各书记载不同。随着人们对西域的探索，文献所记西王母生活的地方越来越向西移。到汉代，随着西域丝绸之路的开辟，人们既已接近或到达西王母的生活区域，自然可将有关这一区域的地理、物产、传说等糅合起来，大大丰富了西王母的故事。

《穆天子传》说从群玉之山到西王母之邦，相距三千里。所谓群玉之山，似指昆仑山北麓，这里从东而西都是产玉之地，有于阗、墨玉、皮山、叶城、莎车等。西王母之邦是生活在中亚锡尔河上游地区的一个塞人部族，当时还处在母系氏族社会，西王母应是该部族首领。在我国民间传说中，有西方女儿国的故事，可能指的就是西王母国。所谓女儿国，并不是全部由女人组成的国家，而是祖祖辈辈由女人担任首领的国家。女儿国实质上是母系社会的产物。周穆王西巡狩，得见西王母，说明公元前10世纪时黄河流域和中亚锡尔河上游地区已有比较牢固的联系。

历史上关于西王母的传说流传不绝，并不断变化。在西汉文人的笔下，西王母是一位白发老妪，是栖居在山上洞穴中修炼的女仙。在汉代，由于人们普遍有求长生的愿望，西王母的形象深入人心。西王母除了能长生不老外，还是赐给人们长寿、福祉、嘉子，免人灾难，保人出入平安的神仙。在今天山东、河南、四川、江苏、陕西等地出土的大量画像石上亦出现有西王母的形象。一些石上的画像还把西王母所处的仙境与人间的生活场景组合到一起，西王母变成人们心目中的福寿之神，形象亦变得端庄大方。伴随着人们对西王母的敬拜，西王母的形象变得越来越美。汉人还为独居的西王母设想了一个配偶东王公，演绎出二人不远万里相会的爱情故事。

图 1-26　　西魏壁画，西王母乘车行于浮云和瑞花之中

传说西王母还有一个儿子，开始是“金甲铁齿”，后来则变成了被贬谪到人间的东方朔。（图 1-26）

魏晋南北朝时期，人们把西王母神话传说和周穆王西巡、汉武帝西巡的历史事实联系起来，西王母形象人格化、神话传说故事化，源自神话传说的西王母形象逐渐完善而丰满起来。六朝文人写的《汉武内传》中，西王母听说汉武帝渴望长生不老，四处求医，于是带了 7 枚寿桃，乘五彩祥云降于汉武帝宫中，“年可十六七”。随着西王母的形象由老变少、由野变文，其信仰也被道教汲取，后西王母成为道教中“女仙之首”、最受尊奉的女神仙，在天上掌宴请各路神仙之职，在人间管婚姻和生儿育女之事。

图 1-27　　清代任薰《瑶池霓裳图》，天津艺术博物馆藏

图 1-28　　宋代刘松年《瑶池献寿图》，台北故宫博物院藏

唐宋之后，小说、戏曲中的西王母形象，延续了人形化吉神的概念，成为母仪天下的天界女神形象。（图 1-27、图 1-28）

第二章

汉绫唐绢

铺锦程

一　丝绸之路与丝绸

丝绸之路以“丝绸”来命名，当然与丝绸有十分密切的联系。

丝绸是中国最早的、持续时间最长的、分布地区最广的大宗出口货物，直到明清时代，一直是海外输出量最大并且最受欢迎的中华物产之一。经丝绸之路运往中亚和西亚乃至欧洲的中华物产在很长一段时间里以丝绸为主。在漫长的历史时期内，在经销的数量之大、范围之广、持续时间之长久和影响之深远等方面，世界上的任何一种产品都没有能与中国的丝绸相比的。

西方世界最初也是通过传到当地的丝绸而知道中国、认识中国的。丝绸持续不断地传播到世界各地，被人们称为“东方绚丽的朝霞”。它以其精美绝伦的色彩和风情万种的姿韵，征服了全世界各个民族，成为全人类都喜爱的织物和艺术佳品。在世界各国人民的心目中，“丝绸”是最有代表性的中国文化符号之一。

丝绸的大量外销，不仅具有经济贸易交流的意义，而且具有很重要的文化意义。丝绸之路的概念抓住了“丝绸”这个古代东西方贸易的核心，丝绸之路首先指的就是东西方的贸易之路，在许多情况下，正是丝绸贸易促进了中外交通的开辟。如果没有丝绸和丝绸贸易，恐怕就很难有那条横贯亚欧大陆的丝绸之路，中西文化交流恐怕也要向后推迟许多个世纪。

所以，正是绚丽多彩的中国丝绸，把整个亚欧大陆连接了起来；也正是因为丝绸，才有了东西交通的大通道，有了“丝绸之路”这个美丽、浪漫并令人产生无限遐想的名称。

养蚕缫丝是中国最伟大的发明之一，是中华文明的特征之一。

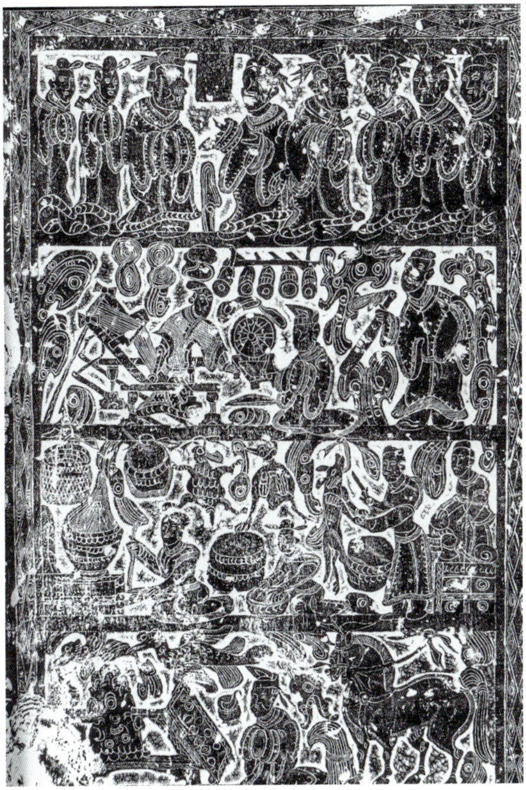

图 2-2　宋徽宗摹张萱《捣练图》(局部),美国波士顿美术博物馆藏

图 2-1　汉纺织图画像石

中国是世界上最早饲养家蚕和缫丝制绸的国家，长期以来是唯一一个从事这种手工业的国家。或许可以认为，丝绸是中国对于世界物质文化最大的贡献之一。

中国人养蚕、缫丝和织绸，可能从几千年前的新石器时代就已经开始了。传说中黄帝的后妃嫘祖发现桑树上蚕吐的丝柔软细长，可以用来编成织物遮体御寒。于是，她教人把蚕养起来，缫丝织绸，以制衣裳。这是中国远古的美丽传说之一。这位教人蚕桑丝织的嫘祖是中国女性劳动和智慧的化身，是丝绸的人格化形象。这个传说的意义在于把丝绸的起源追溯到和中国文明起源的诸要素一样遥远而古老，它是中华文化发生期所创造的文化成果之一。或者说，丝

图 2-3　　明代《宫蚕图》，“宫蚕”即指室内养蚕

绸的起源实际上是与中华文明的起源同步的，丝绸的发明是中华文化形成期的一项重要内容，具有与青铜器、玉器同等重要的意义。

图 2-4　　鎏金铜蚕，西汉，陕西石泉县出土，陕西历史博物馆藏

据现代考古发掘的结果，一般认为中国丝织物开始出现于中国东南地区的良渚文化时期（距今 5300—4300 年），这时的中国先民已经成功地驯化了野生桑蚕，使其成为可以饲养的家蚕，并利用蚕所吐的丝作为原料，织造丝绸之物。1977 年浙江河姆渡新石器遗址考古发掘证明，距今 7000 年前，河姆渡先民对生产蚕丝已有认识。4700 年前，浙江吴兴钱山漾一带，已能生产丝绢。（图 2-3、图 2-4）

到商代，中国丝织技术便已达到很高的水平。当时除了织造平织的绢以外，已经有了经线显花的单色刺绣。至迟在殷商时代，我国人民已充分利用蚕丝的优点，改进了织机，发明了提花装置，

能够用蚕丝织成精美的丝绸。“后妃率九嫔蚕于郊，桑于公田，是以春秋冬夏皆有麻枲丝茧之功，以力妇教也。”(《吕氏春秋·上农篇》)《诗经》中有不少描述桑事织衣的诗篇，这是中国中原地区丝织发达、分布广泛的一个记录，如《诗经》中描写蚕桑丝绸生产：

七月流火，八月萑苇。
蚕月条桑，取彼斧斨。
以伐远扬，猗彼女桑。
七月鸣鵙，八月载绩。
载玄载黄，我朱孔阳，为公子裳。

由于生产机具的改进和生产技术的提高，生产效率有了改善。汉代丝织业已有了相当大的发展，生产规模很大，花色品种繁多，产品数量也很大，出产了丰富多彩的丝织品，如锦、纱、罗、绫、缎、绸、绒等。汉朝在长安设少府，其下有东西织室，设织室令，管理丝织生产。在地方也设有专门管理织造的机构，《汉书·贡禹传》说仅齐地就有“作工各数千人，一岁费数巨万”。民间从事丝织生产的人也相当多。据记载，汉武帝元封元年（前 110），汉朝自民间征集的绸帛就达 500 万匹，可见当时纺织业的兴盛状况。丝绸生产是人民生活的重要组成部分，凡宜蚕之地，每家每户均树桑养蚕，并以绢作为赋税。大批量生产的各色丝绸，不仅满足了王朝贵族们的需求，而且成为社会各阶层都能消费的衣料。在长沙马王堆西汉古墓出土的素纱禅衣，长 3 尺 7 寸，重量不到 1 两，其工艺之精巧，轰动世界。湖北江陵楚墓因出土大量丝织品而被誉为“世界丝绸宝库”。（图 2-5、图 2-6）

图 2-5　绢地茱萸纹绣，西汉，湖南长沙马王堆汉墓出土

图 2-6　乘云绣，西汉，湖南长沙马王堆汉墓出土

到了唐代，丝织业有了更大规模的发展。无论官营或私营的丝织业都很发达，产品种类也非常多，质地优良，产地遍布全国，尤以关东、巴蜀及吴越地区为盛。（图 2-7、图 2—8）

丝绸是一种物质产品，也是一种文化成果。它精湛的技艺和富有想象力的艺术图案，一直是作为中国美术的一个重要门类而存在的。丝绸还与其他中华文化要素有密切联系，比如与中国的礼仪制度、文化艺术、风土民俗、科学技术等都有许多联系。丝绸的出现，对中国的经济、文化和科技的发展产生了巨大影响。

丝绸是中国人对于世界物质文化的一项伟大贡献。精美绝伦的各色丝绸，为人们提供了舒适的衣料和优美的装饰物，丰富了人们的日常生活。所以，中国丝绸传播到任何地方，都受到了热烈的欢迎。

图 2-7　花鸟纹锦，唐代，
新疆吐鲁番阿斯塔那 48 号墓出土，
新疆维吾尔自治区博物馆藏

图 2-8　联珠对鸡纹锦，唐代，
新疆吐鲁番阿斯塔那 134 号墓出土，
新疆维吾尔自治区博物馆藏

二　贩运到西域的丝绸

汉代张骞通西域后，通往西域的丝绸之路正式开通，汉王朝与西域各国使节往来不断，民间商旅更是相望于道，贸易十分频繁活跃，中西文化交流进入了第一个高潮时期。武帝时，汉朝每年都要派遣五六批乃至十余批、每批都由百余人甚至数百人组成的使团。这些使节往返一次常常要八九年，短的也要四五年。这些使节都具有贸易的目的，汉朝的缯帛、漆器、黄金、铁器是各国都欢迎的产品。与此同时，西域诸国也频繁向中国派遣使节。《后汉书·西域传》载："驰命走驿，不绝于时月；商胡贩客，日款于塞下。"

由于丝绸之路的畅通，商旅往来频繁，中国的物产持续传播到西域各国。中国输入西域的货物以丝绸为大宗，此外还有漆器、铁器、软玉、麻织品、釉陶和各种装饰品。在中亚、西亚及欧洲东南部地区，在多处遗址和墓地发现汉代文物，主要有铜镜、钱币、漆器和丝绸等（尤以铜镜最为常见）。

早在商代就有丝织物成批地外销。到周代穆王西巡时，其常将精美的丝织物作为礼品送予西王母和所经过的其他部族。在西域的广大区域内，包括现在新疆地区和帕米尔以西的区域内，陆续出土了大量从春秋战国一直到汉晋时代的丝绸制品。

在汉代，中国丝绸的西传主要通过三种渠道，即中国朝廷向西域各民族的赠赐、中国朝廷与西域各民族的以物易物贸易，以及奔走在丝绸之路上的商人的活动。

中原王朝将丝绸作为一种国际礼品赠赐给西域民族，是一种很常见的做法。特别是汉朝，其向西域各民族赠赐的丝绸往往数量很大。如汉高祖与匈奴和亲，约定“岁奉匈奴絮缯酒米食物各有数”。又如汉宣帝甘露三年（前 51），匈奴呼韩邪单于来朝，汉朝宠以殊礼，赠予大批礼品，其中包括锦绣绮縠杂帛 8000 匹、絮 6000 斤。第二年，呼韩邪又入朝，礼赐如初，加衣 110 袭、锦帛 9000 匹、絮 8000 斤。汉成帝河平四年（前 25），匈奴单于伊邪莫演入朝，赐给锦、绣、缯帛 2 万匹，絮 2 万斤。张骞及其他汉使节出使西域时，也曾携带大批丝织品作为礼物赠予所到国家。中国的丝织品，有相当一部分通过中原王朝对西域民族的赠送而流入西方。

中国王朝还以丝绸与西域民族进行易物贸易。汉代运丝的商队通常由政府官办，称为“使节”，实际上是官办的贸易队伍。汉朝每年都派出成批使团随带大量缯帛前去贸易。波斯和叙利亚的商队也由此东行，进入葱岭，至新疆境内交换货物，尤其是成批转运从内地西运的丝绸。因而，中国丝绸的大量外销西传，在很大程度上得益于往来于丝绸之路上的各国商队。

汉代西域通道大开，出现中国丝绸大量输出的盛况。从考古发

图 2-9　俄罗斯巴泽雷克古墓出土的蔓草鸟纹刺绣

图 2-10　俄罗斯巴泽雷克古墓出土的几何纹织锦

现来看，汉代丝织物在甘肃武威、敦煌，新疆楼兰、民丰，中亚地区的刻赤、奥格拉赫提，叙利亚的帕尔米拉、杜拉－欧罗波斯等地均有发现，种类包括锦、绮、罗、绢、纱等。（图 2-9、图 2-10）

1900 年，瑞典探险家斯文·海定（Sven Anders Hedin，1865—1952）在楼兰发现丝的残片。1906 年和 1914 年，英国探险家马克·奥里尔·斯坦因（Marc Aurel Stein，1862—1943）在楼兰遗址附近的汉墓里发现了通过丝绸贸易在此出现的丝织品和东传的毛织品。

位于楼兰以西约 200 千米、地处交通冲要的营盘遗址，20 世纪末经发掘清理，出土的丝织物几乎包括了我国汉晋时期丝织品的所有品种，有绢、纱、绮、绫、锦等印花织物，其中以绢的数量最多，约百件以上，衣袍、覆面等服饰大都以绢制成。同时出土的贴金印花织物、采用从内地输入的漆料制作的木胎漆器，都反映了中原文化对西域的广泛影响。

图 2–11　刺绣毛枕，汉晋，新疆若羌县楼兰古城孤台墓地出土，新疆维吾尔自治区文物考古研究所藏

图 2–12　“望四海贵富寿为国庆”锦，汉，新疆若羌县楼兰古城孤台墓地出土，新疆维吾尔自治区文物考古研究所藏

1959 年，在新疆民丰西北的古精绝国尼雅古城遗址，出土了东汉时期的“延年益寿大宜子孙”锦，图案由云纹、茱萸纹、禽兽纹组成，上有“延年益寿大宜子孙”8 个字。类似纹样的织锦在罗布泊也有发现。在叶尼塞河畔的奥格拉赫提的公元 2 世纪的古

图 2-13　　新疆楼兰出土的丝绸服装

墓中也发现了这种纹样的汉锦，还残留着“益”“寿”“大”3 个字。尼雅还出土了“万世如意”锦，图案由“Z”字形云纹、茱萸纹组成，上有“万世如意”4 个字。内蒙古扎赉诺尔的东汉墓群中也出土了类似纹样的汉锦。（图 2-11、图 2-12、图 2-13）

1995 年，尼雅遗址的古墓中又出土了大量色泽鲜艳、种类繁多的丝织物，其中有“延年益寿大宜子孙”锦鸡鸣枕（图 2-14）、“安乐绣”锦、“文大”锦、“五星出东方利中国”锦护膊（图 2-15）、“千秋万岁宜子孙”锦枕（图 2-16）、“讨南羌”锦等等。其中“五星出东方利中国”锦护膊，图案题材新颖，色彩艳丽如新，引起国内外广泛关注。同类的织锦在楼兰东部汉墓中也多有发现。

20 世纪初，俄罗斯探险家在蒙古国的诺彦乌拉上坡丛林地带的匈奴古墓群中发现了漆器、玉器、铜镜、丝织品等大量文物，出土的漆器上有汉“建平五年”（前 2）的铭文，可以断定该墓葬的年代为西汉末年。墓群中出土的汉代织锦中有“新神灵广成寿万年”锦、“群鹄颂昌万岁宜子孙”锦、“游成君守如意”锦以及著名的“山石鸟树纹”锦等。其中的山石鸟树纹锦尤为引人瞩目，它是一块帷帘状的挂锦，长约 186 厘米，残存最大宽度为 39 厘米，挂锦的一边尚存有一条宽约 1 厘米的连续织边。这个墓中还出土了汉绮。在罗布泊、克里米亚半岛上的公元 1 世纪刻赤遗址、叙利亚的帕尔米拉等地，都发现有汉代的绮。

图 2-14　“延年益寿大宜子孙”锦鸡鸣枕，东汉，新疆民丰县尼雅 432 号墓出土，新疆维吾尔自治区博物馆藏

图 2-15　“五星出东方利中国”锦护膊，汉晋，新疆民丰县尼雅 1 号墓地 8 号墓出土，新疆维吾尔自治区博物馆藏

图 2-16　“千秋万岁宜子孙”锦枕，汉晋，新疆民丰县尼雅 1 号墓地 3 号墓出土，新疆维吾尔自治区文物考古研究所藏

三　东国公主传蚕种的故事

关于养蚕缫丝技术的西传，有一则关于蚕种传于阗的故事。西域的于阗国王瞿萨旦那欲至东方访求蚕桑种，东国王不许。瞿萨旦那王乃向东国公主求婚，并遣使告诉公主，说于阗“素无丝锦桑蚕之种”，不能以衣服馈送。公主知国法禁携桑蚕出境，便私藏桑蚕种于帽中，带至于阗，于阗始有蚕丝。由唐代玄奘口述、辩机编撰的《大唐西域记》卷十二记载了这个故事。

敦煌莫高窟藏经洞出土的吐蕃文《于阗国授记》也记载了与

图 2–17　　和田丹丹乌里克古城遗址中出土的《传丝公主》木版画

这个故事类似的传说，主要情节差不多，只多了一段波折：当中国公主把蚕种带到于阗，并在当地培养了一些之后，中国大臣想从中破坏，他告诉于阗国王，说蚕会变成毒蛇。国王居然听信了这一谗言，放火把蚕室烧了，幸亏公主抢出一些，以后又用此抽出丝来，制成衣服，穿在身上，后把详情告诉国王，国王方大悔。

这大概是丝绸的秘密所创造出来的最动人的传说之一。这个传说中有公主、有爱情、有惊险的故事情节，有“桑树连阴”的美满结局，有刻石为铭的法律保证，具有一切美丽传说所需的要素，而这一切都与更美丽的丝绸联系在一起，可以说是一篇妙不可言的有关丝绸的文学作品。

此事还见于正史。《新唐书·西域传上》卷二二一对此有所记载。

这个故事还可以通过考古资料得到印证。斯坦因曾在新疆丹丹乌里克遗址剥下并带走了几幅木版画，其中一幅就是《传丝公主》。这幅木版画是约 8 世纪的作品，上面描绘着一个中国公主戴着一顶大帽子，一个侍女正用手指着它。研究者认为，这幅画所画的就是那位传播养蚕制丝方法的“丝绸女神”。（图 2–17）

关于“东国公主传入蚕种”的故事，为中原的养蚕制丝技术传入西域提供了一个线索。现在许多学者认为应是在公元 4 或 5 世纪，养蚕制丝技术从中原传入西域。另外我国有学者认为蚕种传入于阗可能是公元 1 世纪初的事。上文说的“东国”，研究者认为可能是鄯善国。鄯善国在汉代时已有桑的栽培，鄯善王尤还是汉朝人的外孙，所以先有蚕桑极有可能。东汉明帝时，匈奴大军兵临于阗，迫于阗每年缴纳罽絮。絮即敝绵，说明1世纪初于阗已经知道栽桑养蚕。于阗初得桑蚕，只能漂渍绵纩，后来才能缫丝织帛。

比较谨慎的看法是，至迟在3世纪的汉末魏晋时期，于阗出现蚕桑是有可能的。育蚕技术的传播，主要是公元前1世纪丝路畅通后中西经济文化交流的结果。有学者估计，这个“传丝公主”的故事应该发生在公元220年左右，由此扩及西域其他国家，再向西方扩展。斯坦因指出，当时于阗是蚕桑业的中心，也是来自世界两端的商人们的聚散地，于阗的手工业者发明了一种混合性的艺术风格，它不但到处都能行得通，而且还能使各种人都心满意足。

另外，考古发现也说明至迟3世纪时西域地方已经有了蚕桑。尼雅遗址曾被发现有多处枯干的桑树，这里还曾出土一枚蚕茧，经专家鉴定是家蚕，一端有一蛾子咬破的小孔。尼雅遗址中出土的木简，年代最晚的一枚是晋武帝泰始五年（269），因此断定这个遗址废弃的年代在公元269年之后。这说明在公元269年之前，此地已有育蚕植桑。

5世纪时，天山以南的高昌、龟兹、疏勒都能纺织丝锦了。在中国史籍中，有高昌“宜蚕”的明确记载。出土的吐鲁番文书也显示高昌有丝绸制造业。有一份吐鲁番文书说：“建初十四年二月二十八日，严福愿从阚佥得赁三薄蚕桑，贾交与毯。”这个文书显示，西凉建初十四年，即西凉嘉兴二年（418）二月二十八日，严福愿以毯若干张租赁（订购）相当于三簿蚕的桑叶。“簿”是中原养蚕的器具，南方为竹筛或竹席，北方则多用苇子或秫秸编成。严福愿所定相当于一亩地的桑叶，数量相当可观。另有几件文书记录

图 2-18　“胡王”锦，南北朝，新疆吐鲁番阿斯塔那 169 号墓出土，新疆维吾尔自治区博物馆藏

图 2-19　蓝地对鸟对羊树纹锦，唐代，新疆吐鲁番阿斯塔那 151 号墓出土，新疆维吾尔自治区博物馆藏

了为官茧缫丝，领取官粮以为工价的史实。吐鲁番文书还有一件《高昌某家失火烧损财物账》，内有烧损“蚕种十簿”的内容，时间相当于北凉玄始十二年（423），失火人家有“蚕种十簿”，可见其育蚕规模之大。

在吐鲁番文书中，还出现了“丘兹锦”“高昌所作丘兹锦”“疏勒锦”等专名。根据这些文书，可以肯定高昌的蚕桑业和缫丝织造业已有相当规模的发展，并达到了相当的水平。还有的文书中有在茧丝交易中收取“秤钱”的记录，而在高昌地区购买茧丝者多为胡人，所以有专家推论，当时销往中西亚的中国茧丝其中有相当部分产自高昌。考古学家还曾在洛浦县阿克斯比尔古城遗址发现了一枚红色陶蚕，同时发现的有汉至宋代的铜钱和文物。这枚陶蚕身长 5.2 厘米，头部较大，身上有轮节，做平卧状，与现在所见的蚕的形象类似。可见蚕桑养殖业在当时是十分受重视的。（图 2-18、图 2-19）

在高昌出土的考古发掘中，有大量的精美的丝织物。花色品种多样，有红地团花纹、彩条纹、龟背“王”字纹、对鸡对兽“同”字纹、棋纹，也有联珠天马骑士纹、鹿纹、双人纹、猪头纹、小联珠对鸭纹等图案。在织造技术上，不仅有经线显花，也有纬线显

图 2-20　　新疆营盘出土的人物兽面纹绵线锦

花。华丽的织锦，除了大量是来自中原的外，不少系本地产品或西方的产品。在营盘遗址中也发现有当地产的丝绸制品。（图 2-20）

在中亚粟特人生活的地区，也有丝绸的生产。丝织业是粟特地区的重要手工业，昭武九姓安国是丝绸的重要产区，撒马尔罕发展成为世界丝织品生产中心之一和重要的丝绸集散地，粟特织锦十分有名。粟特人所在康国（又称康居国）所产的赞丹尼奇锦运销范围北达挪威，南至拜占庭，西达波斯。

养蚕制丝技术传到西域后，丝绸织造业在各地都发展起来。西域国家的纺织业是在其毛纺织基础上发展起来的，所出丝织品以锦类为主，染色、提花、刺绣等一如毛纺。这些织锦传入中国后，人们泛称“胡锦”“西锦”等。这些“胡锦”在织造技术上保持了毛纺的特点，采取斜纹组织和纬线起花等手段，原料上以混纺为特色，多加以金、银丝线和毛、麻等，花纹图案则基本属于西域传统文化的内容，结构形式多为联珠团窠或在几何图形内添加动植物纹。波斯的“冰蚕锦”、女蛮国的“明霞锦”、龟兹和高昌的“龟兹锦”、疏勒的“疏勒锦”等，都是西域著名的丝织品。到宋元时期，中亚地区以各种装饰盖布、马被、丝绸、褥垫、镶金织锦、绸缎、谢纳尔（一种织物）、塔夫绸、撒马尔罕的薄绒驰名世界。

西域各地的丝绸产品不断地流入中国，受到中原人士的欢迎和喜爱。开元十四年（726），安国国王派遣使臣来到唐朝，上贡一些华美的毛毯。李贺在《感讽六首》其一中用“舞席泥金蛇，桐竹罗花床”来描写一种用金蛇图案装饰的舞席。他在另一首诗《宫娃歌》中提到“象口吹香毾㲪暖，七星挂城闻漏板”。这种波斯的羊毛毯在唐朝富贵人家已经算不上罕见之物了。

唐宣宗宫中有女蛮国所贡“明霞锦”,《杜阳杂编》说其“云炼水香麻以为之也。光耀芬馥着人，五色相间，而美丽于中国之锦”。同昌公主有“澄水帛”，纳凉消暑，功效奇特。另外也有关于“冰蚕锦”等夸张神奇的传说。元和八年（813），大轸国向宪宗贡献了神锦衾。据称这种被子是以冰蚕丝织成。《乐语》中有诗：

自在云间白鹤飞。晴川浴罢不胜衣。
旋裁五色冰蚕锦，
千花覆处，三呼声里，惹得御香归。

瑟瑟幕是来自鬼谷国的贡物，因为颜色与瑟瑟相同而得名，“阔三丈，长一百尺，轻明虚薄，无以为比。向空张之，则疏朗之纹，如碧丝之贯真珠”。这种帐幕最优越的性能是不会被大雨淋湿，据说是因为在上面抹上了鲛人的瑞香膏。

《杜阳杂编》记载了五彩氍毹、紫绡帐、金丝帐、却尘褥、龙绡衣、神锦衾、浮光裘、明霞锦、联珠帐、瑟瑟幕、纹布巾、火蚕锦、澄水帛等种种从外国传来的、具有神奇性能的纺织品。

这些外来的纺织品明显带有虚幻、想象的色彩，甚至它们的出产国也可能是虚构的。唐朝的纺织业越发达，人们就越希望能够得到更加神奇的织物，由于唐朝具有非常繁荣的对外文化交流，所以人们很自然地就将对纺织品的希望和理想寄托在了外来物品上。因而，这些来自外国的纺织品，不仅丰富了人们对于纺织品的认识和了解，更激发了人们的想象。

中原文人也多有以外国贡献纺织品为题作赋的，如独孤授《西域献吉光裘赋》、李君房《海人献文锦赋》、张良器《海人献冰蚕赋》、韦执中《海人献冰纨赋》等，称赞所献文锦的图案“舞凤翔鸾，乍徘徊而抚翼；重葩叠叶，纷宛转以成文”，描述冰纨“不灼不濡，将火鼠以比义；或朱或绿，岂橦花之足方。既同练云缭绕而交映，又似仙花炜晔而含芳”。杜甫曾接受一位西北客人赠送的一件织成缎褥，他在一首题为《太子张舍人遗织成褥段》诗中写道：

客从西北来，遗我翠织成。
开缄风涛涌，中有掉尾鲸。
逶迤罗水族，琐细不足名。
客云充君褥，承君终宴荣。
空堂魑魅走，高枕形神清。
领客珍重意，顾我非公卿。
…………
奈何田舍翁，受此厚贶情。
锦鲸卷还客，始觉心和平。
振我粗席尘，愧客茹藜羹。

丝绸之路所经之地，不仅成为丝绸国际贸易的中转站和集散市场，而且也成为丝织品的重要产地。西域人谙熟毛纺织的技艺，掌握中原传来的育蚕、缫丝、织造等一系列细致复杂的技艺，也需要一定的时间。但养蚕和制丝技术的西传，更与中原生产技术的西进特别是大量移民有关。尤其是高昌，实际上就是一个主要由中原汉族移民所组成的社会，来自中原的汉族构成了高昌社会和统治阶层的主体。他们在移民高昌一带的时候，也必然会把中原的生活和生产技术（包括养蚕制丝和丝绸织造技术）带过去，并在当地发展起养蚕制丝和丝绸织造产业，以满足日常生活的需要，并进行丝绸贸易。

四 古希腊艺术所见中国丝绸的影子

在古希腊时代，地中海边上的希腊城邦与东方的中国相距十分遥远，很难通达信息。所以在那个时代，希腊人几乎不可能获知远方中国的情况。但很可能经过斯基泰人的努力，中国的丝绸已经运抵希腊城邦。在雅典西北陶工区的墓葬中，有一座雅典富豪阿尔希比亚斯（Alcibiades）家族的墓葬，在发掘中找到了 6 件丝织物和一束可以分成三股的丝线。经鉴定，这些丝织品是中国家蚕丝所织，时间为公元前 430 至前 400 年，相当于中国战国的初期、古希腊伯罗奔尼撒战争前后。

我们在古希腊女神的雕像中，在绘画和其他雕塑艺术作品中，也若隐若现地看到中国丝绸的影子。许多考古资料已经证明，早在公元前 5 世纪，中国的丝绸已经经过丝绸之路，越过阿尔泰山，来到了中亚地区；那么，也就有可能沿着那时已经开辟的草原丝路，

图 2-21　古希腊雅典陶壶人物丝服

由希腊人称为斯基泰人的商队将中国的丝绸运抵希腊，使之成为希腊人所喜爱的一种珍贵的衣料。

古希腊雕刻和陶器彩绘人像有的所穿衣服细薄透明，因而有人推测在公元前 5 世纪，中国丝绸已经成为希腊上层人物所喜爱的服装面料。古希腊的服饰不经剪裁缝制，披挂包裹在身体上，简洁、清纯，以衣褶来表现飘逸的动感美。雅可波利斯的科莱女神大理石像，胸部披有薄绢，是公元前 530—前 510 年的作品。雅典卫城帕提侬神庙（Parthenon）的命运女神的浮雕是公元前 438—前 431 年的作品。埃里契西翁的加里亚狄雕像等是公元前 5 世纪的雕刻杰作，他们都身穿透明的长袍，衣褶雅丽，质料柔软，体现了丝织衣料的特点，而希腊人常用的亚麻织物很难有这种感觉。（图 2-21）

希腊绘画中也有类似的丝质衣料。公元前 5 世纪雅典成批生产的红花陶壶上已出现非常轻薄的衣料，公元前 4 世纪中叶的陶壶上的狄俄尼索斯和彭贝更是表现得比较明显。特别是克里米亚半岛库尔奥巴出土的公元前 3 世纪希腊人制作的绘画作品《帕里斯的审判》，将希腊女神身上穿着的衣料表现得十分完美，透明的丝质罗纱将女神的乳房、肚脐显露出来。这种衣料在当时只有中国才能制造，绝非野蚕丝织成。

据考，在西方人的著作中，有关丝绸的最早记载是古希腊诗人阿里斯托芬（Aristophanēs，约前 448—前 380）的《吕西斯特拉忒》（前 411），其中提到一种用“Amorgis”的绢做成的长上衣，叫“Amorgiam”。此为古希腊著作中最早提到的有关丝的记述。历史学家希罗多德（Herodotos，约前 484—约前 425）在《历史》“论动物”一节中提到过丝绸，不过他所指的丝绸究竟是来自中国的蚕丝，还是希腊本土生产的一种轻薄织物，学术界有不同看法。

五　丝绸与罗马

在汉帝国蓬勃发展的时候，亚欧大陆的另一端则是同样辉煌的罗马帝国。公元前 2 世纪中叶以后，罗马人迅速崛起，征服了希腊本土，成为地中海地区的鼎盛霸国。公元 1 世纪时，罗马帝国的疆域扩大到最大版图，其领土横跨三大洲，东起美索不达米亚，西至西班牙、不列颠，南达非洲埃及，北迄莱茵河、多瑙河一线，在将近 200 年中保持了帝国的霸权，形成所谓“罗马和平”（Pax Romana）时期。罗马时代创造的灿烂古典文化对欧洲乃至整个人类文明都产生了很大影响。

大陆两端，汉和罗马，两大东西方文明交相辉映，它们分别代表着当时古代世界文明的最高辉煌成就。

汉和罗马两大文明由于距离遥远，难以进行直接交流。但由于商贸的往来，已经通过间接渠道在两大帝国之间建立联系和沟通。罗马帝国在很长时期内是丝绸之路的西端终点，是西运的中国丝绸的主要消费国。通过大量精美的中国丝绸和贩运丝绸的商旅，罗马人逐渐得知东方有一个产丝的国家；中国人也间接地知道在遥远的西方有一个可与我华夏神州相比的大帝国。汉代中国人把罗马当作泰西之国，公元初的罗马作家也把那个“丝国”赛里斯当作亚细亚极东的国家。东方与西方，中国与罗马在亚欧大陆两端遥遥相望，并且通过丝绸之路和西运的丝绸，建立起早期的贸易关系和文化联系。

公元前 53 年，也就是中国的汉宣帝甘露元年，遥远的罗马与安息帝国之间在卡尔莱这个地方发生了一场大战。当时，罗马“三头政治”之一的执政官克拉苏（Marcus Licinius Crassus，约前 115—前 53）就任叙利亚行省总督不久，就匆忙率军远征安息。在卡尔莱，罗马军团与波斯人发生大战。天当正午，交战正酣，波斯人突然展开鲜艳夺目、令人眼花缭乱的军旗。由于这些军旗耀眼刺目，再加上罗马人本来就疲惫不堪，所以他们很快就全线崩溃。这就是历史上有名的卡尔莱战役。在这场战役中，克拉苏阵亡，他的儿子也在战场上捐躯，有 2 万多名罗马士兵血染沙场，另有约 1 万名士兵被俘。罗马历史学家弗罗鲁斯（Lucius Annaeus Florus，约 74—约 150）这样写道：“扛着金线刺绣绸军旗的帕提亚军队突然出现，他们一瞬间从四面八方包抄过来，武器像狂风暴雨一样落到罗马士兵身上；于是，这支罗马军队就在这场可怕的屠杀中被屠戮殆尽。”

波斯人就这样大获全胜。这是罗马人发动的失败得最惨的一次战役。那些在关键时刻扰乱罗马军心的颜色斑斓的军旗，就是用中国丝绸制作的。这是有记载的罗马人第一次见到中国丝绸。

在很长时间内，波斯人垄断了丝绸之路上的贸易，所以在罗马人对丝绸还一无所知的时候，波斯人已经将丝绸广泛用于他们的生活中，其中就包括在卡尔莱战役中大显神威的丝绸军旗。

在卡尔莱战役之后不久，通过波斯人，罗马人也熟悉了这种风情万种的织物。经过波斯人的转运，通过丝绸之路西运的丝绸远达罗马。

图 2-22 公元 1 世纪初
坎帕尼亚壁画上
穿着丝绸服装的罗马妇女

图 2-23 公元 1 世纪古罗马壁画
《爱与美之女神维纳斯》，
她的右手拈着透明的薄纱

据说，著名的罗马统治者、与克拉苏同为“三头政治”之一的恺撒（Gaius Julius Caesar，前 102 或前 100—前 44）曾穿着绸袍出现在剧场，引起轰动，甚至被认为奢侈至极。据说，恺撒还曾用过丝质的遮阳伞。恺撒在罗马举行的一场盛大的凯旋仪式中，将罗马广场的亚麻遮阳篷全部换成了精美的丝绸遮阳篷。古罗马博物学家大普林尼（Gaius Plinius Secundus，23—79）记载：“丝绸遮阳篷遮蔽了整个罗马广场，还延伸至神圣之道（起点为恺撒官邸）、市政大厦，以及大部分的游行路段。”罗马的普通百姓从未在公共场合看到过如此昂贵的丝绸布料，他们对这种布料的奇特颜色和晶莹光泽惊叹不已。恺撒此举大获成功。相比凯旋游行和压轴上场的大型角斗比赛，人们更津津乐道的是此次凯旋仪式上所展示的丝绸。大普林尼记录说：“在人们看来，此次的丝绸展览甚至比恺撒举办的角斗比赛还要精彩。”（图 2-22、图 2-23）

埃及女王克利奥帕特拉七世（Cleopatra Ⅶ），就是那位著名的“埃及艳后”，曾身穿华丽的绸衣出席宴会。1 世纪中叶罗马诗人卢卡努斯（Marcus Annaeus Lucanus，39—65）记述这位绝代女王：“她

白皙的胸部透过西顿衣料显得光耀夺目，这种衣料本由细丝精心织成，经罗马工匠用针拆开，重加编织而成。”（图 2-24）

图 2-24　法国画家克洛德·洛兰，《克利奥帕特拉在塔苏斯的登陆》，巴黎卢浮宫藏

丝绸最初输入罗马时，几乎是一种无价之宝，还只是少数贵族享用的奢侈品，但过了不久，就在全帝国风行。罗马皇帝提比留（Tiberius Julius Caesar Augustus，前 42—37）曾试图禁止男人穿丝绸，以遏制奢靡之风，但没有成功。他的继任者卡里古拉（Caligula，12—41）第一个穿上了丝绸裙子。顿时，中国丝绸风行于罗马宫廷和上层社会，几百年里元老院的议员一向以能穿中国的丝袍为荣。锦衣绣服既成富室风尚，绸幕丝帘也被教堂袭用。一些家庭也使用丝绸制作衬垫或窗帘。大普林尼说，当时流行在私人住宅的庭院里设置一顶红色的丝绸遮阳篷，并且只有顶级富豪才有可能有这样时尚的丝绸遮阳篷。罗马各大剧场也开始在戏剧中使用丝绸面料。古罗马诗人卢克莱修（Titus Lucretius Carus，约前 99—约前 55）这样描述当时的场景：“宽敞的剧院里，柱子和房梁上飘扬着黄色、红色或栗色的帷幕”，“在丝绸帷幕绚丽色彩的映照下”，无论是台下的观众还是台上的布景，“都光彩熠熠，飘飘欲仙”。卢克莱修还写道，在晴朗的日子里，“越是围院重重的剧院，在层层的彩色丝绸的装点之下，越是变得美轮美奂”。

罗马城中的多斯克斯区（Vicus Tuscus）有专售中国丝绸的市场，贵族们不惜高价重金竞买中国丝绸。在 2 世纪时，丝绸在罗马

图 2-25 古罗马庞贝古城遗址壁画，身着丝绸服装的女神梅娜德，意大利那不勒斯国家考古博物馆藏

帝国极西的海岛伦敦，风行程度甚至“也不下于中国的洛阳”。在罗马帝国境内的多个遗址中，都有当年的丝织品遗物出土。（图 2-25）

5 世纪各蛮族涌入罗马帝国以后，为罗马贵族的豪奢之风所熏染，也开始追求东方奢侈品。408 年，西哥特国王亚拉里克（Alaricus，约 370—410）率领西哥特军队围攻罗马，向帝国政府勒索大量财物，除金银财宝外，还有丝绸外衣 4000 件、皮革 3000 张和胡椒 3000 磅（1 磅约为 0.4536 千克）。对于这些蛮族人来说，中国丝绸是挡不住的诱惑。

在罗马，纯丝绸制品已经成为追赶时髦的必备之物，但它价格昂贵，并非人人都穿得起。但人们穿的至少是半丝织的衣物，否则会被看成苦行僧。罗马人一般不直接消费中国高档的提花丝织品，而是将成本相对较低的素织物拆开，取其丝线，再分成经线和纬线，在其中加入亚麻或羊毛再重新纺织，织成适合当地使用的轻薄半透明的织物。大普林尼在他那部著名的《博物志》中就说过，进口的丝织物被拆解成丝线，重新纺纱、织造、染色，制成轻薄半透明的织物，再染色、绣花、缕金，以适应罗马市场的需要。

当时的中国人好像也了解这个情况。《三国志》卷三十裴注引《魏略·西戎传》中说，大秦“又常利得中国丝，解以为胡绫”。

出于对丝绸再加工的需要，罗马的丝织业在地中海沿岸繁荣起来。黎巴嫩的沿海城市提尔、贝里图斯城（今贝鲁特）、西顿（今赛达）都出现了以加工中国丝绸为主要业务的丝织工坊。在今叙利亚境内的丝绸之路要道上的帕尔米拉更是地中海古代纺织中

心。罗马的丝织业正是依靠来自中国的丝织品和生丝，再借鉴高度完美的中国丝织技术，纺织出他们的刺金缕绣，织成金缕罽、杂色绫和黄金涂的丝衣。

所以，罗马人心驰神往的丝绸，其实主要是这种“半丝绸”。直到 3 世纪，罗马人才流行穿纯丝制成的衣服。古人把这种丝织物称为“Serica”，以区别于其他丝绸。

此外，人们更多的是把丝绸用来做一些小装饰品，染成紫红色，或者刺绣，然后嵌饰在内长衣上，或绣在白毛线边上，有时也缀在从埃及进口的柔软的棉织品衣衫或来自巴勒斯坦的亚麻布衣服上。这些装饰品都是平行罗带，垂直缝绣在长衣的前襟上；有时还作为边饰，如方形或圆形的装饰品。这些刺绣品上有各式各样的几何图案，如圆形、条纹状、正方形，也有花朵、怪诞的动物、人物肖像、风景、神话情景等等。各种颜色的丝线使这些生动的图案跃然其上。人们也顺便把所有的零碎丝绸小片拆开，以便把丝线从中抽出来，然后再织成更薄的绸布。

中国的丝绸在罗马赢得了广泛的赞誉。其洁白的光泽和独一无二的质地适合绣上各种色彩的图案，从最生动的到最温馨的，橘黄色、紫晶色、色雷斯的色彩、海水的颜色，抑或是奇幻的色彩，无所不有，使人似感“万里无云，温和的西风带着潮湿的气息徐徐吹来”。

中国丝绸的大量输入，给罗马世界带来了不可估量的影响。丝绸在罗马的风行，正好适应了当时罗马帝国席卷全社会的奢靡之风。2 世纪中叶是古罗马帝国的鼎盛时期，大约有 7500 万人生活在罗马的统治下，占全球人口总数的四分之一。庞大的帝国，富庶的经济，使罗马社会生活充满了繁荣、浮华和奢靡的气氛。如今到罗马城，去看一看已经成为废墟的罗马广场、巍峨的斗兽场以及庞大的洗浴场，仍然能感受到其当年的辉煌和奢华。正是在这个时候，来自遥远中国的丝绸进入罗马社会，进入罗马人的日常生活中。可以说，来自远方的中国丝绸，参与创造了罗马浮华、奢侈、追求时髦的社会风尚。在这样一种挥霍浪费和追求高雅时髦的气氛中，丝绸以风驰电掣的速度席卷了古罗马。

丝绸本身就有豪华的特征，但更具有吸引力的是它本身的遥远而又神秘的“身世”。当时罗马人只知道丝绸来自遥远的“赛里斯”，但是，“赛里斯”在哪里？那里的人们又是什么样的？他们所能获得的只有一些荒诞不经或道听途说的想象和传闻，这就更增强了丝绸的神秘性。在所有人的心里，丝绸享有一个神奇东方的所有内涵。在所有的文化中，都有对于异国情调的想象与向往，如果这种想象被加在一个具体的事物上，那么，这个事物就被赋予了特殊的超出它本身的文化价值。丝绸在罗马就是这样。丝绸成了罗马人对于异邦想象的文化载体。没有任何商品会具有如此梦幻般的魅力。那些骆驼队穿越沙漠或人们乘船漂洋过海，也是因为这一点——对于美好事物和外来物的一种无尽的渴望。

丝绸创造了一种新的时尚，一种新的审美理想。时髦、豪华和享乐是密切联系在一起的。中国的丝绸薄如蝉翼，风情万种，非常性感，具有浓烈的女性化气息。罗马的美女们不仅使用来自东方的粉脂和香水，而且身着轻盈和透明的衣物，以彰显东方丝绸的魅力。丝绸及其织品创造出一种时髦的服装。这种时髦使丝绸服装变成令人向往的对象，它们相当稀少而可以作为名誉地位的标志，人们认为接触它就可以变成生活的典范。丝绸潜移默化地改变着罗马妇女、男人的着装习惯，掀起了一场时尚的狂澜，使整个社会心向往之。

中国丝绸在罗马的社会生活中掀起了巨大的波澜，造成了一种社会风尚，这种追求异域风情和奢侈浮华的风气弥漫在整个社会。也可以说，这是中国文化在欧洲引起的第一股“中国风”，这股“中国风”以丝绸为主要载体，虽然当时的人们还不知道中国。有法国学者说：“自从罗马的贵族夫人们身穿透明罗纱以来，欧洲就已经非常向往中国了。”

丝绸在罗马的风行，也造成了重大的社会后果。一些罗马人认为透明的丝袍可能会引起道德败坏，因而焦虑不安；而另外一些人则担心购买奢侈品的巨大花费可能会损害帝国的经济。实际上，这两种担心都说明了进口的丝绸对罗马消费者的巨大吸引力。

罗马的风纪检察官们就曾批评这种服装过于下流。哲学家塞涅卡（Lucius Annaeus Seneca，约前 4—65）一方面肯定了丝绸对罗马人生活的影响，他说：“没有丝国的贸易，我们何能蔽体。”另一方面，他又这样写道：“我看到了丝绸衣服，如果您称它们为衣服的话，那些衣服一点都不能为着装人提供身体的保护，也不能保持着装人的端庄，虽然穿着衣服，但没有一个女人敢诚实地发誓说她不是裸体的。这些衣服高价从那些甚至不懂商业的国家进口过来，目的是使我们的已婚妇女除了在大街上展示的，再没有什么身体部位可以在卧室里向她们的丈夫展示。”有一本叫《希腊拉丁作家远东古文献辑录》的书里写道：“丝国衣不能蔽体，不能遮蔽私处；穿上丝国衣，妇女们可以称自己尚未裸体，只是稍微明亮。”“我们的妇女已受到警告，除了在闺房，不许在公共场所显露丝衣，以免有诲淫之嫌。”

大普林尼充分论述了中国丝绸对于罗马经济和社会的重要影响。他不仅盛赞中国丝绸之美，还特别强调了丝绸作为最高级的奢侈品使罗马金银大量外流，造成类似今日贸易赤字的严重影响。

当时罗马的丝绸价格相当昂贵。据一份资料说，罗马在 301 年颁布的《最高价格法》规定，一个体力劳动者 12 天的收入应该足够购买一件大衣。而一磅白色丝绸面料的价格与 40 件大衣的价格相同，比体力劳动者一年的收入还高。染成紫色的丝绸要比白色的丝绸贵 12 倍，也就是说，一磅彩色丝绸面料的价格高于一个体力劳动者 10 年的收入。

作为中国丝绸的交换物，罗马帝国将宝石、毛纺织品、石棉和玻璃运往中国。然而所有这些物品当中，没有任何一种就其价值来看可以和丝绸相匹敌。织成半透明薄纱的丝绸衣料，可供罗马贵族夫人和小姐们缝制最时髦的服装。历史上有若干个时期，当丝绸抵达目的地时，其价值要用等量的黄金来衡量。由于丝绸价格昂贵且又大量进口，所以当时的丝绸贸易已达到极大的金额，造成罗马黄金大量外流。近代历史学家中有人认为，罗马帝国的灭亡是罗马人民贪购中国丝绸以至于金银大量外流所致。

如果将罗马帝国的灭亡归结于丝绸和其他奢侈品的流行，似乎有些简单。庞大的罗马帝国的轰然坍塌，有着相当复杂的历史原因，是许多因素合力造成的结果。英国历史学家吉本（Edward Gibbon，1737 — 1794）为此写了几大卷著作来探讨这个历史之谜。但是，以丝绸的流行为代表的整个罗马社会的腐败、奢靡之风，从内部腐蚀着社会的肌体，不能说不是导致罗马文明覆灭的原因之一。

六 养蚕制丝技术
西传拜占庭

拜占庭帝国继承了罗马帝国的衣钵，成为罗马文化的传承者，但奢靡之风有增无减，中国丝绸仍在东罗马境内广为流行。而且，这时地中海沿岸居民对远东奢侈品所形成的嗜好，远甚于罗马时代流行的风尚。拜占庭人在往日罗马的奢华传统之上，对奢华服饰产生了一种新的、更具有明显东方特征的情趣。对于丝绸的热爱，既是为了显示他们对强烈色彩的日新月异的热爱，也是为了服务于丝绸逐渐成为社会文化形式的那种盛大辉煌。4 世纪后期的罗马历史学家马塞利努斯（Ammianus Marcellinus，约 330—395）这样说到丝绸的流行："服用丝绸，从前只限于贵族，现在已推广到各阶级，不分贵贱，甚至于最底层。"他还描述了 401 年襁褓中的皇帝狄奥多西二世受洗时的盛况，"君士坦丁堡的人们头戴花环，身穿丝绸袍服，戴着金首饰和各种饰物，没有谁的笔墨能形容全城的盛装"。

基督教在成为罗马帝国国教以后，势力逐渐强大。教会盛行以丝绸装饰教堂、制作教士法衣，以丝绸裹尸体下葬，成为丝绸、香料等东方奢侈品的重要消费者。优士丁尼王朝时期的一份统计数据显示，教堂有 400 多件丝绸刺绣、丝质祭被、壁衣，祭坛上的地毯以及各式衣服上都镶着金线和银线，上面的图案讲述着一个个宗教故事。

301 年，拜占庭的东罗马帝国戴克里先皇帝（Gaius Aurelius Valerius Diocletianus，约 245—313，284—305 年在位）下令将每磅生丝的价格确定为 274 个金法郎，并且实行统制经济政策，加强对丝绸进口的管理。当时的海关条例、和平条约、商行章程、限制奢侈法等，都有关于丝绸的内容。丝绸成了影响拜占庭帝国各项政策的一种重要因素。

拜占庭帝国的东方贸易尤其是丝绸贸易，也像罗马帝国一样受制于波斯。408—409 年，为扩大贸易规模，拜占庭帝国又与波斯商定，增加幼发拉底河左岸的拜占庭城市卡利尼库姆和波斯－亚美尼亚地区的波斯城市阿尔达沙特作为通商口岸。此后两大帝国在这两个通商口岸的丝绸贸易进行了大约两个世纪。

527 年，45 岁的优士丁尼（Justinianus，483—565，527—565 年在位）成为东罗马帝国的皇帝。531 年前后，优士丁尼皇帝利用控制红海北部的有利条件，劝诱其在红海地区的盟友埃塞俄比亚人前往锡兰购买丝绸，当时的锡兰是印度洋海上丝绸贸易的一个中心。优士丁尼向埃塞俄比亚人指出合作的大好前景：“（你们）这样做可以赚取很多钱，而罗马人也可以在一个方面受益，即不再把钱送给它的敌人波斯。”埃塞俄比亚人接受了请求，却未能兑现诺言。有研究者认为，原因可能是埃塞俄比亚人已与波斯人在东方贸易上达成默契，即由埃塞俄比亚人垄断香料贸易，而由波斯垄断丝绸贸易，双方都不愿为拜占庭帝国的利益卷入两败俱伤的竞争中；锡兰人可能也不愿破坏已与波斯建立起来的商业关系。

优士丁尼皇帝计划的失败，使拜占庭在叙利亚的生丝贸易受到严重影响。为了防止波斯丝商提高丝价，优士丁尼命令加强对生丝的垄断，由政府商务官在固定边界交易点上从波斯人手中购买生丝，以保证政府优先得到生丝，同时避免丝商争购造成波斯人抬价；他还禁止私人丝织者以每磅 8 个金币以上的价格出售丝织品。

这个价格低于丝商从波斯人手中购买的价格，大量丝商因这一规定而破产。（图 2-26）

540 年，第二次罗马波斯战争爆发，生丝贸易停滞，政府所存生丝又不敷用，为了保证政府作坊的供应，优士丁尼宣布接收私人丝织场为国有，垄断了生丝和丝织品的全部买卖。拜占庭丝织业陷于萧条，提尔、贝鲁特两地大批的丝织业工人失业，造成严重危机，拜占庭不得不放弃限制办法。

面对城市里没有丝绸的可怕前景，拜占庭决定努力寻求自己生产蚕丝的办法，以摆脱受制于波斯的被动局面。

养蚕制丝技术成功传入欧洲，有一个波澜起伏的故事。552 年，有几位印度僧侣向优士丁尼皇帝建议在他的国家里自行产丝，并把蚕种带到拜占庭，教会东罗马人饲养蚕。印度僧侣声称自己曾在一个叫作赛林达的地方生活过一段时间，而赛林达位于许多印度部族居住地以北，那里的人曾非常仔细地研究过在罗马制造丝绸的可行办法。僧人们解释说，丝是由某种小虫所造，天赋予了它们这种本领，使它们被迫为此而操劳。他们还补充说，绝对不可能从赛林达地区运来活虫，但这种虫子很容易饲养，这种虫子的种子是由许多虫卵组成的；在产卵之后很久，人们再用厩肥将卵种覆盖起来，在短期内加热，这样就会使蚕诞生。听到这番讲述以后，皇帝便向这些人许诺将来他们一定会得到特别的厚待，并鼓励他们通过实验来证实自己所言不虚。为了达到目的，这些僧人返回赛林达，并且从那里把一批蚕卵带到了拜占庭。他们依法炮制，果然成功地将蚕卵孵化成虫，并且用桑叶来喂养幼虫。从此以后，罗马人也开始生产丝绸了。

另有记载说，蚕卵是一位波斯人传入拜占庭的。这位波斯人

图 2-26　“丝绸皇帝”优士丁尼及随从

来自赛里斯，他把蚕卵藏在竹杖中离开赛里斯，并将之一直携至拜占庭，在那里孵化成蚕。作家泰奥法纳（Théophane de Byzance，约752—约818）说，优士丁尼曾向突厥人传授过有关蚕虫的诞生和丝茧的工序，突厥人对此感到惊讶不已。

从上述记载中可以得知，是印度人或波斯人在6世纪时将蚕卵和养蚕技术直接从中国传至拜占庭的。于是继波斯之后，拜占庭也能养蚕缫丝，并且首次使用西方饲养的蚕所吐的丝作为纺织丝绸的原料了。

地中海沿岸的气候适宜养桑业，桑树在那里茁壮地成长。由于拜占庭政府有了桑蚕，也不乏各种能工巧匠，所以帝国手中就真正掌握了一张王牌。从此，拜占庭既可以用自己的丝绸来争夺西方市场，还可以挫败波斯人的竞争，又可以为国库积累大量资金以支付战争的费用。

由于优士丁尼推动东罗马帝国养蚕业的发展，所以他被称为“丝绸皇帝”，人们认为是他把养蚕、种桑、缫丝机织绸技术引进了拜占庭，并使东罗马帝国依靠丝绸生产发了财。中国的养蚕制丝技

图 2–27　　拜占庭丝织物残片，约 5—6 世纪

术从此传播到欧洲和阿拉伯地区。

在优士丁尼皇帝的推动下，拜占庭的养蚕业首先在叙利亚发展起来，那里长期以来集中了许多原来加工来自中国的丝绸和生丝的纺织厂家，到了 6 世纪末，本地生产的蚕丝似乎能够满足这些厂家对原料的需求了。9—10 世纪，拜占庭的丝绸生产达到极盛。君士坦丁堡不仅是世界性的丝绸贸易市场，也是重要的丝织业重镇。

拜占庭宫廷的丝绸纺织作坊，被称作“闺房”，因为是许多妇女来从事这项工作。“闺房”是一种非常封闭的行会，不仅非常难以加入，而且一旦加入后，更难从中摆脱出来。皇帝的圣旨明文规定，那些收留“闺房”专业工人者，要受到多种惩罚。在严密的监督下，一盎司（1 盎司约为 28.35 克）丝也不会从皇家的作坊里被偷带出来。首批“闺房”丝绸作坊是在君士坦丁堡建立的，亚历山大城和迦太基纳（Carthagène）也都仿效起来，纷纷建立这种作坊。这类作坊完全是为了生产宫廷的必需品，其价格由宫廷决定。在埃及安蒂诺埃（Antinoe）的一座墓葬里发掘出了 4 世纪的一块丝绸残片，这是至今人们所知道的在罗马帝国领土上制造出来的最古老的丝绸，它们很可能出自这些“闺房”。当时的拜占庭人已经学会了纺织华丽的丝绸锦缎，用金线和丝线互相交织。有的研究者提到，有一种混合有极其细小的羽毛的绝妙织物，其技术可能是直接从中国引入的，也可能是通过波斯传过去的。这种昂贵的织物就叫作“羽毛布”。

图 2-28　意大利画家彼得罗，《圣厄休拉和她的少女》（约 1410），画中人服装上缀满了凤凰图案，显而易见受到东方丝织品的影响

到了公元 7 世纪，当时的世界，东起日本，西到欧洲，西南到印度，均有丝绸生产，空间分布很广，基本上奠定了今天蚕丝产区的格局。而中国发明的养蚕制丝和织造丝绸技术，到这个时候已经有了将近 4000 年的历史。（图 2-27、图 2-28）

第三章

西域乐舞

翩翩而至

图 3-1　　舞狮俑，唐代，
新疆吐鲁番阿斯塔那 336 号墓出土，
新疆维吾尔自治区博物馆藏

一　幻术与百戏

早在周朝，域外的乐舞艺术就曾传播到中国，在宫廷和民间有一些西域乐舞的表演活动，并且对中原的乐舞有一定的影响，“四夷之乐”是周朝乐舞体系的重要组成部分。在汉魏及南北朝时期域外与中国的外交、商贸和其他交往中，有许多西域人，即“胡人”，来到中国内地，其中也有一些是具有专门特长的艺术家和演艺人才，他们把西域的幻术、乐舞等表演艺术带到中国，对中国表演艺术的发展产生了一定的影响。可以说，音乐舞蹈等表演艺术，是西域文化在中国传播的一项重要内容，直到隋唐时代，还有许多西域的音乐家、舞蹈家在中原进行艺术活动，并与中原传统的乐舞相融合，丰富了中国音乐舞蹈艺术的表现形式。（图 3-1、图 3-2）

图 3-2　　舞马俑，唐代，
新疆吐鲁番阿斯塔那 336 号墓出土，
新疆维吾尔自治区博物馆藏

我国可能很早就有了杂技表演。《列子·汤问篇》记载有一位巧匠偃师。偃师是古代传奇中最神奇的机械工程师，他制造了一个能歌善舞的“能倡者”，即人造的能歌舞的“机器人”。其机关设计和制作工艺是相当精巧的，连春秋战国时期著名的设计家墨翟也自愧不如。

周穆王西巡归途中，偃师进献给周穆王一

个偶人。这个偶人和常人的外貌极为酷肖，动作和真人无一不像，掰动下巴则能够曼声而歌，调动手臂便会摇摆起舞，让旁观者惊奇万分。穆王让宠姬一起出来观看。表演将毕，那偶人却向穆王的宠姬抛了个媚眼。穆王勃然大怒，认定这个灵活宛似活人的家伙本就是个不折不扣的真人，便要将偃师当场处决。偃师将偶人拆开，只见它只是由皮革、木头、胶漆、黑白红蓝颜料组成的死物。周穆王仔细检看这个“机器人”，肝胆、心肺、脾脏、肠胃等俱全，而筋骨、关节、皮毛、齿发等全是假的，但是一样不少。周穆王让偃师把这些东西重新组装起来，又像当初他看到的一样。周穆王对偶人刚才的表演还不敢完全相信，于是去掉偶人的心，则“口不能言”；去掉偶人的肝，则“目不能视”；去掉偶人的肾，则“足不能步”。周穆王感慨道：“人之巧乃可与造化者同功乎！”

这个有关“机器人”的故事，只是穆王西行中的一个插曲，而且很可能只是一个传说，虽然是一个相当有趣的传说。

西汉以后，随着与域外交往范围的扩大，从西域乃至印度、罗马等地传入许多新的杂技形式，促进了汉代百戏包括杂技艺术的发展。汉代百戏杂技的繁荣，在很大程度上得益于从域外传来的各种杂技艺术。

中国史籍中多次记载杂技、魔术的传入。如《史记·大宛列传》说，安息国的使臣来献“善眩人”。“眩人”即“幻人”，也就是魔术师，能行“吞刀、吐火、植瓜、种树、屠人、截马之术”。唐代仍然盛行的这些法术，在汉代已经有引进，而传入之路乃“本从西域来”（见《汉书·张骞传》，颜师古注）。《后汉书》中记载，汉安帝永宁元年（120），西南夷掸国王献“幻人”，其“能吐火，自支解，易牛马头”。这位“幻人”自称是从大秦来的，来自大秦的魔术杂技在古代看来非常著名。“大秦”即指罗马帝国。《史记》在记述“条枝”风土民俗时，也说其“国善眩”。《汉书》在记载位于今阿富汗一带的乌弋山离国的风习时，也有“善眩”的说法。《魏书》记载，北魏太武帝太平真君九年（448），位于乌孙西北的悦般国遣使朝献，并送上幻人。《隋书》说到北齐后主武平年间（570—576）流行的“百戏”“有鱼龙烂漫、俳优、朱儒、山车、巨象、拔井、种瓜、杀马、剥驴等，奇怪异端，百有余物，名为百戏”。

据上述记载可知，汉代来自西方的魔术杂技主要有吐火、跳丸等。“幻人”作为来自外域的文化使者，在朝廷和民间都曾经有生动活跃的表演。这些表演，也可以被称为“奇变”之幻术。张衡《西京赋》也生动地记录了长安群体娱乐活动中神秘惊险的表演艺术，其中“奇幻倏忽，易貌分形；吞刀吐火，云雾杳冥；画地成川，流渭通泾”种种，都是典型的“幻人”之技。还有记载，汉初淮南王刘安门下多方士，能“画地成江河，撮土为山岩，嘘吸为寒暑，喷嗽为雨雾”等。

杂技“幻术”从域外传入中国的时间可能很早，种类也很多，来源地包括大宛、安息、大秦、印度、掸国等地。唐高宗时，因为外来幻术节目与中国传统民俗风格不合，明令边关禁止“幻人”入境。

传入中国的西方“幻术”最有影响的是“使火术”和“驯兽术”。使火术的传入似颇早。汉朝以后，胡人的使火幻技盛行于长安并传至全国各地，引起了人们的极大兴趣。现存于南阳市汉画馆的“幻人吐火”画像石上有这样的图像：一人头戴尖顶冠（尖端前倾），长胡子，高鼻梁，服装与汉服不同，显然是胡人。他手中拿的不知何物，脸部前面有一道白光，像是从嘴里吐出来的。

还有其他汉画像石也表现了吐火的画面。例如：在山东省嘉祥县刘村洪福院的汉代画像石中，可以清楚地看到一个人蹲在地上，口中喷吐火焰。

西来的火术除“吞刀吐火”之术外，还有“入火不烧”之术。“吞刀吐火”之术最初只能供人们观赏，而使火术的另一种类“入火不烧”之术，却在宗教传播中发挥了巨大的功能。西方很早就掌握了入火不烧的技术，代表性产品火浣布在东汉时期已经传入中土。教徒将此项技术运用于宗教经籍上，取得了极为强烈的神奇效果，使得佛教在与其他宗教的争斗中往往立于不败之地。

汉魏以后，有许多珍禽异兽传入中国，其中许多动物特别是大型动物，如狮子、犀牛、大象等，都是经过驯化的，同来的还有驯化师。许多文献都记载了外国人在中国的驯兽表演。另外，一些来华的高僧也都有驯兽的技术。

马戏最早见于汉代文献。汉代马戏除了驾驭本领的显示外，还把武艺、舞蹈等各种民族技艺运用其中。河南嵩山三阙之一的登封少室石阙画像上的两位马戏演员，一位在马上倒立，一位在马上舞蹈。山东临淄文庙中汉画像石刻中展示的集体马戏的表演，画中有两匹马，前一匹上有一人，身后尚有一人飞身而至，恰好拉住骑者之手，另一人纵身而起，手挽马尾；后一匹马拉着车，车前方有一人腾空飞翔，车上除御者外，其余人物皆做表演动作，车后还有一人纵身欲上。正是这些技艺为后世马戏和空中飞人等表演提供了艺术基础。

汉画像砖石中还有反映各种驯兽节目的形象，如驯虎、驯象、驯鹿、驯蛇等，如浙江海宁东汉墓画像中的“驯兽斗蛇图”和武氏祠的“水人弄蛇图”。山东济宁东汉墓画像石上部为驯鸟图，下部为驯象图，六人坐于象背，一人立于挺起的象鼻，可见那时驯导动物的水平已经甚高。另外还有驯猴、驯鹤、弄雀等形象。

此外，还有分身术、神行术等。

受域外传来的幻术与百戏的影响，汉代角抵百戏发展成为融舞蹈、杂技、幻术（魔术）、马戏、武术于一体的综合艺术形式。

“角抵”原出古代冀州一带，是祭祀蚩尤的“蚩尤戏”。秦始皇统一六国（前221）后，搜集各国民间乐舞，以观民风民俗和宴享娱乐，八方乐舞齐聚秦都咸阳，“后宫列女万余人，气上冲于天”，遂创设乐府，并首倡“角抵”之戏。秦时“郡县兵器，聚之咸阳，销为钟镓，讲武之礼罢为角抵”，在文艺史上开后世角抵百戏的先河。后来角抵发展成角抵俳优，戏乐成分增加了，内容形式不断丰富扩大，发展为包括各种技艺的综合性表演，在汉代形成了一种以杂技艺术为中心、汇集各种表演艺术于一堂的新品种——“百戏”体系。

“百戏”是杂技、武术、幻术、滑稽表演、舞蹈、音乐演奏、演唱等多种技艺的综合表演，包括十分丰富的表演艺术形式，有杂技武术类的节目，如寻橦（爬竿）、走索、舞剑、弄丸（跳丸）、吐火、吞刀、扛鼎（举重）、冲狭（钻刀圈）、燕濯（翻筋斗越过水面）、胸突铦锋（以胸腹抵刀悬空而卧）、倒立、马术等；有音乐舞蹈类节目，如《盘鼓舞》《巾舞》《舞袖》《建鼓舞》等；有时还有侏儒、俳优配搭或穿插演出。汉代“百戏”，实际上汇集了前代的和外来的多种民间表演技艺，各民族各地域的精彩节目，兼容并蓄，合为一体。

在汉代画像砖、画像石中，跳丸（也称抛丸、弄丸）是一种常见的场面，山东、河南、四川等地的出土文物都有发现。表演者一只手将球抛出，另一只手接住，并迅速传给刚才那只抛球的手，如此循环不绝。抛要的球越多，则说明技艺越高。在汉代画像中，有的演员可抛弄十来个球。跳丸之戏自我国先秦时代就有，在地中海地区，跳丸也是一种流行的杂技项目。由于西方要丸之技的传入，汉代的跳丸可能融合了外来的技艺。

在汉代的画像中，还经常可以看到这样的画面：几张案几重叠在一起，演员倒立其上，并做出优美的造型，有时甚至手中还拿着或头上顶托着碗等器皿。在汉代画像中看到叠加在一起的案几往往不止 5 张，有时可多达 10 张。这种杂技被称为“安息五案”，此处的“安息”两个字本身就表明它是从西方传入的。“安息五案”一名在汉代之后的文献中多次被提到。

二　苏祇婆传“五旦七调”

在西域诸国多民族文化中，乐舞艺术十分发达。汉代和南北朝时期，西域各国的许多艺术家沿着丝绸之路来到中原，使西域乐舞陆续传入中国内地，并对中国的宫廷乐舞和民间乐舞都产生了很大的影响，形成了中国乐舞艺术发展的一次高潮。

沿着丝绸之路而来的艺术家中，最著名的是在南北朝时期的龟兹乐人苏祇婆，他将龟兹乐与七声引入北周乐舞，实现了中国音乐史上最重要的变革。

苏祇婆出生于音乐世家，父亲是古突厥族有名的音乐家。在父亲的熏陶下，苏祇婆很小的时候便弹得一手好琵琶，又精通龟兹乐律，名噪乡里；后来他奉召进入西突厥汗廷，以歌舞宴乐。据考证，苏祗婆本姓白，“苏祗婆”在龟兹语中为“智慧”“聪明”之意，故可以汉译为“智通”，苏祗婆应该就是史籍上记载的“白智通”。

北周天和三年（568），北周武帝宇文邕迎娶突厥公主阿史那氏为皇后。公主出嫁时，有一支由龟兹、疏勒、安国、康居国等地300多人组成的西域乐舞队，其中就有当时著名的龟兹音乐家苏祗婆。乐舞队还带来了西域特有的乐器，像五弦琵琶、竖箜篌、哈甫、羯鼓等。

在北周的宫廷，苏祗婆以善弹琵琶闻名，颇受周武帝器重。苏祗婆演奏了大量的龟兹琵琶乐曲，把龟兹乐舞的艺术魔力发挥到了极致，让内地人倾倒在其美妙的乐声里。

北周灭亡后，苏祗婆流落到了民间，辗转各地，广招艺徒，传授琵琶技艺和音乐理论，传播龟兹乐律“五旦七调”。当时都城大兴城的西市，有很多西域胡人开设的酒店，胡姬压酒，胡乐当筵，风靡一时。酒店中侍酒的胡姬常以她们婉转的歌喉、优美的舞姿招徕客人。一天傍晚，隋朝重臣、音律学家郑译独自徘徊在街市上，忽然被一阵动人的琴声吸引，他走进一家西域酒店，只见一位高鼻深目、相貌堂堂的西域乐师在演奏琵琶，琴声和谐，七声音阶掌握得非常纯熟。郑译连忙询问他的姓名，才知道他就是苏祗婆。郑译大喜，当即拜苏祗婆为师，虚心求教。

当时，隋文帝命郑译创制新音乐。郑译与朝廷众乐工拟定了几个方案，都不能使文帝满意。郑译以为，北周七声废缺，从大隋受命以来，应该用新的礼乐。他与苏祗婆合作，使西域龟兹乐律的“五旦七调”理论演变成“旋宫八十四调”。新的乐制确定之后，隋文帝高兴地说：“此乐正合我的心意。”

图 3–4　　南唐顾闳中《韩熙载夜宴图》局部

图 3–3　　唐代李寿墓壁画《乐舞图》

苏祇婆七声的输入标志着魏晋南北朝时期中国乐舞制度从乐人、乐器到乐律方面，都已渗入胡风。古乐大都并入雅乐，局限于庙堂乐章；而民间歌舞与胡乐结合，显示出极强的生命力，为社会各界所欢迎。中乐七声，即宫、商、角、变徵、徵、羽、变宫，也就是苏祇婆所输入的娑陀力、鸡识、沙识、沙侯加滥、沙腊、般赡、俟利箑，可以与西乐音符 C、D、E、F、G、A、B，以及印度音符 Sa、Ri、Ga、Ma、Pa、Dha、Ni 一一对应。这是魏晋南北朝时期中国乐律改进的最重要的成就之一。在新乐律的指导下，中国乐舞得以呈现丰富多彩的面貌。（图 3–3、图 3–4）

三　传入中国的西域乐器

自西汉时丝绸之路开辟以来，西域乐器得以在中国内地普及。魏晋南北朝时期，引进西域乐器甚至成为时尚，这是魏晋南北朝乐舞取得重大进展的表现之一。

魏晋南北朝时期引进的西域乐器很多。《隋书·音乐志》载天

图 3-5　　《唐人宫乐图》，台北故宫博物院藏

竺“乐器有凤首箜篌、琵琶、五弦、笛、铜鼓、毛员鼓、都昙鼓、铜钹、贝等九种，为一部。工十二人”；龟兹“乐器有竖箜篌、琵琶、五弦、笙、笛、箫、筚篥、毛员鼓、都昙鼓、答腊鼓、腰鼓、羯鼓、鸡娄鼓、铜钹、贝等十五种，为一部。工十二人”；另有“西凉者，起苻氏之末，吕光、沮渠蒙逊等，据有凉州，变龟兹声为之，号为秦汉伎。魏太武帝既平河西得之，谓之《西凉乐》。……其乐器有钟、磬、弹筝、搊筝、卧箜篌、竖箜篌、琵琶、五弦、笙、箫、大筚篥、长笛、小筚篥、横笛、腰鼓、齐鼓、担鼓、铜钹、贝等十九种，为一部。工二十七人”。

图 3-6　　唐代苏思勖墓壁画《乐舞图》之一，陕西历史博物馆藏

唐朝时期传入中国的西域乐器主要有箜篌、琵琶、筚篥、横笛、胡角、胡笳等。（图 3-5、图 3-6）

（1）箜篌，魏晋南北朝时风行乐器。在印度佛陀伽耶发掘的石雕上有演奏者弹箜篌的场景，石雕为 4 世纪中期至 5 世纪初期笈多王朝时代的遗物，由此可以推论，古代箜篌形状一开始便类似今日的“竖琴”。在山西大同云冈石窟和甘肃敦煌莫高窟中也有与箜篌相关的雕刻和壁画，均为北魏时期的作品，与印度笈多王朝石雕风

图 3-7　源于波斯的四弦琵琶，可能是唐朝赠送给日本遣唐使的礼品，现藏于日本

格相仿，所以两地箜篌应属同源。

箜篌输入中原应是在汉武帝时期，由西南方传入，李延年创制祀神乐舞时使用箜篌作为乐器。汉元帝时昭君出塞，箜篌还是汉元帝赐给匈奴呼韩邪单于的礼品。不过魏晋南北朝时的箜篌被列为胡乐乐器，所以应是从西北传入。魏晋南北朝时西凉乐、龟兹乐、疏勒乐所用箜篌，可能与西亚地区的文化有一定的渊源。魏曹植与梁简文帝均作有《箜篌引》，可知这种乐器在魏晋南北朝时相当普及。

（2）琵琶，源于波斯的古乐器。早在秦汉时期，琵琶（“批把”）就已传入中原。公元前 33 年，王昭君远嫁匈奴呼韩邪单于，一路怀抱着琵琶的形象，从古至今人人皆知。但那时的琵琶是个泛称，像秦琴、月琴、三弦一类的弹拨乐器，几乎全包括在内。真正的西域琵琶是在南北朝时由龟兹国正式普及中原的，后逐渐改变并完善了弹奏方式和外观造型。“批把”二字写成“琵琶”是在晋代，如傅玄《琵琶赋》说：“欲从方俗语，故名曰琵琶，取其易传于外国也。”琵琶有多种形制，如秦琵琶、曲项琵琶、五弦琵琶等。

魏晋南北朝时，琵琶广为流行。昭武九姓之曹国人曹氏一家，三代人以善弹琵琶而在北魏至北齐时闻名。曹婆罗门暨子僧奴、孙妙达“世传其业”，均为琵琶演奏能手，特别是曹妙达尤为北齐王高洋所“宠遇”，高洋常常自击胡鼓与曹妙达的琵琶相应和。又据《北史》记载，曹僧奴的女儿也是琵琶能手，颇受北齐后主高纬的赏识和厚待。（图 3-7、图 3-8）

（3）筚篥，也叫作管子，是一种吹奏管乐，以软芦为舌，与

图 3-8　　唐代壁画《反弹琵琶图》

�管同类。南北朝时的筚篥大小不一，分为大筚篥、小筚篥、桃皮筚篥等，还有竖小筚篥、漆筚篥、管子等多种形制。筚篥源于波斯，南北朝时传入中国。这种乐器在南北朝的各种胡乐（如西凉乐、龟兹乐、天竺乐、疏勒乐、安国乐、高丽乐）中，都是主要乐器。

（4）横笛，也称“横吹”“羌笛”“胡笛”，马融《长笛赋》说：“近世双笛从羌起。”汉族传统的箫是竖吹的乐器，横吹的羌笛便被视为胡乐乐器。

（5）胡角，也是一种横吹乐器，但不是用竹制作的，而是古代羌族牧马人用牛角制成的乐器。魏晋以后士人开始依胡角曲调填词作歌，如曹植便有《胡角三曲》。胡角在魏晋南北朝时期使用普遍，高昌乐将胡角改成牛角形的铜角，声音变得更大、更高亢。

（6）胡笳，原是匈奴人的一种乐器，木制管身、三孔、芦为簧，张骞通西域后传入中国，流行于广大的中原汉族地区，是鼓吹乐和横吹乐中使用的主要乐器。东汉末年的蔡文姬归汉，曾作《胡笳十八拍》，其中写道：“胡笳本自出胡中，缘琴翻出音律同。十八拍兮曲虽终，响有余兮思无穷。是知丝竹微妙兮均造化之功，哀乐各随人心兮有变则通。”唐张说《幽州夜饮》中写道：“军中宜剑舞，塞上重笳音。不作边城将，谁知恩遇深。”（图 3-9）

图 3-9 宋代陈居中《文姬归汉图》，台北故宫博物院藏

传入中国的西域乐器还有都昙鼓、鸡娄鼓、铜钹、贝、羯鼓等。大量西域乐器进入中国内地，对于中国传统乐舞的改造有极重要的作用。前秦苻坚所用清乐，乐器有钟、磬、琴、瑟、击琴、琵琶、箜篌、筑、筝、节鼓、笙、笛、箫、篪、埙等15种；北魏始用的西凉乐，乐器有钟、磬、弹筝、筝、卧箜篌、竖箜篌、琵琶、五弦、笙、箫、大筚篥、长笛、小筚篥、横笛、腰鼓、齐鼓、担鼓、铜钹、贝等19种；北凉至北魏时使用的龟兹乐，乐器有竖箜篌、琵琶、五弦、笙、笛、箫、筚篥、毛员鼓、都昙鼓、答腊鼓、腰鼓、羯鼓、鸡娄鼓、铜钹、贝等15种。中国在接受外来乐器时却又不重复外来乐器的编排使用方法，而且直接将外来乐器用于“华夏正声”的演奏，于是对外来音乐进行了一次又一次的改造，使得各种胡乐最后都成为中国民族音乐的一部分。（图3-10、图3-11）

在南北朝至隋唐的边塞诗歌的创作中，常常会出现一些乐器名，如羌笛、胡琴、笳等，用这样的意象来表现征战的内容。这些诗句所表现的是边塞沙场的战争景象和将士们的壮志情怀。

图 3—10　木质五弦琴、琴儿，唐代，
新疆吐鲁番阿斯塔那 206 号墓出土，
新疆维吾尔自治区博物馆藏

图 3-11　彩绘演奏女子坐俑，唐代，
山西长治市博物馆藏

四　西域乐舞在中国的传播

西域各民族的音乐舞蹈艺术大量地传播到中国，给汉代以及魏晋南北朝时期的乐舞艺术以很大的影响，促进了中国音乐舞蹈艺术的繁荣发展。

中国早就发展起自己的乐舞艺术。汉代歌舞之风极盛，宫廷里设有“黄门工倡”，即宫中的乐工、舞人。达官贵族之家多蓄养歌舞伎人，当时称为“倡”或“歌舞者”，并由此产生了女乐歌舞表演的新的艺术形式和舞蹈节目。汉高祖刘邦的宠姬戚夫人，擅长表演“翘袖折腰”之舞。汉成帝的皇后赵飞燕，有高超的舞蹈技艺，特别是她练就了一身“轻功”舞，身轻若燕，脚上也有绝招，会走“踽步”，“若人手执花枝，颤颤然”，足见汉代舞蹈所达到的

图 3-12　　敦煌歌舞壁画

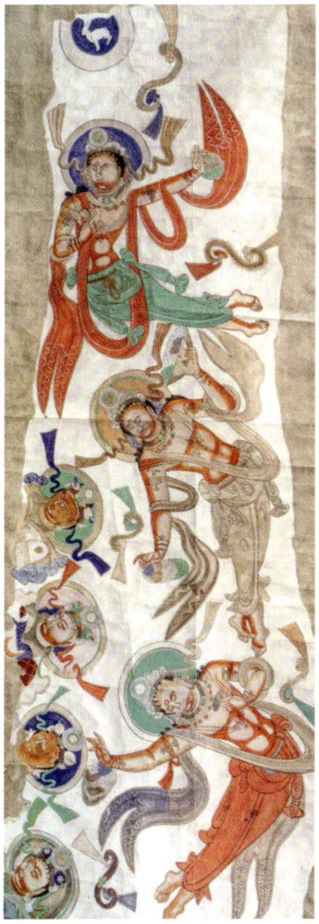

图 3-13　　《飞天图》，6—7 世纪，新疆拜城县克孜尔石窟新 1 窟壁画临摹，新疆维吾尔自治区博物馆藏

高超的技艺水平。（图 3-12、图 3-13）

汉朝初年，西域乐舞传播到中原。汉朝宫廷里已经在演奏于阗乐。于阗乐原本是塔里木盆地绿洲诸国中最古老的乐种，声名早已远播。于阗乐在汉初就成为长安宫廷乐队经常演奏的乐曲之一。汉武帝时宫廷音乐家李延年将张骞从西域带回的《摩诃兜勒》编为 28 首“鼓吹新声”，用来作为乐府仪仗之乐，他是我国历史文献中最早明确标有作者姓名及乐曲曲名、用外来音乐进行加工创作的音乐家。这 28 首乐曲用于军中，称“横吹曲”。这些乐曲流传甚久，直到数百年后的晋代尚能演奏其中的《黄鹄》《陇头》《出关》《入关》等 10 首。

另外，从西汉末年起，印度的乐舞随佛教一起进入中国。三国时，天竺乐已在中国流传。

魏晋南北朝时期，西域音乐在内地十分流行，胡汉合舞已成为普遍的风气。士大夫都以习胡舞、胡乐为时髦。曹植就是一位胡舞爱好者，他在与邯郸淳（约 132—221，三国魏文学家、书法家）会面时，就沐浴、敷粉，“遂科头拍袒，胡舞五椎锻，跳丸击剑，诵俳优

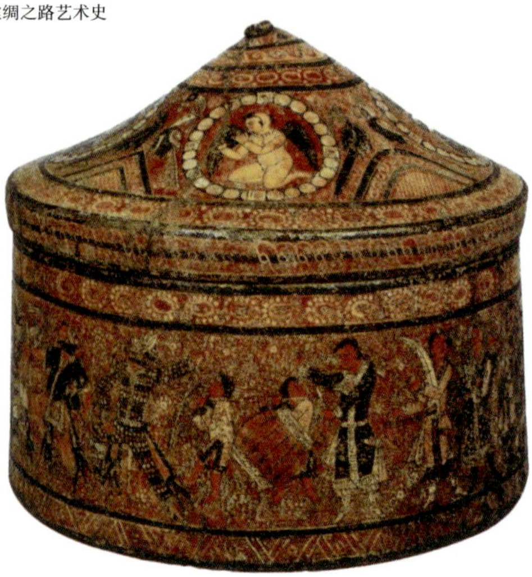

图 3-14　1903 年日本大谷光瑞探险队在库车苏巴什古遗址发掘的舍利盒，日本东京国立博物馆藏

小说数千言讫”[1]。

前秦时，吕光为迎西域高僧鸠摩罗什，远征龟兹，带回了龟兹乐。北魏太武帝曾从西域带回了疏勒、安国的伎乐。太武帝命将西域悦般国的“鼓舞之节，施于乐府”，归入宫廷乐舞机构。这样，西域民族的乐舞开始与中国传统礼乐相结合，出现新声新曲。

以龟兹乐为代表的西域乐舞（图 3-14），其健朗明快的舞曲，轻盈的舞步，弹指击节、移颈动头的传神动作，急转如风的旋转技巧，令人陶醉，所以很快就在民间流传开来。龟兹乐的乐队也很壮观，有竖箜篌、琵琶、五弦、笙、笛、箫、筚篥，还有毛员鼓、都昙鼓、答腊鼓、腰鼓、羯鼓、鸡娄鼓、铜钹、贝等，对汉族人来说很有新鲜感。以游牧尚武立国的北魏，既有崇尚胡舞胡乐的世风，如勇武的男子舞《力士舞》，亦有热情如火的女子舞《火凤舞》（或作《幺凤舞》）。北魏高阳王元雍，有家伎五百，其中有个名叫艳姿的美姬，擅舞《火凤舞》。这也是一种象形取意的乐舞，至唐代仍在流传。

高昌乐舞深受汉文化的影响，它使用的乐器如笙、箫、拍板、阮咸（即秦琵琶）、钟磬等，都是从中原传播过去的，部分舞装服饰，如条裙、乐伎的假发等，也具有汉风格。高昌乐舞还带有佛教文化的色彩。高昌乐舞在一定程度上还受到了龟兹乐的影响，使用的乐器与龟兹乐基本一致，二者乐工舞伎的装扮也有不少相同之处。至迟在西魏初，高昌乐就作为一种有特色的区域民族乐舞传入

1　刘荣平校注 :《赌棋山庄词话校注》，厦门大学出版社 2013 年版，第 246 页。

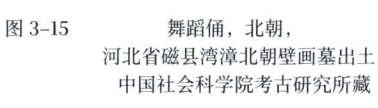

图 3-15　　舞蹈俑，北朝，
河北省磁县湾漳北朝壁画墓出土，
中国社会科学院考古研究所藏

长安，并成为宫廷常用的飨宴之乐。到北周时，又从突厥传入已有的高昌乐，使宫廷中更增添了高昌乐舞的风采。

北齐盛行之乐皆是胡乐，齐后主高纬特别欣赏“胡戎乐”。宫中杂曲有西凉乐、清乐、龟兹乐等，来自西域的曹妙达、安未弱、安马驹等人的表演很受欢迎，得到统治者的重用。终齐一代，西域地区的音乐在民间和宫廷一样盛行。宫廷比民间更爱西域音乐，几乎成为病态，以至于西域音乐家有因受宠而“封王开府”者。有的史家甚至将北齐亡国归咎于朝野沉迷于西域音乐。

北周明帝在武成二年（560）于紫极殿宴群臣，仍袭汉制，演百戏。武帝即位后，于保定元年（561）下令罢“百戏”，后又罢“四夷乐”。天和三年（568）武帝迎娶突厥木杆可汗俟斤的女儿阿史那氏为皇后，阿史那氏带来了康居国、龟兹等地杰出的音乐舞蹈家和具有鲜明民族特色的乐舞，他们的演出轰动了长安。武帝为了表示对皇后的尊重，命令将她带来的诸乐舞，加上原有的高昌乐，在大司乐里传习，并用这些西域乐舞的旋律，配上中原传统乐器钟磬演奏，作为“雅乐”使用。北周宣帝即位后，极喜歌舞作乐，“广招杂伎，增修百戏。鱼龙曼衍之伎，常设殿前，累日继夜，不知休息”。（图 3-15）

隋文帝时，龟兹乐发展到全盛时期。那时，无论宫廷还是民间，跳舞时大多要用龟兹乐。这个时期有大量的域外民族乐舞传入中国北方，如天竺乐、龟兹乐、疏勒乐、安国乐、高昌乐等。这种交流融汇又催生了新型的汉族乐舞——西凉乐，这是糅合了中原乐舞与西域乐舞的具有西凉风味的一种新乐舞。

南朝各代，“胡乐”“胡舞”也流行起来。南朝宋时，有“西、伧、羌、胡诸杂舞”。南朝（萧）齐时，“羌胡伎乐”盛行，在典礼

图 3-16 釉陶乐舞女俑，唐代，陕西历史博物馆藏

仪式中多用羌胡乐舞。南朝陈后主特遣宫女到北方学习箫鼓等乐器演奏，称之为“代北”。南朝宫廷宴乐中，除了保留汉代散乐百戏等歌舞杂技外，也普遍使用“胡舞”“胡乐”。梁元帝有“胡舞开春阁，铃盘出步廊”的诗句。有个叫文康的西域舞者，领着一班乐工和舞伎来到江南，给梁朝廷表演歌舞，其中就可能有胡旋舞。西魏在攻取南梁的荆州时，“大获梁氏乐器”。

西域传入北朝的胡舞著名的有五方狮子舞、胡旋舞、胡腾舞、柘枝舞等。

五方狮子舞出自龟兹伎，“设五方狮子，高丈余，饰以方色。每狮子有十二人，画衣，执红拂，首加红袜，谓之狮子郎”。人在狮子队中俯仰驯狎，做出狮子的各种动作，与中国传统杂技“舞狮子”极为相似。狮子舞的引舞者有“胡人”“回回”“达摩”等多种称呼，由这些称呼也可以看出，这种舞蹈来自西域。

胡舞以形体动作表达创作者的内心情感，中国传统舞蹈则以配合音乐与善于使用道具著称，胡汉融合使中国舞蹈艺术从此耳目一新。（图 3-16）

五　来自西域的音乐家

到了唐代，有更多的西域各民族艺术家来到长安，他们带来了新的西域乐舞形式，使唐代的乐舞艺术更为丰富，形成了中国乐

图 3-17　说唱俑，唐代，陕西西安西郊俾失十囊墓出土，陕西历史博物馆藏

图 3-18　三彩骆驼载乐俑，唐代，陕西历史博物馆藏

舞艺术发展的又一次高潮。（图 3-17、图 3-18）

那时候的音乐传播包括乐谱、舞蹈、乐器和乐师、艺人等，都是一起过来的。比如史载一些国家“献乐”，实际上是一个大型的乐舞表演团体的活动。在各国所献的“贡人”中，有许多都是具有特殊才能的艺人。他们为西域音乐文化在中国的传播做出了贡献。如《新唐书》卷二二一记载：开元初，康居国进贡各种珍奇物产和“胡旋女子”；开元时，米国贡“胡旋女”；俱密国献“胡旋舞女”。《册府元龟》卷九七一记载：开元十五年（727）五月，康居国又贡“胡旋女”；史国献“胡旋女子”及葡萄酒。这些记载中提及的女子均是来自西域诸国的舞女。贡人中还包括一些技艺高超的杂技艺人和魔术师。设在西域的唐朝安西都护府也向朝廷贡献舞狮伎人，白居易在《西凉伎》一诗中说道：

西凉伎，西凉伎，假面胡人假狮子。
刻木为头丝作尾，金镀眼睛银帖齿。
奋迅毛衣摆双耳，如从流沙来万里。
紫髯深目两胡儿，鼓舞跳梁前致辞。
应似凉州未陷日，安西都护进来时。

唐代载入史籍的著名西域音乐家有龟兹音乐家白明达、疏勒琵琶高手裴神符等几十人。此外还有许多西域乐工、舞伎、歌手在教坊、梨园供职。在出土的唐代胡俑中，有许多表现国外艺人进行乐器和歌舞表演的形象。如1980年洛阳偃师南蔡庄唐墓出土的一件彩绘胡俑，胡俑高鼻、深目、多须髯，头戴胡帽，两手紧握做挥舞状，有孔洞，推测很可能是手执鼓杖敲击羯鼓。胡人乐者的形象甚至出现在当时的陶塑玩具上，如巩义黄冶窑遗址出土的一件陶塑乐伎俑，陶俑为胡人男子形象，高鼻深目，络腮胡须，胸前悬挂腰鼓，一边奏乐一边歌唱。

白明达是隋代入华的龟兹作曲家，经历了隋炀帝、唐高祖、唐太宗、唐高宗两朝四代，一直在宫中创作音乐。炀帝赏识他的这些乐曲，曾表示要予以厚禄。白明达所创乐曲，至唐代尚有流传，如《泛龙舟》《七夕相逢乐》，五代时的敦煌曲子词中还有其词调《斗百草》。

白明达作品中影响最大的是具有浓郁西域风格的乐舞《春莺啭》，据说是奉高宗之命所作。《春莺啭》舞蹈属软舞类，张祜《春莺啭》诗曰“内人已唱春莺啭，花下傞傞软舞来”，描写的是宫中技艺最高的“内人”表演《春莺啭》时柔曼婉畅的歌声舞态。《春莺啭》的音乐与舞蹈可能分别展现了鸟声、鸟形的特点。《春莺啭》曾传入朝鲜，《进馔仪轨》载：“春莺啭……设单席，舞妓一人，立于席上，进退旋转，不离席上而舞。”[2] 并绘有舞蹈场面图，描绘一女舞者立方毯上而舞。日本雅乐舞蹈也有《春莺啭》，为唐代时传入日本，由男子戴鸟冠而舞。其表演形式及风格与唐代女子软舞不同，是唐版《春莺啭》被日本民族化后的雅乐舞蹈。

2　袁禾：《中国古代舞蹈史教程》，上海音乐出版社2004年版，第110页。

裴神符是来自疏勒的音乐家，又名裴洛儿。大约唐高祖李渊在位时，他就已担任了唐朝宫廷乐师，到太宗李世民时，裴神符依然受到器重。他以《火凤》为代表的 3 首名曲是作为唐代中原音乐“西”化的标志而出现的。唐代汇集的名曲录中，裴神符的作品占了一定的数量，尤以《火凤》影响最大。

贞观年间，众琵琶乐师在宫中献技。乐师们都是横抱琵琶，用木制或铁制的拨子弹奏，与演奏古瑟的方法相似，而且奏的大多是恬淡婉转、柔弱无力的宫廷雅乐。裴神符演奏时用与众不同的技法表演了自己创作的乐曲《火凤》。他把琵琶直立怀中，改拨子演奏为手指弹奏。左手持颈，抚按律度，右手五指灵活地在四根弦上疾扫如飞，这种指弹法是前所未有的演奏方法。《火凤》旋律起伏跌宕、节奏奔放豪迈。乐曲到高潮时，他的左手还加进了推、带、打、拢、捻等技巧，音乐刚劲淳厚、虎虎有生气，仿佛是一支乐队在合奏。《火凤》曾在内地广为传唱，并被多次改编。唐宫廷乐“法曲部”中的《真火凤》、“胡曲部”中的《急火凤》，都是根据《火凤》改编才唱响的。元稹诗中说“火凤声沉多咽绝”。

见于唐朝载籍的外来音乐、舞蹈家，多为中亚昭武九姓胡人。曹国胡人曹保祖孙三代，均为琵琶名手，在唐朝声名很盛，人称“二曹”，曹善才和曹刚的演奏艺术尤其受到当时诗人的特别赞赏。“善才”本是当时人们对著名乐师的一种尊称，由于曹善才的技艺高超，其又姓曹，所以被人誉称为“曹善才”，这样反使其真名失传了。曹善才是唐代教坊第一流乐师，曾任梨园供奉（首席乐官）。诗人李绅在《悲善才》这一悼诗中写道：“东头弟子曹善才，琵琶请进新翻曲。……天颜静听朱丝弹，众乐寂然无敢举。”善才弹奏琵琶常奏新曲，连皇帝都爱听他弹奏琵琶。当他演奏时全场寂静，没人敢起来摆弄乐器。曹善才不仅精于演奏，而且善于教学，有不少弟子。白居易《琵琶行》序中称，元和十一年（816），他在九江任司马时，夜闻舟中弹琵琶者，“有京都声”，经询访，知其人原为长安倡女，“尝学琵琶于穆、曹二善才”。

善才之子曹刚也是非常有名的琵琶艺人。曹刚的演奏技巧胜过其父，尤其是他右手的拨子功，力如风雷，名噪一时。段安节所撰《乐府杂录》记载：“曹刚善运拨，若风雨，而不事扣弦。兴奴长于拢撚，不拨稍软。”所以当时有“曹刚有右手，兴奴有左手”之说。裴兴奴也是当时著名的琵琶演奏家。

大和二年（828），白居易在长安观赏曹刚演奏，深感其技艺水平超过其他同辈，作《听曹刚琵琶兼示重莲》诗：“拨拨弦弦意不同，胡啼番语两玲珑。谁能截得曹刚手，插向重莲衣袖中。”薛逢《听曹刚弹琵琶》亦云：“禁曲新翻下玉都，四弦振触五音殊。不知天上弹多少，金凤衔花尾半无。”薛逢将曹刚弹的琵琶誉为神仙才能听到的天上“玉都殊音”，曹刚的《薄媚》一曲，弹得特别出色，使人百听不厌。刘禹锡诗云：“一听曹刚弹薄媚，人生不合出京城。”

唐代著名的琵琶演奏家在《乐府杂录》中多有记载，计有段善本、曹刚、裴兴奴、康昆仑、雷海青、李管儿、赵璧等15人。康昆仑也是著名的琵琶艺人，段安节称原籍康居国的康昆仑为贞元中天下“琵琶第一手”，并记载了长安祈雨，康昆仑与僧人在天门街“斗声乐”的故事。故事说，唐贞元年间（785—805），一次长安大旱，东西两区居民集会在天门街举行祈雨大会，各搭彩楼奏乐娱神并同时举行器乐演奏比赛。东区因有康昆仑便自认为此赛必胜无疑，就推请昆仑登上彩楼弹奏了一曲《羽调绿腰》，意先声夺人，让观众领略其难以战胜的音乐水准。昆仑奏毕，广场鸦雀无声，片刻寂静后，才见西区彩楼上出现一位妙龄“女郎”，“她”怀抱琵琶面对听众说道：“我也弹奏这一曲目，不过要将它转音移曲到‘风香调’上演奏。”说毕挥手触弦，其声如雷贯耳，震动人心，那妙绝入神的演奏技艺远在昆仑之上。康昆仑听罢又惊愕又敬佩，立刻表示要拜“女郎”为师，“女郎”这时更衣出楼相见，原来不是女流而是庄严寺的和尚。这位和尚姓段名善本，后来他当上了康昆仑的琵琶老师。除了弹奏外，康昆仑还兼善作曲，曾将凉州曲改编为琵琶演奏曲。

李颀有一首《听安万善吹觱篥歌》云：

南山截竹为觱篥，此乐本自龟兹出。
流传汉地曲转奇，凉州胡人为我吹。
傍邻闻者多叹息，远客思乡皆泪垂。
世人解听不解赏，长飙风中自来往。
枯桑老柏寒飕飗，九雏鸣凤乱啾啾。
龙吟虎啸一时发，万籁百泉相与秋。
忽然更作渔阳掺，黄云萧条白日暗。
变调如闻杨柳春，上林繁花照眼新。
岁夜高堂列明烛，美酒一杯声一曲。

诗中写的安万善是“凉州胡人”，诗人听了他吹奏觱篥，称赞他高超的演技，同时写觱篥之声凄清，闻者顿感悲凉。前六句先叙觱篥的来源及其声音的凄凉；中间十句写其声多变，为春为秋，如凤鸣如龙吟；末两句写诗人身处异乡，时值除夕，闻此尤感孤寂凄苦。

李贺有一首《听颖师琴歌》云：

别浦云归桂花渚，蜀国弦中双凤语。
芙蓉叶落秋鸾离，越王夜起游天姥。
暗佩清臣敲水玉，渡海蛾眉牵白鹿。
谁看挟剑赴长桥，谁看浸发题春竹。
竺僧前立当吾门，梵宫真相眉棱尊。
古琴大轸长八尺，峄阳老树非桐孙。
凉馆闻弦惊病客，药囊暂别龙须席。
请歌直请卿相歌，奉礼官卑复何益。

李贺在诗中描摹了颖师美妙绝伦的琴声，赞叹了他的高超琴艺。诗中说到的这位弹琴技艺高超的颖师，是来自天竺的一位僧人，他于宪宗元和年间（806—820）住在长安，以弹琴著名。他的古琴长八尺一寸，用质地优良的古桐木制成，音色非常优美。颖师弹琴的技艺精湛，演奏时有特别的韵味，而且曲目很丰富，远近知名。

来自于阗的尉迟青在唐代宗时居住在长安之长乐坊，唐德宗时他官至将军，吹奏筚篥的水平很高，时人称他“冠绝古今”。当时还有一位筚篥高手，是名冠幽州的王麻奴。他得知尉迟青的大名，就特意到长安要与尉迟青比试技艺。尉迟青请奏一曲，王麻奴以高般涉调吹奏了一曲西域乐曲，曲毕累得汗流浃背。接着，尉迟青拿起筚篥吹奏了同一曲调，轻松裕如，音韵殊异。王麻奴心悦诚服，拜而求教。由于尉迟青和王麻奴这些名家的演奏，西域乐器筚篥在长安乃至中原大地广为流行。

于阗人尉迟璋是尉迟青的晚辈，通音律，善吹笙。他于唐文宗大和年间活跃于长安乐坛，曾任仙韶院乐官。他不仅善吹笙，技艺在当时首屈一指，而且琴、瑟、鼓、箫样样精通，还会作曲，曾整理改编过《霓裳羽衣曲》。尉迟璋的歌唱得也很好，“能啭歌喉为新声”，有“一声飞出九重深”之美誉，其“音辞曲转，听者忘倦”，引得京城乐人纷纷效法，并尊称尉迟璋为“拍弹”，即拍弹不挡的全能音乐家。唐文宗李昂十分喜爱音乐，善吹管乐，亲自召见了尉迟璋，并命朝廷三品以上官员都穿朝服来听尉迟璋吹奏和唱歌。尉迟璋先用笙吹奏了自己创作的《瀛州曲》，音调高亢，清亮辽远；接着演唱了传统的《霓裳羽衣曲》，音域宽阔，意韵深长，令满朝文武大臣眼界大开，耳目一新。

来唐的外国人中，也有以歌唱著称于世者。《卢氏杂说》称，元和年间从事歌唱的乐人有米国胡人米嘉荣，其歌曲之妙，当时无出其右者。其歌唱艺术倾倒京城，并被皇帝赏识，提拔为朝廷供奉。世人称赞他的演唱能“冲断行云直入天”。米嘉荣曾在宪宗、穆宗、敬宗三代任供奉，史书上称他为“三朝供奉”。米嘉荣与诗人刘禹锡有厚交，两个人常在一起交流艺术。米嘉荣系统地介绍了音乐理论知识，并给刘禹锡唱了许多西域和西凉的歌曲。刘禹锡在米嘉荣的帮助下，吸收融合了许多民歌音乐素材，创造了一种独特的诗体竹枝词，风格清新，在当时风靡全国。刘禹锡在《与歌者米嘉荣》一诗中云：

唱得凉州意外声，旧人唯数米嘉荣。
近来时世轻先辈，好染髭须事后生。

米嘉荣之子米和，咸通年间（860—874）以弹琵琶著称，“申旋尤妙”，也是以音乐技能供奉朝廷。刘禹锡在《听旧宫中乐人穆氏唱歌》一诗中提到的可能是来自康居国的歌女穆氏：

图 3-19　《天宫伎乐图》（局部），4—5 世纪，新疆拜城县克孜尔石窟 38 窟，新疆维吾尔自治区博物馆藏

曾随织女渡天河，记得云间第一歌。
休唱贞元供奉曲，当时朝士已无多。

六　风靡唐朝的“三大乐舞”

来自西域的艺术家们把西域各民族的音乐舞蹈艺术带到了中原。传入中原的西域乐舞，以胡腾舞、胡旋舞和柘枝舞最为有名，号称西域“三大乐舞”。早在北朝时这三大乐舞就已经传入中国。（图 3-19、图 3-20）

胡腾舞源于中亚“昭武九姓”之一石国。大约在北朝后期，胡腾舞已传入中原。舞蹈史专家从北齐墓出土的两个带有舞蹈纹的瓷壶上，看出西域胡人的舞姿都具有胡腾舞的某些特点。在唐代，胡腾舞盛极一时，诗人刘言史的诗《王中丞宅夜观舞胡腾》中详细地描写了这种舞蹈：

石国胡儿人见少，蹲舞尊前急如鸟。
织成蕃帽虚顶尖，细氎胡衫双袖小。

图 3-20　　敦煌 321 窟壁画，乐舞图中的三位乐伎
或弹琵琶，或吹筚篥，或吹笙，
形象为高鼻深目，似为当时的外国乐队

手中抛下蒲萄盏，西顾忽思乡路远。
跳身转毂宝带鸣，弄脚缤纷锦靴软。
四座无言皆瞪目，横笛琵琶遍头促。
乱腾新毯雪朱毛，傍拂轻花下红烛。
酒阑舞罢丝管绝，木槿花西见残月。

另一位诗人李端的《胡腾儿》写道：

胡腾身是凉州儿，肌肤如玉鼻如锥。
桐布轻衫前后卷，葡萄长带一边垂。

图 3-21　胡腾舞俑，唐代，甘肃省山丹县博物馆藏

帐前跪作本音语，拾襟搅袖为君舞。
安西旧牧收泪看，洛下词人抄曲与。
扬眉动目踏花毡，红汗交流珠帽偏。
醉却东倾又西倒，双靴柔弱满灯前。
环行急蹴皆应节，反手叉腰如却月。
丝桐忽奏一曲终，呜呜画角城头发。
胡腾儿，胡腾儿，故乡路断知不知？

从这两首诗来看，舞者为男子，身着胡衫，袖口窄小，头戴蕃帽，脚蹬锦靴，腰缠葡萄长带，在一张花毯上跳跃，长带飘动。（图 3-21）

胡旋舞在唐代十分流行。据杜佑《通典》介绍，这种舞蹈伴奏的乐器主要是各种鼓，有羯鼓、正鼓、腰鼓等，还有铜钹、笛子和琵琶。史载康、米、史等国曾向唐朝贡献的“胡旋女子”，实际就是从事胡旋舞表演的专业舞蹈艺术家。（图 3-22、图 3-23、图 3-24）

胡腾舞与胡旋舞的主要区别在于舞姿的不同：一个是“腾”，即急促地跳腾；一个是“旋”，即飞速地旋转。胡旋舞传入唐朝之后，在宫廷内外盛行一时。8 世纪初，武延秀在安乐公主宅中作胡旋舞，“有姿媚，主甚喜之”。安禄山也以善舞胡旋著称，“至玄宗前，作胡旋舞，疾如风焉”。白居易有《胡旋女》一诗：

胡旋女，胡旋女，心应弦，手应鼓。
弦鼓一声双袖举，回雪飘飖转蓬舞。
左旋右转不知疲，千匝万周无已时。
人间物类无可比，奔车轮缓旋风迟。

图 3-22　胡旋舞石刻墓门，
宁夏盐池县苏步井乡窨子梁出土，
宁夏博物馆藏

曲终再拜谢天子，天子为之微启齿。
胡旋女，出康居，徒劳东来万里余。
中原自有胡旋者，斗妙争能尔不如。
天宝季年时欲变，臣妾人人学圜转。
中有太真外禄山，二人最道能胡旋。
梨花园中册作妃，金鸡障下养为儿。
禄山胡旋迷君眼，兵过黄河疑未反。
贵妃胡旋惑君心，死弃马嵬念更深。
从兹地轴天维转，五十年来制不禁。
胡旋女，莫空舞，数唱此歌悟明主。

白居易在诗中以转蓬、车轮、旋风等比喻，突出强调了胡旋舞疾速、旋转的特点。他说，与胡旋舞相比，那飞奔转动的车轮和急速旋转的旋风都显得太慢了。而且一跳起来，旋转的圈子很多，左旋右转一点儿都不知道疲倦，千匝万周猜不透什么时候才能跳完。元稹也有《胡旋女》一诗云：

天宝欲末胡欲乱，胡人献女能胡旋。
旋得明王不觉迷，妖胡奄到长生殿。
胡旋之义世莫知，胡旋之容我能传。
蓬断霜根羊角疾，竿戴朱盘火轮炫。
骊珠迸珥逐飞星，虹晕轻巾掣流电。
潜鲸暗噏笡海波，回风乱舞当空霰。
万过其谁辨终始，四座安能分背面。
……

图 3-23　　唐三彩胡旋舞纹凤首壶，西安大唐西市博物馆藏

图 3-24　　唐墓红衣舞女壁画

柘枝舞亦源于西域石国。较之胡旋、胡腾，唐人对柘枝舞的记载更多。舞柘枝者多为青年女子，舞者头戴绣花卷边虚帽，帽上施以珍珠，缀以金铃；身穿薄透紫罗衫，纤腰窄袖，身垂银蔓花钿；脚穿锦靴，踩着鼓声的节奏翩翩起舞，婉转绰约，轻盈飘逸，金铃丁丁，锦靴沙沙，“来复来兮飞燕，去复去兮惊鸿”。当曲尽舞停时，舞者罗衫半袒，犹自秋波送盼，眉目动人。

柘枝舞艺术境界高超，且具有很强的观赏性，引起了唐朝社会各阶层的极大兴趣和喜爱，诗人刘禹锡、薛能、张祜、白居易、沈亚之、卢肇等都写过有关柘枝舞的诗歌。白居易《柘枝妓》云：

平铺一合锦筵开，连击三声画鼓催。
红蜡烛移桃叶起，紫罗衫动柘枝来。

带垂钿胯花腰重，帽转金铃雪面回。
看即曲终留不住，云飘雨送向阳台。

再如刘禹锡《和乐天柘枝》云："鼓催残拍腰身软，汗透罗衣雨点花。"张祜咏柘枝舞的诗最多，如《池州周员外出柘枝》云："红筵高设画堂开，小妓妆成为舞催。珠帽著听歌遍匝，锦靴行踏鼓声来。"这些诗句说明柘枝舞是舞者在鼓声的伴奏下出场、起舞的，其舞蹈具有节奏鲜明、气氛热烈、风格健朗的特点。

七　骠国向唐朝的献乐外交

中缅两国山水相连，文化之间的交流有着十分悠久的历史。缅甸位于中国和印度之间，同时受到中印两大文化的深刻影响，也是自古以来中国通往印度乃至西方的陆海通道。在陆路，有西南丝绸之路，即"中印缅道"，这是中国西南地区对外交通途经缅甸到印度的商道。中国丝绸等物品先传入缅甸，然后再从缅甸传入印度、阿富汗乃至欧洲。

骠国是缅甸境内的一个国家。唐代史籍说，骠国东西 3000 里，南北 3500 里，有 9 个城镇，298 个部落，还有 18 个属国。至晚在 4 世纪时，中国人已知道骠国的存在，骠国的香料通过永昌郡输入中国。唐朝时，中国云南境内有一地方政权号南诏国，南诏国势力一度很大，远及缅甸、泰国一带，曾占领缅甸伊洛瓦底江上游的寻传族地区（今克钦邦），骠国也受其控制。骠国不但和南诏有着频繁的接触，而且还通过南诏和中国发生了文化上的联系。

骠族是能歌善舞的民族，其音乐舞蹈艺术有高度的发展。唐德宗贞元年间，骠国组织了一个颇具规模的乐团，沿南方丝绸之路，不远万里赴唐都长安献乐。骠国使者入境当在贞元十七年（801）下半年。他们从骠国都城室利差咀罗出发，沿骠国至南诏的商道，经沙示、叫栖、锡箔、畹町、九谷、遮放、龙陵、保山至大理。到大理后，由南诏译官陪同，继续向成都出发。到成都后，受到西川节度使韦皋的接见。韦皋整理、记录了骠国乐曲，并对骠国乐舞和乐器感到新鲜奇异，命画工画下了骠国的舞姿和乐器，献之于朝廷。

在成都短暂停留后，骠国乐团由韦皋安排从成都赴长安，大约于贞元十八年（802）正月初到达唐都长安。乐团在唐宫廷进行了表演，受到了唐德宗和文武官员的欢迎。之后，唐中央政府与骠国建立了直接的友好联系。

按《新唐书·骠国传》所记，此次骠国乐团的率领者是悉利移城主舒难陀。舒难陀是骠国王子。白居易在为德宗起草的《致骠王书》中也记有“国王之子舒难陀”。白居易时任秘书省校书郎，在长安见过舒难陀。陪同舒难陀前来献乐的还有大臣那及元佐和摩思柯那。乐团的乐工有35人，对这一数字多部史籍都做了明确的记载。乐团除乐工外还有一定数量的舞蹈表演者。可见“骠国乐”是一个乐器较多、队伍庞大的演奏乐队。

骠国此次所献的乐器计有8大类22种。在这22种乐器中，《新唐书》详细罗列了19种，共计38件。按现代乐器的划分方法，其中属于体鸣乐器的有铃钹、铁板，属于皮乐器的有三面鼓、小鼓，属于弦乐器的有大小包琴、独弦匏琴、筝、凤首箜篌、龙首琵

图 3-25　　黄釉贴花双系曲柄短流壶，壶身上有胡人吹箫图
温州博物馆藏

图 3-26　　彩绘伎乐俑，唐代

图 3-27　　三彩釉陶载乐骆驼，唐代
中国国家博物馆藏

琶、云头琵琶，属于气乐器的有螺贝、横笛、两头笛、大匏笙、小匏笙、牙笙、三角笙、两角笙。种类之齐全，数量之丰富，由此可见一斑。（图 3-25、图 3-26、图 3-27）

骠国乐团在唐宫廷演奏的乐曲计有 12 首。在这 12 首乐曲中，前 7 首是有歌有舞的乐舞作品，集声乐、器乐和歌舞于一体，极富艺术表现力。后 5 首则是器乐作品。乐曲的乐意、内容多涉及佛教。骠国乐舞的表演，有一人先领舞，各个乐曲的舞者有 2 至 10 人不等，但都成双成对。从“舞容随曲”可推知，表演者的舞姿、表情和音乐的节奏是非常协调一致的。

骠国乐团在长安的表演，受到了唐宫廷和当时文人学士的欢迎。唐德宗对骠国乐赞赏有加，让白居易写信给骠王，称赞唐与骠的友好邦交，并封舒难陀为太仆卿，随行的两位大臣也被授予了官职。骠乐被编入了宫廷音乐中。

唐代文人记下了自己对骠国乐的感受。白居

易、元稹都作有《骠国乐》，这些文字一直传诵至今。开州刺史唐次也作《骠国献乐颂》，献给德宗。白居易写的《骠国乐》这样赞道：

骠国乐，骠国乐，出自大海西南角。
雍羌之子舒难陀，来献南音奉正朔。
德宗立仗御紫庭，黈纩不塞为尔听。
玉螺一吹椎髻耸，铜鼓一击文身踊。
珠缨炫转星宿摇，花鬘斗薮龙蛇动。
曲终王子启圣人，臣父愿为唐外臣。
左右欢呼何翕习，至尊德广之所及。
须臾百辟诣阁门，俯伏拜表贺至尊。
伏见骠人献新乐，请书国史传子孙。
时有击壤老农父，暗测君心閒独语。
闻君政化甚圣明，欲感人心致太平。
感人在近不在远，太平由实非由声。
观身理国国可济，君如心兮民如体。
体生疾苦心憯凄，民得和平君恺悌。
贞元之民若未安，骠乐虽闻君不欢。
贞元之民苟无病，骠乐不来君亦圣。
骠乐骠乐徒喧喧，不如闻此刍荛言。

骠国向中国输入了大量的域外乐器、乐曲乃至乐理，这对中国原有传统音乐的丰富和发展产生了积极而深远的影响。《新唐书》具体所列的19种乐器，依其渊源分为印度系和土俗系两大类。在这两大类中，印度系诸乐器源于印度，体现了印度文化对骠国文化的影响。骠国献乐以前，印度系乐器输入中国的主要途径是西域丝绸之路，而贞元年间骠国乐器是经西南丝绸之路输入的。

印度音乐经西域丝路东来中国，并非长驱直入，而是一个渐进且多向的过程。印度音乐先为西域各民族所接受，经西域各民族的融合、发展，再经河西走廊输入中原。西域民族在印度音乐的入华过程中起到了中介作用。在传播过程中，印度音乐受到西域民族自身文化因素的影响必然会产生某些变异，这一变异包括对印度系乐器的某些改造或改进。同理，输入骠国的印度音乐在影响骠国原有音乐的同时，也必然会受到骠国原有音乐的影响，从而烙上骠民族的印记。这是一个交互作用的过程。骠国献乐使具有西域特色的印度系乐器与具有骠国特色的印度系乐器在中原交汇，促进了印度系乐器在中国的发展，促进了中国乐器的改进，扩大了中国传统音乐的表现力。

第四章

古希腊罗马艺术的东传

一　巴克特里亚：丝绸之路上的希腊遗珠

古希腊为古代欧洲文化的源头之一，与中国相距遥远。中国与希腊虽然很难有直接的沟通，但历史上还是有两次希腊人到中国来的事件发生。第一次发生在春秋时期。据东晋王嘉的志怪小说《拾遗记》说，周灵王（？—前545）在位时，有渠胥国人韩房到中国献虎魄凤凰。这件工艺品高6尺，是由中国内地人尚未见过的巨型琥珀制作而成的。这位渠胥国人韩房，是最早到达中国内地的希腊使节。他的名字韩房，或许译自海尔莫士（Hermeus），渠胥是希腊（Greece）最早的汉译名字。从希腊出发的韩房，有可能是经过黑海东边的草原之路抵达中国的新疆，然后再进入中国内地最大的商业都会——当时作为丝绢贸易中心的洛阳城。

王嘉《拾遗记》记载希腊人第二次来华是距前次300年后，是在秦始皇元年，西域骞霄国贡一有才华的画家烈裔，在咸阳献艺。这个“骞霄”是“Greece”的另一种音译。这位烈裔能口含丹青，漱地成画，绘出魑魅、鬼怪等各种物象，这些图像与欧洲和西亚的人物和神灵大致有关。此人的一大特技是善于指画，画地长百丈，可以笔直如绳墨。这位画家还擅描地图，方寸之内，可以画出四渎、五岳、列国。烈裔除绘画之外，又是刻玉能手，能制印章、做雕刻。这些工艺专长，全是地中海世界古代艺术中最基本的门类。

中国文化与希腊文化可能的接触，中国所获得希腊文化的信息，主要是通过西域和印度两个方向。与这两个方向有直接关系的事件是亚历山大东征。

图 4-1　希腊战士，加尔各答印度博物馆藏

公元前 334 年，即相当于中国的战国时期，希腊马其顿国王亚历山大大帝（Alexander the Great）开始了远征东方的行动，建立了一个地跨欧、亚、非三洲的帝国，其疆域东自费尔干纳盆地及印度河平原，西抵巴尔干半岛，北从中亚细亚、里海和黑海起，南达印度洋和非洲北部。亚历山大的东征，还开辟了东西方贸易的通路。他在东方建立的几十座城市，后都逐渐发展成为商业中心。

公元前 330 年冬，亚历山大大帝开始向中亚地区进军。公元前 329 年夏，亚历山大攻陷索格狄亚那首府马拉坎达（今撒马尔罕）。亚历山大军队的前锋直抵锡尔河，连夺 7 城，并在锡尔河南岸建埃斯哈塔亚历山大里亚，驻军设防。公元前 328 年春，亚历山大下令在索格狄亚那各地筑城，并让希腊人、马其顿人在城中生活。同时，任命当地上层贵族为郡守，表示尊重当地制度和习俗。公元前 327 年，亚历山大娶巴克特里亚贵族的女儿罗克萨娜（Roxana）为妻，并鼓励马其顿人和东方女子结婚。亚历山大在巴克特里亚留下了 13500 名士兵，以巩固后方。在亚历山大的军队中，有大批希腊学者、诗人、艺术家、工匠等，他们得以在印度河上游　带繁衍子孙。（图 4-1）

亚历山大的主要影响是导致了中亚南部的希腊化，向中亚社会输入了新的行政结构，引入了希腊的农奴制，并在中亚发展了货币制度。另外，其在文化和艺术上的影响也非常重要。

公元前 323 年，亚历山大突然死去，匆匆建立起来的帝国随即崩溃。塞琉古几乎继承了亚历山大在亚洲的全部遗产，统治区域

图 4-2　　塔吉克斯坦苦盏出土的古希腊罗马风格铜壶

从地中海东岸直到中亚的兴都库什山。塞琉古王国曾经是一个幅员辽阔、经济繁荣的大国，城镇林立，商业发达。塞琉古修筑和发展了波斯原有的驿道系统，使之成为重要的国际商道。其最重要的交通路线有两条：一条是从地中海岸边的海港经首都安条克而达巴比伦附近的塞琉西亚，以此为商货的最大集散地，其北通里海和高加索，南连波斯湾、阿拉伯，西经巴勒斯坦而入埃及；另一条则是向东经安息、大夏而达远东的商道，从大夏向南可折向印度，往北可越过帕米尔到达中国。（图 4-2）

巴克特里亚是塞琉古王国最东部的一个重要省份。塞琉古王朝以亚历山大的建城战略为指导，在军事、政治、经济地位重要的地区建立了希腊式城市。据统计，亚历山大及其后继者在东方建城（包括殖民地）300 个以上，其中保留下名称者约 275 个。在巴克特里亚及其相邻地区有名可据者就有 19 个，其中有 8 个是亚历山大建立的以他命名的同名城市“亚历山大里亚”，这 8 个中有一座名为 Alexandria Oxiane，即“阿姆河上的亚历山大里亚”。其余的 11 个应为塞琉古朝所建。希腊移民给巴克特里亚带来了他们的语言、宗教、制度、戏剧和艺术。这样的每一个都市，皆为向四方放射希腊文明的中心。这些都市无疑使得整个巴克特里亚王国都带有希腊精神。

公元前 255 年，坐落在其东北边陲的巴克特里亚郡（Bactria）的郡守、希腊人狄奥多特斯（Diodotus）首先宣告独立，而中国人把这个地方叫作大夏。在大夏国王欧西德莫斯一世（Euthydemus I）统治时，大夏控制的最东部国界线不仅推进并超过了苦盏，有证据显示他们的侦察队在公元前 200 年左右已经到达过疏勒，这是有史以来最早的有据可考的一次连接中国与西方的活动。据说，他们很可能进入了塔里木盆地。

阿伊哈努姆遗址（City Site at Ai-Khanum）是迄今为止在中亚地区原巴克特里亚希腊人王国统治区域发现的唯一完整的希腊式城市。阿伊哈努姆城址位于阿富汗东北部昆都士城东北，是一座被城墙环绕的希腊化古城，离今塔吉克斯坦边境较近，位于阿姆河和科克恰河的交汇处。城区分东西两部分，东部为高约 6 米，具有防御功能的天然卫城，西部为总面积约 2.7 平方千米作为居民区的下城。现已发掘暴露地表的建筑物主要有似为行政管理总署的巨大宫殿区，位于下城西南部，面积约 9 万平方米，包括广场、官署、宅邸和珍宝库，宫殿的东、南、北三面分别建有神庙、体育馆和贵族住宅区各一处。贵族住宅区为带庭院或花园的大房子。剧场和兵器库分布在卫城区。下城有城墙环绕，内有很多空地。该城建造时间约在公元前 329 年或公元前 305 年，是希腊化时期巴克特里亚繁荣发达的中心城市。阿伊哈努姆城的建筑风格是古希腊式建筑和东方建筑风格的结合，且以前者为主，如垒砌石块用金属锔钉连接并灌以熔铅加固，建筑的布局往往以一连串房间或柱廊环绕一个中央庭院，饰以古典式柱头的大圆柱，寓所的浴室用卵石铺成拼花地板等。东方建筑风格主要表现在常用土坯垒墙；剧场的席位之中建 3 座阔气的凉廊；神庙为三梯级高台建筑，前设门廊，后设正殿及两侧配殿。城内发现有希腊文铭刻和手稿残迹，以及阿拉米字体的铭文。艺术品有石、陶、象牙和金属制圆雕或浮雕，表现人物和希腊及本地的神。其风格一部分采用希腊传统手法；一部分则是东方风格，构图平面，不注重透视。有的大型作品是在铅条或木头的基架上堆塑而成，算得上是一项创新。在宫殿区的珍宝库中发现有印度和希腊的珍宝和钱币，出土有钱币的铜坯。

由于巴克特里亚希腊人王国的存在，有不少的希腊人定居于印度，以至于阿育王在刻石勒铭弘扬佛法时，也没有忘记用希腊语向这批希腊人传教。考古学家们认为，这个古城遗址的考古发现表明，此地的希腊人仍然生活在他们所熟悉的文化氛围之中，并试图将这一文化生态尽可能地保持下去，同时也接受了东方文化传统的影响。但无论如何，阿伊哈努姆遗址自始至终保持了希腊式城市的基本特征。它的居民肯定是以希腊人为主，它的上层统治者也一定是清一色的希腊人。古希腊传记作家普鲁塔克（Plutarch，约 46—约 120）记载："亚历山大对亚洲远征后，东部地区的人民，至少是统治阶级，阅读荷马的诗篇，他们的孩子读唱沙孚克里斯（即索福克勒斯）和尤里批蒂（即欧里庇得斯）的作品。一个石雕的喷泉口是仿照希腊喜剧中的奴隶厨师所戴的面具制作的，这起码说明在阿伊哈努姆剧院演出的戏剧是属于希腊文库的作品。"（图 4-3）

事实上，巴特克里亚扮演了一个交会点和过道的角色，同时，它还在中亚的心脏地带建立了一个希腊文明的"绿洲"。

巴克特里亚的希腊人王国成为希腊艺术、思想进入印度的中转站和推动者，对印度的文化产生了极大的影响。印度人从希腊人那里学会了精巧的铸币技术，并像希腊人那样在钱币的正反面都铸制图案；希腊风格深深影响了印度的雕塑、绘画和建筑。哲学上，印度正理派（逻辑学）的"五支论法"与亚里士多德的"三段论"之间存在着密切联系，印度耆那教原子论与希腊德谟克里特（Democritus，约前 460—约前 370）以及卢克莱修（Titus Lucretius

图 4-3　身穿希腊风格服饰的巴克特里亚乐手，大英博物馆藏

Carus，约前 99—约前 55）的原子学说基本相似。

由于希腊人的东进，希腊文化被带到了中国的西部边缘。西方文献中的巴克特里亚就是中国史籍中所说的“大夏”。大夏和印度在这个时候都活跃着希腊人的身影，且受到了希腊文化的深刻影响。

二　流传到中国的希腊艺术遗珍

丝绸之路上的遗址里陆续发现了数量不少的、具有希腊艺术色彩的文物。1988 年，在甘肃省靖远县北滩乡一个农舍的房基下发现了一只鎏金银盘，直径 31 厘米，重 3180 克。盘中的图案可以分为三层，最外面的一层是相互勾连的葡萄卷草纹，每颗葡萄中心都有一个小凹点，葡萄的花下叶底还若隐若现地刻画着 29 个姿态各异的昆虫飞鸟，如鹦鹉、蚱蜢、蜗牛、蜜蜂等。第二层被分成了 12 个单元，在每个单元中，左侧为一个动物，右侧为一个神头像。最里面的一层直径为 9.5 厘米，上为一个青年男神，头发卷曲，上身裸露，肩扛“权杖”，倚坐在一只威武的动物上。有的学者认为银盘第二层的 12 个神像应是古希腊神话中的“奥林匹斯十二主神”，盘子正中的那个男神可能是阿波罗（Apollon），也可能是希腊神话中别的神。也有学者认为，银盘正中的男神应当是

图 4-4　汉佉二体钱（于阗马钱），用希腊式的打压法制作而成

罗马神祇巴克斯，此神相当于希腊神话中的酒神狄俄尼索斯。至于这个银盘的产地，有人认为是公元 2—3 世纪罗马东方行省北非或西亚某地区所产，也有人认为是公元 3—4 世纪罗马帝国东部行省所产。

1965 年，西安西北汉代长安城内出土了一只陶罐，内有 13 枚带铭文的铅饼。1973 年，陕西省扶风县姜塬遗址又出土了两枚这样的铅饼，结合这个遗址中出土的其他文物来看，推测年代上限不会早于西汉晚期，下限不会晚于东汉晚期。1976 年，甘肃省灵台县出土了 274 枚同类铅饼，总重量达 31806 克。在 20 世纪前期，这样的铅饼就已经有所发现。这些铅饼上的铭文应当是用草体希腊文拼写的中古伊朗语。我国出土的这些刻有草体希腊文的铅饼及一些铜饼，很可能就是进入中国的贵霜大月氏人在陕西中部地区活动时留下的遗物。

公元 1—3 世纪，新疆地区铸行了一种有汉文和佉卢文字的“汉佉二体钱”。此钱圆形无孔，一面中央有形象生动的马形图案，四周有一圈少数民族文字；另外一面似为汉文篆字，字迹不清，有释读作“元”字者。因这种钱币大多数发现于新疆和田地区，故又名“和田马钱”。此钱用希腊式的打压法制作而成，钱分大小两种：大钱重廿四铢，小钱重六铢。据专家考证，因希腊文化通过印度传入于阗，同原来已存在的中国文化相结合，而产生了这种钱币。（图 4-4）

在西方，有一种非常精美的多面体金珠。其制作工艺被称为焊珠工艺（Granulation），即先用一种黏合性焊剂把金粒固定在器

图 4-5　有翼天使壁画，新疆米兰佛寺出土，大英博物馆藏

表上，然后加热焊接。此种工艺最初出现在公元前 4000 年两河流域的乌尔第一王朝时期，后流行于埃及、希腊、波斯等地，亚历山大东征后传入印度。用焊珠工艺制作多面体金珠，可能发源于迈锡尼时代（约前 1600—约前 1150）的希腊。由于西方发现的金珠都是 12 面体的，所以其又被称为“十二面金珠”。这类多面体金珠在我国也有发现。我国不仅发现过 12 面的金珠，还出土过 14 面的，所以国内有人将此定名为“多面金珠”。

由于这种十二面体的金珠在巴基斯坦、印度东部沿岸、越南南部的奥克·艾奥遗址都有发现，而且在我国也多发现于长江以南地区，所以研究者认为这种金珠及其制造方法可能是从海路输入我国的。

20 世纪初，英国考古学家斯坦因在新疆米兰佛寺的 3 号遗址发现一座窣堵波，在其周围的回廊上，发现了 7 个长翅膀的天使画像，眼睛很大，眉毛扬起，斜视着前方，明显是希腊罗马古典艺术风格的作品。这些壁画上还有一小段佉卢文的题词，上面有画家的名字以及他画这幅画所得的报酬。画家的名字叫 Tita，这个名字在印度语和波斯语中都找不到词源，斯坦因认为这个名字可能是罗马人名 Titus 译成的梵文雅语或俗语。也就是说，这位画家可能是一位罗马人，或者是移居犍陀罗地区的罗马人的后裔，他来到米兰镇被米兰寺院雇来画壁画。壁画中所绘的善牙太子和王妃所驾的马车是罗马式驷马车，且技法上已经采用了透视学原理，与罗马绘画同属一个体系。（图 4-5）

斯坦因在鄯善古国的尼雅遗址等地发现了 700 多件佉卢文简，

图 4-6　新疆尼雅出土棉布上的女神像

在木简封泥上常常印有雅典娜、赫拉克勒斯、厄洛斯等希腊神话中神或英雄的形象。斯坦因在楼兰遗址的汉墓中还发现一块彩色缂毛残片，时代为东汉晚期。在这块羊毛织成的纺织品上，残存着十足希腊罗马式风格的赫耳墨斯（Hermēs）头像。在斯坦因所发现的这块羊毛织品残片上，可以看到比较完整的双蛇杖图案。这块彩色缂毛织物，应当是从地中海地区输入的。赫耳墨斯是古希腊神话中一个多才多艺的神，他掌管贸易、旅行、竞技等。他还是众神的信使，为神明们传递信息。他的标志是手持双蛇杖。在现代世界的一些国家中，这种双蛇杖依然被作为医生或医学的一种象征。（图 4-6）

1984 年，新疆洛浦县山普拉墓地 1 号墓中出土了一件绘有人首马身的彩色毛织壁挂，鉴定年代为 1—2 世纪。这个人首马身的形象实际上就是希腊神话中吹奏竖笛的半人马（Centaur）。壁挂上部的半人马肩头扬起的兽皮隐喻着勇敢，手中的号角象征着对自己荣誉的传扬，马的四蹄比喻正在奋勇前行；壁挂下部为武士，他右手握矛，高耸的鼻梁与额头垂直。这一图案与 20 世纪初斯坦因在楼兰所获彩色缂毛残片上赫耳墨斯的头像相似，是十

图 4–7　新疆洛浦县山普拉墓地出土的毛织壁挂中的武士图案

足希腊罗马式图案。（图 4–7）

汉代以后，一些艺术作品中出现裸体人物形象也是受希腊罗马艺术风格影响的结果。1969 年，河南济源泗涧沟西汉晚期墓葬出土了一件绿釉陶树，底座上贴有裸体人等泥塑。山东嘉祥吴家庄汉代画像石上有裸体大力士支撑屋顶的画面，山东曲阜颜氏乐园画像石上有裸体力士相搏斗的画面。江苏连云港孔望山摩崖石刻上也有裸体力士。

新疆克孜尔石窟的壁画中有大量的裸体人物形象，并且以女性的裸体形象为主，包括天宫的乐神，以及佛传故事和因缘故事中的舞女、宫伎、王妃、魔女等等。可以想象，龟兹的艺术家们对于希腊罗马的裸体艺术十分倾心，甚至一些本来并不需要裸体的人物也被画成裸体。如第 205 窟的《阿阇世王故事》中，阿阇世王在宫中接见大臣，全身裸体的王妃在旁边作陪。照理说，王妃这时候是不需要裸体的，但由于王妃具有高贵的地位和身份，也许在龟兹的艺术家们看来，她地位的高贵与她身体的美丽是统一的，为表现她美丽的身躯以使她的形象更加美好，因此艺术家就把她画成了裸体。同样，在克孜尔石窟的壁画中，释迦牟尼的母亲摩耶夫人也经

图 4-8　壁画残片，
新疆策勒县丹丹乌里克出土，
新疆维吾尔自治区文物考古研究所藏

常被画成裸体。第 175 窟《太子降生图》中的佛陀被画成一个通身布满光圈的裸体青年男子。而且，这个裸体在人体的比例和结构以及动作的协调上，都与希腊古典艺术的法则是统一的。（图 4-8、图 4-9）

图 4-9　簇四云珠太阳神纹锦，青海都兰出土

古希腊罗马常用的忍冬纹图案也沿着丝绸之路传入中国，成为两汉到唐初常见的一种装饰性图案。洛阳西汉卜千秋墓壁画的云彩中有忍冬纹，甘肃武威县东汉墓出土的屏风用忍冬纹装饰，新疆民丰县东汉墓出土的丝织物上绣有忍冬图案；敦煌早期的石窟中，也大量使用忍冬纹作为须弥座的边饰，直到唐初才逐渐被卷草边饰代替。此外，汉唐时期长安人用的铜镜也常用忍冬花纹作装饰图案。

洛阳出土的汉魏文物中有不少羽人的造型。如 1987 年洛阳东郊汉墓中出土的鎏金铜羽人，深目高鼻，全身刻有线条纤细的羽纹、卷草纹与云气纹；洛阳出土的东汉“四方羽人画像镜”上也有羽人造型；西汉卜千秋墓墓门上额画人首鸟身的升天图，亦作双翼。这些羽人造型与古希腊、古罗马雕塑艺术的构思与表现手法有着很多一致性。古希腊、古罗马的雕塑裸体神像有代表性的如带翼的天使、爱神厄洛斯等。可以认为，古希腊、古罗马的雕塑艺术经

图 4–10 羽人瓦当，唐代，青海民和县川口水泥厂出土，青海省博物馆藏

丝绸之路传入中国后，与中国的传统文化、艺术、思想进行了交融，中国便形成了自己独特的艺术风格与艺术造型，如汉晋时洛阳出土有双翼石狮、双翼兽。洛阳出土的西汉空心砖中有翼马形象等汉魏文物中的神仙羽人造型，是外来艺术形式和中国传统文化相结合的产物。（图 4–10）

希腊的古典柱式也传入了中国。克孜尔壁画中的一些天宫，是以希腊古典柱式分隔的圆拱形建筑，每个圆拱架在两个爱奥尼亚柱式或科林斯式的柱头上。南京尧化门外梁朝的萧景墓前现存有一根神道石柱，柱身刻着二十多道希腊柱式的凹棱，柱子的上部是中国传统的承露盘，承露盘上蹲着一只受波斯艺术风格影响的石辟邪。这根石柱正是希腊、波斯与中国三种艺术风格相结合的产物，它被看成是南京六朝石刻中具有代表性的作品之一。

20 世纪 80 年代，山西大同出土了 4 件金银器，被专家认为是东罗马所制，其造型、纹样的艺术风格，诸神的脸型、服饰、姿态均为希腊罗马风范。20 世纪 80 年代，河北献县一座唐墓中出土的武士俑的形象与希腊赫拉克勒斯形象相近。因为赫拉克勒斯的形象一般是以狮子头做头盔，手持一根带有疤痕的木棒。这座唐墓中的武士俑形象与此相似，只不过头上戴的是虎头。此外，中国多处墓葬中都有此类戴兽头的陶武士俑。其中一座墓葬是 1961 年发现于

图 4-11　　海兽葡萄纹铜镜，唐代，陕西历史博物馆藏

图 4-12　　包金西方神祇人物联珠饰牌银腰带，唐代，青海省博物馆藏

山西长治地区的，其出土的武士俑似乎更接近赫拉克勒斯的形象。（图 4-11、图 4-12、图 4-13）

三　犍陀罗艺术的传播与影响

图 4-13　　鎏金胡瓶，北周，罐体上的叶纹和神话人物显然是古希腊风格。宁夏固原博物馆藏

在中国艺术史上，“犍陀罗艺术”是一个经常被提起的概念。犍陀罗（Gāndhāra）是古印度地名，亦为国名，位于今巴基斯坦北部及与其毗连的阿富汗东部一带。在印度史上，犍陀罗是吠陀时代十六大国之一。印度孔雀王朝时期，阿育王曾派僧人来这里传布佛教。公元前 4 世纪，犍陀罗成为亚历山大帝国的一部分。公元前 190 年，它归属于希腊人建立的巴克特里亚王国。巴克特里亚诸王全面推行希腊化政策，影响了这一地区文化艺术的面貌。记录了大夏诸王之一弥兰陀王和佛教高僧那先比丘谈话的《那先比丘经》中记载：皈依佛门的希腊人，大约从公元前 1 世纪中叶开始在犍陀罗地区雕刻佛像，修建寺院。大概从这时候起，与德干高原石窟艺术风

图 4-14　　佛坐像，日本松冈美术馆藏

图 4-15　　犍陀罗佛教艺术作品，柏林亚洲艺术博物馆藏

格不同的犍陀罗石窟艺术开始形成。

公元 60 年，贵霜王占领了犍陀罗，犍陀罗艺术进入繁荣时期。贵霜王朝最著名的迦腻色迦王大兴佛教，并迁都富楼沙后，犍陀罗地区成为西北印度的佛教中心。大约从 1 世纪开始，犍陀罗的艺术家们模仿希腊艺术家们，创作了大量具有古希腊、古罗马艺术特色的佛像作品，后世的考古学家即以它们的出土地点将这些作品的艺术风格命名为“犍陀罗艺术”，也有人把它称为“希腊式佛教艺术”。很明显，希腊雕刻家和来自地中海的罗马工匠直接推动了这种风格的流行，并使之迅速成长，形成千姿百态的东方佛教图像。（图 4-14、图 4-15）

犍陀罗艺术是在当地民族艺术传统的基础上，汲取古希腊、古罗马以至波斯的营养，以古典手法表现佛教内容的一种新的艺术形式。如果用一个简单的公式概括，可以说犍陀罗佛像等于希腊化的写实人体加印度的象征标志。犍陀罗艺术的主要特点是：人物身着希腊式披袍，衣褶厚重，富于毛料质感；表情沉静；面部结构带有明显的西方特征，鼻直而高，薄唇，额部丰满，头发自然波卷；装饰朴素，庄严稳健。雕刻材料采用当地出产的青灰色云母片岩，间有泥塑。以佛塔为主

图 4–16　　键陀罗浮雕，
意大利都灵东方艺术博物馆藏

的建筑，基座多方形，列柱常采用希腊柱式，座侧浮雕刻有佛传故事。绘画遗品很少，有的学者把阿富汗巴米扬石窟内的壁画作为它的代表。

犍陀罗艺术主要特征是佛教石窟、雕刻中的佛陀造型。这一时期的佛像由于和希腊阿波罗神相仿而被称作“阿波罗式的佛像”。佛像高挺笔直的鼻梁、卷曲的头发以及长袍式的衣着都是典型的希腊特征，但其俯视的目光和神情又充分体现了佛教精神。

英国考古学家约翰·休伯特·马歇尔（John Hubert Marshall，1876—1958）在《犍陀罗佛教艺术》一书中将犍陀罗艺术形式划分为幼年期、童年期、发育期与成熟期 4 个历史阶段。犍陀罗艺术在诞生初期，显而易见地受到古希腊、古罗马造型艺术的影响，其中许多雕刻作品甚至与古希腊悲剧人物造型有密切联系。王镛主编的《中外美术交流史》把犍陀罗艺术大致分为两个时期：前期是贵霜王朝统治时期，约从 1 世纪初叶至 3 世纪中叶，以石雕为主，雕刻材料主要是采用犍陀罗地区出产的青灰色云母片岩，所以前期称为“片岩阶段”；后期约在 4—5 世纪，以泥塑为主，主要采用石灰与黏土混合的灰泥或赤陶，所以称为“灰泥阶段”。后期佛像往往比前期希腊化风格的犍陀罗佛像更富于古典主义的气质，被认为是“非地中海的希腊主义”的复兴或“希腊化的罗马古典主义”的返照。（图 4–16）

图 4-17　佛陀立像，巴基斯坦塔克西拉博物馆藏

19 世纪前往犍陀罗地区最早的西方旅行家和考古学家，在富楼沙和呾叉始罗发掘到许多西方式的石雕、陶器、金属制品、金银宝物、青铜器皿、宝石雕刻与图章等珍贵文物，其中最为典型的是一尊埃及童神与希腊酒神的雕刻作品。据考，此尊童神青铜雕像为埃及主神奥西里斯（Osiris）与繁殖女神伊西丝（Isis）所生的孩子，名叫哈尔波克拉提斯（Harpocrates）。学者们判断此雕像最有可能来自亚历山大里亚城，这里是哈尔波克拉提斯的崇拜中心。另外还发现一尊与希腊戏剧密切相关的酒神狄俄尼索斯的雕像。学者们认为，有许多希腊神成为犍陀罗雕刻家所喜欢的题材，其中有主神宙斯、智慧女神雅典娜、商业之神赫耳墨斯、酒神狄俄尼索斯、爱神厄洛斯等。考古学家们发现了一批 1—2 世纪的佛像雕塑。这些古印度的佛有着古希腊雕像的外貌，面部高鼻深目，神色端庄高贵，与典型的希腊式神像和人物像十分相似；头发也不是印度式的涡状短发，而是波浪形的长发。最明显的是其宽大轻飘的外袍，褶皱多是从左肩往右下方呈放射状分散。20 世纪 20 年代出土于巴基斯坦哈达地区的哈达佛陀头像，创作于 4 或 5 世纪，是后期犍陀罗艺术的代表。这尊头像线条匀称，自然柔美，既富有希腊风格，又不失东方韵味，被称作“东方的阿波罗头像”。（图 4-17）

中国与犍陀罗的交往由来已久，在张骞通西域之前，中国四川的商品已经到过犍陀罗一带；之后，两地交往从民间发展到官方。汉晋时期来华的西域佛教僧人，大多来自犍陀罗。与此同时，犍陀罗也成了中国僧人西行求法的圣地，最早游历犍陀罗的是东

图 4-18　　如来像壁画，新疆策勒县丹丹乌里克出土，新疆维吾尔自治区文物考古研究所藏

晋的法显。后来来到中国的鸠摩罗什在 9 岁时曾随母亲到过犍陀罗学佛。唐代玄奘西行曾途经犍陀罗，在其故地凭吊了荒芜多年的佛教圣迹，并在《大唐西域记》中记载了他目睹的犍陀罗。（图 4-18）

随着佛教的广泛东传，佛教艺术也陆续传到中国，并对中国的雕塑等造像艺术和绘画艺术产生了重大影响，其中包括了犍陀罗艺术风格的广泛东传。

犍陀罗艺术风格从两个方向传入中国，一个是通过西域直接传入，另一个是犍陀罗风格先传到了印度，与印度艺术相融合后，再回到西域，将新的艺术形式传入中国。所以，犍陀罗艺术在中国的传播是很强烈的，有很大的影响。米兰佛寺壁画、克孜尔石窟壁画、楼兰遗址的葡萄纹佛门以及于阗、喀什流行的许多艺术品，都是按照犍陀罗的艺术原则创作的。1977 年，喀什地区出土了一个犍陀罗石浮雕，两边图案为葡萄藤蔓，中心则是希腊人饮酒的场面。从汉朝到唐朝的陵墓建筑前的石兽造型艺术中也可以看到希腊文化的影响。还有学者认为，日本京都与奈良的佛像也都不同程度受到过犍陀罗艺术的影响。

实际上，在中国的佛教艺术乃至整个东方的造型艺术中，犍陀罗的影响是极其深远的。通过佛教，中国不但接受了印度和中亚文化，更间接地接受了远至希腊的西亚、欧洲文化。佛教的传播带动起来的外来文化输入的强大潮流，成为古代中国人广泛汲取多样

的西方文化的媒介。

四　来自罗马的玻璃艺术品

玻璃是人类最早发明的人造材料之一，也曾经是最昂贵的材料之一。玻璃制造工艺复杂，是人类早期科技文明的代表。在战国时期，西方的玻璃制品就已传入中国。考古和文献材料证明，玻璃器不仅通过陆上丝绸之路传播，南方海路也是输入玻璃器持久和畅通的路线。

中国古称玻璃为“琉璃”。秦汉以降，西域玻璃制品不断传入中国，史料多有记载。这些史料说明玻璃是来自大秦的商品。“大秦”就是罗马，是玻璃技术的发源地和玻璃的主要产地；而当时的埃及和中东地区都在罗马帝国的势力范围内，它们也是玻璃的重要产地。汉武帝时，中国商队到印度半岛的黄支等国换来的“璧流离”，乃是印度人从大秦贩运过来转卖给中国商队的。魏晋南北朝时期，西域僧人和使臣屡次进贡玻璃。

考古可见汉代墓葬出土的罗马玻璃器有碗、杯、盘、瓶等，在广西、广东、河南、江苏、内蒙古、新疆等地都有出土。斯坦因认为他在于阗找到的一颗彩色镶嵌玻璃珠是典型的西方产品，因为它在罗马帝国很常见。据资料记载，洛阳的一座汉墓曾出土一只古代玻璃器瓶，上面的图案为希腊女神雅典娜的头像，经光谱分析确认其是 2 至 4 世纪的埃及制品。

西汉时期，比较著名的外来玻璃器有广州横枝岗 2061 号汉墓

图 4-19　弦纹玻璃杯，西汉，广西合浦文昌塔 70 号墓出土，广西壮族自治区博物馆藏

出土的 3 只玻璃碗。这 3 只玻璃碗出土时已经破碎，复原后基本相同，都为广口圆腹的平底碗，深蓝色，半透明，口径 10.6 厘米，底径 4 厘米，模制成型。其中一只碗经定性分析后确认是钠钙玻璃。这 3 只碗的制作方式类似于公元前 1 世纪地中海南岸所制的罗马玻璃。横枝岗 2061 号墓属西汉中期，墓中所出的这 3 只玻璃碗可能是目前所知我国发现的最早的罗马玻璃器皿。

图 4-20　蓝色玻璃碗，汉代，广州博物馆藏

在东汉时期的外来玻璃器中，主要有 1980 年江苏扬州市邗江县（今邗江区）甘泉 2 号汉墓出土的玻璃残片。据推测，此墓的年代为公元 67 年。墓中发现了 3 块玻璃残块，是紫黑色与乳白色相间的透明体，复原后应为外壁饰有辐射形凸棱的钵。此种器型常见于地中海地区，而在国内极为少见。这件玻璃器是用搅胎装饰技法制成的，即先把熔化了的紫红色玻璃液和白色玻璃液混合在一起，然后进行搅拌，最后灌模成型。这种制作技法流行于地中海地区，我国所出古代玻璃器皿中采用此种技法的仅此一件。经过化学分析，这件玻璃器属于西方的钠钙玻璃，其化学成分与罗马玻璃相同。由于上述这些原因，这件玻璃器被普遍认为是罗马玻璃，应是通过海上路线传入我国的。（图 4-19、图 4-20）

西方具有实用功能的钠钙玻璃容器也传入了中国。钠钙玻璃器克服了国产铅钡玻璃器质脆、惧热等不足，光色澄澈兼具实用性，被视为至宝，为国人所好。在中国古代，玻璃器是一种贵重的

物品，是财富和地位的象征。在统治阶层的墓葬里，精美的玻璃器屡有出土，它们大抵来自西方，罗马玻璃器、萨珊玻璃器均有发现。西方实用玻璃器始终是进口的奢侈品之一。

产自西域且冰清玉洁的玻璃制品，被古代中国人看作是来自遥远的西方的难得的珍器。自汉代起，这些玻璃制品作为中东、波斯及中亚地区重要的“方物”，以“贡品”形式被源源不断地输入中国，成为皇室后宫、达官贵人追逐的珍品，对古代中国社会生活产生了深远影响。东汉辛延年《羽林郎》曾描写长安胡姬耳戴“大秦珠”，即指西方典型的彩色镶嵌玻璃珠。根据文献及实物发现，可以看到输入中国的玻璃器物款式多样，造型各异，有瓶、盘、杯、茶盏、碗、珠、盅、球、镜子，以及其他玻璃饰品、工艺品等。可以说，几乎所有代表古代西方玻璃制造工艺水平的器物，在国内考古中都有出土。在敦煌壁画中，可以见到 85 件玻璃器皿的画图，其中可以认定为萨珊王朝或罗马进口的玻璃器皿为 69 件，占总数的 80% 以上，可知外来玻璃器皿是很受当时的人们青睐的。

西方传来的玻璃受到人们的喜爱。西汉刘歆著、东晋葛洪辑抄的《西京杂记》载 :“赵飞燕女弟居昭阳殿……窗扉多是绿琉璃，亦皆达照，毛发不得藏焉。”东汉班固《汉武故事》载 :“武帝好神仙，起神屋，扉悉以白琉璃作之，光明洞彻。”这里所提到的绿琉璃和白琉璃，是指绿色和白色的玻璃。南朝宋刘义庆《世说新语》称 :“满奋畏风，在晋武帝坐，北窗作琉璃屏，实密似疏，奋有难色。”这里提到的琉璃屏，应是由无色透明的玻璃制成的，以至于实有而似无，令人仍觉室外的寒风好像可以直接刮进屋内，而生寒意。

到了魏晋南北朝时期，仍有大量的西方玻璃器输入中国，并且成为上层贵族珍爱的藏品，以及他们斗富的器物。辽宁北票北

图 4-21　　玻璃杯，东晋，南京象山出土，南京博物院藏

图 4-22　　玻璃盘，北周，陕西咸阳出土，陕西考古研究院藏

燕贵族冯素弗墓出土了多件玻璃器，有淡绿与湖蓝色的碗、杯等，美观精致。其中有一件鸭形玻璃注（图 4-24）为淡绿色玻璃质，质光亮，半透明，微见银绿色锈渍。体横长，鸭形，口如鸭嘴状，长颈鼓腹，拖一细长尾，尾尖微残。背上以玻璃条粘出一对雏鸭式的三角形翅膀，腹下两侧各粘一段波状的折线纹以拟双足，腹底贴一平正的饼状圆玻璃。此器重心在前，只有腹部充水至半时，因后身加重，才得放稳。此器造型生动别致，在早期玻璃器中罕见。据专家推测，这批罗马玻璃器可能是从中亚经中原转手过来的，也可能是从当时与北燕有亲戚关系的北方游牧民族柔然运入，总之两地路途遥远可能是罗马的玻璃器在东北发现较晚的原因。（图 4-21、图 4-22、图 4-23）

玻璃器从西方传到中国，并进一步传入朝鲜半岛和日本。朝鲜半岛和日本也发现大量玻璃器，这些玻璃器有中国的，但更多来自西方，是经中国传入的。这些玻璃器在高级墓葬、寺院塔基中也有发现，情况与中国类似，许多器物甚至可以在中国甚至伊朗高原找到原型。

当时的人们已经认识到西方的玻璃制造技术要比中国本土的技术先进。随着玻璃制品的输入，其先进的工艺也为我国南方玻璃制造业所吸收。最早借鉴中东地区玻璃工艺水平的是广州的玻

图 4-23　玻璃杯，北周，宁夏固原南郊乡深沟村李贤夫妇合葬墓出土，宁夏固原博物馆藏

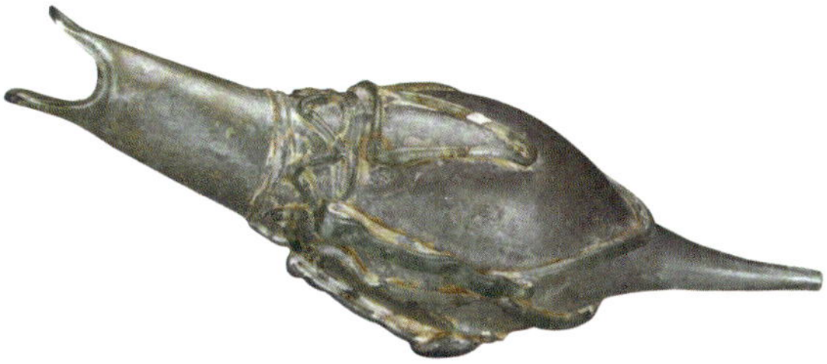

图 4-24　鸭形玻璃注，北燕，辽宁省博物馆藏

璃制造业，他们按照中东生产玻璃的配方，制造出国内早期的单色或多色透明玻璃碗。东晋葛洪《抱朴子·内篇》就曾讲到当时进口的玻璃碗及其在国内仿制的情况，“外国作水精碗，实是合五种灰以作之，今交、广多有得其法而铸作之者”。水精碗，即透明的玻璃碗；合五种灰，就是要用五种原料成分配制；交、广，即今越南及我国的广东、广西一带。

当时的两广地区和中东地区通过印度有贸易往来，故此可能掌握了当时玻璃制造的一些技术，而专家对埃及古代玻璃的化学分析与鉴定结果表明，硅土、苏打、石灰、镁和氧化铝是其制造玻璃的主要原料。葛洪的记述中虽没有明确说明是哪五种灰，但其指出玻璃主要由 5 种原料配制而成是正确的，由此也说明葛洪所谓水精碗“合五种灰以作之”的工艺是有根据的，而这一工艺也的确为两广地区的玻璃工匠所掌握。广州的玻璃工业吸取了先进的埃及工艺，按照埃及玻璃配方制造出了单色或多色透明玻璃碗，以及其他日用器皿。考古发现表明，这时广州的玻璃工业除生产透明玻璃碗外，也制造其他生活器物。这些器物的形制、种类、装饰图样，都突破了以往国内生产中的传统模式，具有一定的创新，从而使南方玻璃制造业超过了北方地区。但遗憾的是，不知何故，南方玻璃的生产技术大约在 4 世纪以后逐渐失传。所以，玻璃制造技术还有待于再一次传入中

图 4-25　绿玻璃瓶，隋代，陕西西安清禅寺塔基遗址出土，陕西历史博物馆藏

国。一般认为，西方的玻璃制造技术是在魏晋南北朝时期传入中国并得以流传的。大月氏商人将琉璃的采集、制作等全套技术传到中国，中国有了自己的玻璃生产作坊，开始成批生产玻璃。这种透明亮丽的多彩玻璃的成功制作，使得原来被中国人视为珍品宝贝的域外玻璃不再是稀奇之物了，“自此中国琉璃遂贱，人不复珍之”。

中国古代玻璃的基本成分在西周至魏晋南北朝时以铅钡为主。进入南北朝后，西方钠钙玻璃传入我国，这种玻璃质地比铅钡玻璃强度大，耐热性好，加之西方吹制法的传入，中国玻璃工艺有了较前期更快的发展。最迟在北魏时期，中国已掌握玻璃吹制技术，可以吹制器型较大的薄壁玻璃容器。这时期的玻璃器比较常见的是玻璃珠、环等小型装饰品。河北定县（今定州市）北魏塔基石函出土的一批中国器型薄胎玻璃器就是例证。透明玻璃瓶用来盛装舍利子成为佛家供物，大量的玻璃珠被制成璎珞装点佛像与佛堂，这在一定程度上刺激了当时的玻璃工艺发展。

隋唐时期，中国的玻璃制作技术已经比较成熟。隋唐玻璃器的突出成就表现在陈设品、生活用具玻璃器的制作上，主要是玻璃瓶、玻璃茶具、玻璃杯等。隋代玻璃器的出土数量较多，制作精致。最突出的是西安郊区隋李静训墓出土的玻璃器皿，其中有高铅玻璃，也有钠钙玻璃，造型与当时的瓷器相似。唐代玻璃器继承隋代传统，高铅玻璃与钠钙玻璃并存。湖北郧县李泰墓出土的玻璃瓶是唐代玻璃的代表作，出土有 2 件黄色矮颈瓶、1 件绿玻璃瓶和 1 件绿玻璃杯，这 4 件容器的器型较大，都是典型的中国器型，但玻璃的成分却不相同。黄色矮颈瓶含氧化铅高达 64%，是高铅玻璃；而绿色玻璃是钠钙玻璃，含较多的钾和镁。（图 4-25）

图 4-26　琉璃碗，唐代，
陕西咸阳底张湾韩窦墓出土，
陕西省考古研究院藏

图 4-27　玻璃瓶，唐代，
陕西法门寺博物馆藏

唐代寺院塔基还出土了一些薄壁小型玻璃舍利瓶。甘肃泾川舍利塔基下出土的玻璃舍利瓶是无色透明的，长颈，球形腹，底微上凹，器壁不足 1 毫米，瓶内装舍利子，位于一套舍利容器的最内层，外有金棺、银函、铜函和石函。陕西临潼庆山寺舍利塔基下精室出土了两件玻璃舍利瓶，放在金棺、银、石宝帐内的铜质莲花座上，绿色透明，细颈鼓腹，壁薄如纸，瓶内盛放舍利。陕西西安东郊的一座舍利塔基下也出土了类似的玻璃舍利瓶，置于鎏金铜棺中。这种玻璃舍利瓶盛放舍利的制度曾影响到边疆地区。黑龙江省宁安县（今宁安市）出土的玻璃舍利瓶放在两层石函、铁函、方形银盒、蛋形银盒内。临潼庆山寺舍利塔精室中出土的 6 件玻璃空心球，球径 2—3.5 厘米，绿色透明或褐色透明。玻璃球位于宝帐前的三彩盘中，可能是供佛果品用的。1987 年陕西省扶风县法门寺地宫出土的 20 余件精美玻璃容器，其中 1 件玻璃茶碗和 1 件玻璃茶托属于同一套茶具，与唐代流行的白瓷茶具在形制上完全一致，应是中国制造的玻璃精品。唐代墓葬也零星出土了一些玻璃珠饰、小型玻璃佛像和玻璃容器。（图 4-26、图 4-27）

第五章

大佛的艺术

一　佛教带来的艺术群

东汉永平七年，也就是公元 64 年，一天夜里，东汉的第二位皇帝汉明帝刘庄做了一个奇怪的梦，他梦见一位身材高大的神人，全身金色，头顶上放射白光，在殿前飞绕而行。明帝正要开口问话，那金人腾起凌空，向西方飞去。

明帝梦醒后，百思不得其解。第二天朝会时，他向群臣详述梦中所见，大多数人都不知其由。学识渊博的大臣傅毅回答道："听说西方有神号称'佛'，身高六尺，通体金黄色，能飞行于虚空，神通广大，陛下所梦见的想必就是这位神佛。"

于是，第二年，明帝遣郎中蔡愔、中郎将秦景、博士王遵等 18 人，前往西域寻找神佛。蔡愔一行经过通往西域的丝绸之路，来到月支国，就是现在阿富汗的地方，遇见了两位来自天竺（印度）的僧人，一位叫迦叶摩腾，另一位叫竺法兰。蔡愔邀请两位僧人到中原传授佛教。二师接受邀请，用白马驮着佛像和经卷，随蔡愔一行来到洛阳。二人初到洛阳时，被安置在鸿胪寺。鸿胪寺是朝廷专门接待外国人的机构。永平十一年（68），明帝特为他们建立了专用的住所，叫作"白马寺"。白马寺是我国汉地最早的佛寺，取回的佛经则收藏于皇室图书档案馆"兰台石室"中。白马寺一直被佛门弟子同尊为"释源"，即中国佛教的发源地。

这就是历史上有名的"白马驮经"的故事。唐代诗人沈佺期在一首诗中写道：

　　肃肃莲花界，荧荧贝叶宫。

金人来梦里，白马出城中。
涌塔初从地，焚香欲遍空。
天歌应春籥，非是为春风。

这个故事是佛教传入中国的开始，也是佛经被翻译成汉文、能够被中国人诵读的开始。

汉明帝的使者是经过丝绸之路，在西域遇见了天竺的僧人迦叶摩腾和竺法兰，才有了白马驮经的故事。可以说，佛教在中国的传播是从西域开始的，是从丝绸之路开始的。在古代的中外文化交流中，佛教的东传是最重要的事项，是丝绸之路上最为壮观、最为激动人心的文化景象。

佛教是在印度产生和发展起来的。最初佛教仅在印度传播，到公元前 3 世纪以后，由于阿育王的支持和帮助，佛教开始分别向南和向北，在印度以外的一些国家和地区，如缅甸、斯里兰卡以及中亚、西域一带传播。

北传佛教首先传入犍陀罗和迦湿弥罗（罽宾国）。在公元前 2 世纪，被大夏入侵的位于古印度西北部的舍竭国已流行佛教；公元前 2 世纪上半叶，佛教传进希腊人统治的大夏。这时的大夏，即巴克特里亚，领地北起阿姆河上游，南抵印度河流域，处于其势力最强盛的时期。公元前 130 年左右，大月氏人迁入大夏地区。至迟在公元前 1 世纪时，大月氏由于受大夏佛教文化的影响，已开始信仰佛教。之后，大月氏人建立贵霜王国，更是大力倡导佛教，佛教取得很大发展。

公元前 1 世纪后半叶，佛教传入西域的于阗、龟兹、疏勒、若羌、高昌等地。西域是中国与印度和西方的交通要道。在佛教东

图 5-1　　泥塑菩萨头像，唐代，新疆维吾尔自治区博物馆藏

传的过程中，西域更是发挥了极为重要的作用，是大佛东行的主要通道。西域被佛教僧侣视为“小西天”，或被人誉为“佛教的第二故乡”。

首先把佛教带到西域于阗的是来自迦湿弥罗（即今克什米尔）的高僧毗卢折那。玄奘的《大唐西域记》称他是来自迦湿弥罗的阿罗汉，他劝说于阗王建造覆盆浮屠，皈信佛教，以护佑王朝。于是于阗王建造赞摩大寺。于阗自佛教传入后，逐渐成为大乘佛教的中心，魏晋至隋唐时期，于阗一直是中原佛教的源泉之一。

龟兹是丝绸之路北道的交通要塞，也是佛教传进中原的必经之路，同罽宾、于阗、疏勒以及天竺交往颇为频繁，龟兹王室也崇信佛教。由葱岭通向龟兹的第一大都是疏勒。佛教传进疏勒应早于龟兹。在大月氏北部的康居，佛教也颇流行。到 3 世纪时，康居的译经者来汉地的已有不少，所译经典大小乘都有。

印度佛教传入西域后的几百年间，西域佛教有了长足的发展，佛教、寺庙和石窟等佛教建筑开始在西域大量出现，佛窟成群，塔寺林立，浮雕、立雕形式的大小佛像琳琅满目，雕塑艺术达到了很高水平，佛教的绘画、音乐、舞蹈、文学等艺术也都达到了很高的水平。（图 5-1）到了魏晋南北朝时期，佛教在西域进入了发展的鼎盛时期，各国佛事频繁，高僧辈出，年年举行盛大的佛会。同时，西域佛教也在不断演变发展，产生了不同的佛教宗派。

汉武帝时，张骞出使西域，打开了中原与西域的交通大通道——丝绸之路，此后，西域各国与汉内地的政治往来和经济、文

图 5-2　　新疆拜城县克孜尔石窟

化交流一直十分频繁。正是在这种交流过程中，佛教从印度向西北邻国传播，通过西域传到了中国内地。

佛教在西域兴起以后，就开始向内地传播。西域各国派往中原王朝的外交使节、侍子以及商人中就可能有一些佛教信徒。此后，常有内地僧人到西域取经求法，赴内地的西域高僧也将自己的思想、学风等带到了中原，并与中原地区的高僧共同相处，探讨佛学真谛，为中国佛教的传播和佛学发展做出了贡献。

这样，佛教从印度到西域再到中国的西部，从敦煌进入中原，就形成了一条“佛教之路”，即一条佛教从印度经西域向中国传播的路。在这条充满着艰险而又同样充满着信仰激情的大路上，西去求法的中国僧侣，东来传教的西域教徒，筚路蓝缕，来来往往，相望于道，不绝于途。而同样是在这条大路上，遗存着无数的佛教东传的历史遗迹，有寺庙的遗址、精美的壁画、荒芜的塔冢，有大漠孤烟、千里流沙、古城残垣，以及壮观无比的遍布沿途的佛教石窟。通过这条大路，佛教的思想、典籍、绘画、建筑、音乐，以及佛教所携带的印度和沿途民族的艺术、医学、天文学、哲学、逻辑学等知识，源源不断地传播到中国，给中国文化以深刻的影响，给中国文化的发展以巨大的刺激，给中国人以丰富的精神滋养。（图 5-2）

所以，这又是一条文化之路，一条文化传播之路。

佛教在中国的传播，不仅给中国人带来一种新的宗教和宗教思想，而且其作为一个巨大的文化丛，将印度的医学、天文学、逻辑学等一起带过来，还使佛教的文学、美术、造像、音乐等都传播到中国，给中国的艺术发展提供了新的样式，给中国艺术以新的刺激，

图 5-3　思维菩萨图，新疆拜城县克孜尔石窟第 38 窟，新疆维吾尔自治区博物馆藏

图 5-4　千佛壁画，新疆吐鲁番柏孜克里克石窟

对中国的造型艺术，包括造像、绘画、石窟和建筑艺术，都产生了巨大的影响，深刻地塑造着中国人的审美情趣和美学风格，影响着中国艺术发展的趋势和走向。这些佛教艺术传播到中国后，经过中国艺术家们的吸收、借鉴和改造，形成了中国独有的佛教艺术形式，成为中国艺术发展史一个重要的组成部分。（图 5-3、图 5-4）

二　丝路传来的佛教造像艺术

佛教对中国造型艺术方面的影响首先是在造像方面。佛教造像艺术最初于阿育王时代兴起，但此时的造像中回避了释迦牟尼佛的具体形象。如在印度保留至今的阿育王时代的山奇大塔上有丰富的佛陀本生故事浮雕，其中东面浮雕表现的是象、牛、蛇、金翅鸟等各种动物在膜拜一株菩提树，西面浮雕表现的是一群野象向一株菩提树致敬。在这些画面中，佛陀的形象是被菩提树取代的。到了迦腻色迦王时期，印度崇尚和提倡佛教，继续阿育王早期的经义阐释，大造寺塔，还邀请希腊手工艺师雕刻佛像，开始了具体的佛教造像艺术的活动，后来形成犍陀罗希腊佛教艺术。

早在新石器时代，中国就有了石雕、骨雕、陶塑人像和女神彩塑头像等，如红山文化的彩塑女神头像、三星堆文化的青铜人像。后来又陆续有著名的妇好墓雕像、秦始皇陵兵马俑和西汉霍去病墓等大气磅礴的石刻，这些都是中国本土雕塑艺术水平的体现。随着佛教东来，佛教雕塑造像艺术也开始在中国传播。佛教雕塑使中国传统雕塑开发出了新品种，开拓了中国传统雕塑的艺术手法，激发了中国传统雕塑的创造力，极大地丰富了中国传统雕塑的内容和范畴。

当时中国的佛教雕塑艺术，主要是受到印度的“犍陀罗式”和“喀坡旦式”两种艺术风格的影响。犍陀罗式的佛、菩萨像的体格，都雄伟健全而近似欧洲人，面貌也像希腊人，当然也多少带有印度地方色彩。其总体特征是：（1）面相：额部广阔，鼻梁隆起通入额部，眼大，唇薄，下颚宽大突出，头发做发结、波状或螺状，眉间有白毫。（2）手掌足底：刻有轮相。（3）衣服：有轻飘之感，能表现热带地方衣料的特质，线条极为强健。（4）背光：都做圆盘形，一般不加装饰，但也有在圆盘的周围刻画小圆形或锯齿形的连续模样，或在圆盘中间雕成花纹样的。（5）全体形象：有立像、坐像、倚像、卧像。本尊像大抵取坐势，而菩萨、胁侍及护法诸像则取立势。坐相又分全跏趺（即结跏趺坐）和半跏趺（即跏趺坐），此外还有蹲踞、胡跪、长跪等式。（6）佛座：多作方座，不用莲座，侧壁通常刻有狮子或供养者礼拜莲花的模样。

“喀坡旦式”艺术也是印度艺术中的一种主要形式。喀坡旦是中印度的一个强国，它的第四代的撒母达义普他王和第五代的超日王都鼓励印度文艺的复兴，奖励一切艺术，于是美术界顿呈前所未有的盛况。喀坡旦式艺术采用了印度固有的做法，与犍陀罗的作风

图 5-5　　云冈石窟的大佛

相融合，参以大乘佛教的理想，因此可以说是集合了印度艺术的大成，达到了佛教艺术的最高峰。喀坡旦式的雕像，大致有以下的特征：（1）手足：手指纤细圆长，手指之间张有缦网，两腕的左右附有下垂的衣片，菩萨像的手足附有手钏、足钏。（2）衣服：全身都缠有薄质的衣服，而且密着在躯体上，几乎没有衣褶，只在颈边和衣服的下端稍有凸起，线条是柔和而流畅的褶纹。（3）背光：雕有极其精巧纤细的莲花、唐草等类的图案。（4）佛座：初期是方座，后来变为莲花座。

犍陀罗式风格，即印度和古希腊罗马艺术交融所形成的特殊风格，例如佛像面目带有希腊神话里太阳神阿波罗式的容貌，身披类似希腊神祇和罗马帝王的宽大披肩和长袍等，都明显借鉴了古希腊、古罗马雕塑艺术手法。这些都给中国佛像艺术打下了鲜明的烙印。喀坡旦式风格，即印度本土的佛教雕塑风格，更多体现了当地土著的传统，如相貌、姿态、装饰、服装等更和印度本土人类似。这两种艺术传统陆续经过西域输入中国本土，都给中国雕塑提供了借鉴，对中国佛教艺术风格有深刻影响。晋朝以后，西域传来的各种佛像在汉地都有仿造。

这些造像艺术风格通过多种形式传播，东来的一代代僧俗不断携来佛像实物和图绘的“粉本”，中国还翻译了一些指导造像规范的经典，如于阗提云般若译《大乘造像功德经》两卷等。这些轨范传入中国，其基本原则被中土艺术家所接纳和遵循。从早期输入佛像伊始，外来的模式和表现手法就已被介绍进来，并被中国无名

图 5-6　　甘肃武威市天梯山石窟彩塑坐佛，甘肃省博物馆藏

图 5-7　　阿弥陀佛坐像，陕西彬州大佛寺石窟第 1 窟

艺术家所遵循。已经形成的轨范本来会对艺术创作造成限制，但在轨范限制之内发挥创造力，则如戴着锁链跳舞，往往更能显示出超强的技艺。而随着佛教在中国的发展，造像越发兴盛，外来的艺术方法和模式与本土风格、手法相结合，就会创造出独具特色的中国佛教造像艺术模式。（图 5-5、图 5-6、图 5-7）

在关于佛教最早传入中国的明帝感梦的传说中，蔡愔等人从西域归国时曾经带回佛像画本，汉明帝即曾令画工于白马寺壁画“千乘万骑绕塔三匝”之像。这大概是最早带到中国的佛像造型艺术形象。《魏书·释老志》记载了北魏兴光元年（454），罽宾国僧人师贤和师子国僧人邪奢遗多、浮陀难提等人于北魏京师平城造像或赍像的事迹。这些来自西域的僧人艺术家在北魏京城造像，必定带来了西域的造像艺术形式和技术。

另有《洛阳伽蓝记》记载，北魏胡太后派遣惠生和宋云出使西域，“宋云以奴婢二人奉雀离浮图，永充洒扫。惠生遂减割行资，妙简良匠，以铜摹写雀离浮图仪一躯及释迦四塔变”。惠生节省旅费，选拔优秀的工匠，以铜临摹雀离浮图的佛像和释迦四塔的佛教故事浮雕。惠生和宋云回国时，带回了这些犍陀罗艺术的摹本。

到了唐代，仍有印度佛教造型艺术作品直接传入的情况。如东都洛阳敬爱寺菩提树下的弥勒菩萨塑像，“王玄策取到西域所图菩萨像为样。巧儿、张寿、宋朝塑，王玄策指挥，李安贴金”（《历

代名画记》)。另外，洛阳佛授记寺有金刚座真容像一尊，是义净在证圣元年（695）从天竺带回洛阳的。

来自印度的佛教造像艺术，主要是通过西域沿着丝绸之路传入中国的。所以，在丝绸之路沿线，包括南道的楼兰、于阗等地，北道的疏勒、龟兹、高昌等地，都有深受犍陀罗艺术影响的佛教造像艺术的遗存。佛教造像艺术对中国内地佛教艺术的影响，主要是经由西域于阗、龟兹地区通过河西走廊辗转传入中原实现的。

在佛教造像艺术东传的过程中，地处河西地区的凉州发挥了重要的中转站的作用。北凉时的天梯山石窟中有佛像100多尊。其中主体建筑大佛窟如来坐像高达30多米，神态逼真，塑造精致。这种“凉州模式”与西域佛教造像艺术有密切的渊源关系，并对此后的大同石窟的造像艺术有直接影响。

从考古材料上来看，可以确认佛教造像在东汉已经开始出现。到东晋十六国时，随着佛教的流行，佛教造像渐次兴盛。佛教造像在当时被人们认为是功德无量的事情。此外，雕塑佛像也被认为具有“恒生大富家，尊贵无极珍”“作佛形象报，作大名闻王”等种种福德利益。于是，人们竞相造像以求功德，蔚成风气。佛教寺院铸塑造像随风而起，先有荀勖造佛菩萨金像12躯于洛阳，继有道安铸襄阳檀溪寺丈六释迦金像，竺道邻铸山阴昌原寺无量寿像，竺道壹铸山阴嘉祥寺金牒千像，支慧护铸吴郡绍灵寺丈六释迦金像，均为一时名塑。

此时的佛像，已不再是对印度佛像的单纯模仿，而是具有了中国样式的风格。晋孝武帝时，会稽山阴灵宝寺求南朝艺术家戴逵制一尊1丈6尺高的无量寿佛木雕像。戴逵积思3年，刻制成一尊完美的佛像——宽额、浓眉、长眼、垂耳、笑脸、大肚，既符合佛经教义，又体现了中国人的审美习惯，观者无不称妙，匠人也争相仿效，从而成为佛像形体的公认定格。唐代张彦远《历代名画记》认为，汉魏以来的佛像，皆由于“形制古朴，未足瞻敬”，直到戴逵的出现才有进一步的发展。

晋安帝时，师子国（今斯里兰卡）国王派使臣进贡玉佛像一尊，安帝命戴逵造佛像 5 躯，一同供奉南京瓦官寺。后来这 5 尊佛像和顾恺之的《维摩诘像》及师子国进贡的玉佛，共称“瓦官寺三绝”。

戴逵在佛像雕塑上的另一大贡献是他首创了夹纻漆像做法，把漆工艺的技术运用到雕塑方面。戴逵之前，佛像是用铜、铁铸造或用石头雕刻而成的。戴逵受砖瓦工用木模造瓦的启发，先用木胎泥模造出底胎，再在泥胎外面粘上麻布数层，然后在麻布胎上漆彩绘，干后撤去木模，这样就形成了外实里空的漆彩雕像，史称“脱胎”或“脱空造型”。这种佛像轻便，不裂缝，宜于携带转运，所以又称“行像”，很快在全国流传开来，迅速成为一种时髦和风气。唐朝时这一技术还随鉴真东渡传到日本。

南北朝时期，随着佛教的日益发展，佛像的制造也极隆盛，“庄严佛事，悉用金玉”。宋武帝时，铸有无量寿金像。明帝即位，铸造丈四金像及行像八部鬼神。此外，丈六、丈八铜像制造甚多，小金像也多有铸造。至齐，萧嶷、萧子良造像甚多，明帝亦铸金像千躯。梁武帝造有光宅、爱敬、同泰诸寺的丈六弥陀铜像；简文帝造有高约一两寸的千佛铸像。陈文帝时，造金铜像上万躯；宣帝更有金铜铸像两万余躯。此外还有名僧德众数量众多的造像。在北朝，据《洛阳伽蓝记》的记载，洛阳永宁寺佛殿有丈八金像 1 躯、等身金像 10 躯；平等寺门外有金像 1 躯，高 2.8 丈；长秋寺中有六牙白象负释迦造像。

图 5-8　　蝉冠菩萨像，东魏，山东博物馆藏

图 5-9　　石造菩萨立像，北周，西安市文物保护考古研究院藏

除了兴建佛寺、铸造佛像外，我国还开凿了大量的石窟。石窟中的早期佛教造像，面相丰圆，肢体肥壮，神态温和。北魏迁都洛阳后的龙门石窟造像，受到以戴逵为代表的“秀骨清像”本土化风格的影响，融合南北，出现一种面容清癯、褒衣博带、性格爽朗、风神飘逸的新形象。以龙门石窟为代表的中国佛教造像艺术，虽然还带有浓重的印度艺术色彩，但标志着具有民族特点的中国佛教造像艺术已经出现。（图 5-8、图 5-9）

隋朝时，佛像的兴造复盛。隋文帝首敕造金、银、檀香、夹苎、牙、石等佛像。《续高僧传》卷十七记载，高僧智顗一生造金、铜、檀、塑、画像约 10 万躯。可以想象当时造像的盛况。此时期佛像的雕塑风格已渐变为纯中国式样，面貌柔和圆满，衣褶也趋于写实，流丽而妥帖，菩萨像则天衣璎珞，裙褶流畅。

唐代的雕塑艺术更臻于繁荣圆熟，如佛、菩萨、力士等造像，反映了当时真实生活及现实人间的美好形象。佛教造像走向民族化、世俗化和人性化的艺术形式，展现光华、绚丽的健美风姿，突显典型性及主题性。在形象的表现上，面容温和，唇润颐丰，身躯健美，肌体丰腴，有弯长的眉、明澈的眼，姿态妥帖，衣褶流丽，其风格更近于写实。唐代佛教雕塑在武则天时期达到了高潮。这一时期的龙门奉先寺，有卢舍那佛及其弟子、罗汉菩萨、天王、大力等 11 尊巨像。“卢舍那”的名称依据东晋译本《华严经》而来，而

图 5-10　洛阳龙门奉先寺如来石立像头部，唐代，日本大阪市立美术馆藏

图 5-11　洛阳龙门石窟卢舍那大佛

这尊雕像告成 24 年后，新译《华严经》完成，遂改译为“毗卢遮那”。二名是梵文“Vairocana”的略称和全称。这尊卢舍那佛像高 17.14 米，头部长 4 米，耳朵长 1.9 米。其造型已经摆脱了印度佛教艺术的犍陀罗风格和秣菟罗风格，俨然是一个汉地男子的形象。其双耳垂肩，鼻梁高隆，慈眉善目，宽唇微翘，既显得庄严肃穆、凝重恬静，又不乏温柔敦厚、和蔼慈祥，在宗教的意蕴中隐隐流露出世俗化的倾向。菩萨雍容华丽，细腰斜欹，楚楚动人。天王、力士肌肉怒凸，体现了男子的健美，让人感到威严、正直、勇猛、坚毅，完全是隋唐时期现实生活中人物的写照。（图 5-10、图 5-11）

唐代菩萨造像健康有力、成熟自信的艺术风格，使佛教造像走向了世俗化与女性化，透露出所谓的“菩萨如宫娃”的审美时尚。“宫娃”就是宫女的意思，意为唐代菩萨像看起来就像是现实宫廷里娇贵的宫女。

佛教造像艺术最重要和最终的目的是弘扬佛教教义，担负着形象宣传和教化功能。透过造像，佛陀们充满智慧、慈悲、宁静、

安详、柔和的精神体现得淋漓尽致，使观者沉浸其中。讲法时陈列佛像，以佛像庄严、慈祥、宁静的面容，展示佛陀清净法身的本色，使听法者生起一种敬仰之心，宗教情操由此而流露出来。

佛教造像艺术随着佛教传入中国，成为人类艺术宝库中的精品，也为佛教的传播做出了不可估量的贡献。造像艺术对于中国传统艺术有很大影响，极大地推动了中国传统造像技巧和风格的发展，大大丰富了其内容和题材。现在我们所能获得的具有高度代表性的艺术作品，不论是雕刻还是绘画，有很大一部分都来自佛教艺术。

三　丝路沿线的佛教石窟

古代印度佛教艺术的另一特色是石窟艺术。石窟是由僧伽蓝发展成为的集建筑、雕塑、壁画于一体的佛教石窟文化综合体。印度的石窟分两种：举行宗教仪式的石窟叫“支提窟”，平面长方形，纵端为半圆形，半圆形的中间有一窣堵波。除入口处外，沿内墙面有一排柱子；另一种石窟称为“精舍”，以一个方厅为柱心，三面凿出几间方形小室，供僧侣静修之用，第四面为入口，没有门廊。精舍和支提窟常相邻并存，如阿旃陀的石窟群。

阿旃陀石窟是印度最著名的石窟，它位于温德亚山脉的深山中。大约从公元前 2 世纪开始修建，至公元 7 世纪方告完成。因处于深山之中，建成后约有 1000 年人迹罕至，直到近代才被重新发现。石窟开凿在河流旁半圆形的悬崖上，是一个有 29 窟的寺院。第一窟建于公元 7 世纪，是大乘佛教的光辉典范，窟内正前方有释迦牟尼雕像，高约3米，从左、中、右三个方向可以分别看出佛祖的快乐、痛苦和冥想三种不同的神态。中间有一大窟，四周壁画为500罗汉像，面貌姿态各不相同，喜怒哀乐尽显其中。阿旃陀石窟的佛殿、僧房建筑都有大量精美的绘画和雕刻，集中体现了古代印度艺术的独特风格和高超技巧。

两晋之时，内地的佛教艺术的发展多在寺内，而甘凉一带地多山岭，接近西域，吸收西域的文化，开始临山修龛造窟。石窟是展示佛教艺术的一种非常重要的表现形式。佛教艺术往往通过石窟的雕刻、寺庙的塑像、壁画的彩绘，将佛教人物的各种形象以及故事内容生动有趣地表现出来，在展示过程中，承前启后，逐步形成完美的艺术造像群体。

北朝时期，随着佛教的勃兴，各佛教传入地沿着丝绸之路大规模造窟，出现星罗棋布的石窟群。随之产生了龟兹石窟模式（克孜尔石窟、库木吐喇石窟、森木塞姆石窟）、高昌石窟模式（柏孜克里克石窟、吐峪沟石窟、胜金口石窟）、凉州石窟模式（敦煌石窟、安西榆林窟、酒泉文殊山石窟）、中原石窟模式（云冈石窟、麦积山石窟、龙门石窟）。这些石窟从西向东，遍布丝绸之路沿线，到达丝绸之路的东部端点洛阳。其中甘肃的敦煌莫高窟历史悠久，历经朝代多，以雕刻、壁画闻名于世，可称为中国石窟的历史长卷；云冈石窟是一朝之精华，以完美的石雕艺术闻名于世，可称为中国石窟的佳篇；龙门石窟是继云冈石窟之后开凿的，和云冈石窟是姊妹窟，可称中国石窟的继篇。这三大石窟艺术宝库既反映了佛教在中国传播和发展的历史过程，也反映了石窟艺术从西域传来而逐渐民族化、中国化的过程。

北凉国王沮渠蒙逊（368—433）时期开凿的天梯山石窟，规模宏大，建筑雄伟，是我国早期的石窟之一。窟内保存有壁画数百万平方米、佛像100多尊。其中主体建筑大佛窟如来坐像高达30多米，大佛左右两边立有迦叶、阿难、普贤、文殊、广目、天王六尊造像，神态逼真，形象各异，塑造精致。

敦煌莫高窟是世界现存佛教艺术最伟大的宝库。敦煌莫高窟始建于前秦建元二年（366），武周圣历元年（698）李怀让《重修莫高窟佛龛碑》记载：僧人乐僔云游至敦煌城东南的三危山下，薄暮时分，无处栖身，惶惶不安。突然，三危山发出耀眼金光，似有千万尊佛在金光中显现，他连忙顶礼膜拜。此后他募集资金，在这里开凿了第一个石窟。后来，僧人法良又开凿了第二窟。

经过历代开凿，莫高窟南北全长1600余米，现存石窟735个、壁画4.5万平方米、彩塑2400余身。北朝时期，洞窟中主像一般是释迦牟尼或弥勒，主像两侧多为二胁侍菩萨或一佛、二弟子、二菩萨。塑像背部多与壁画相连，窟内顶部和四壁满绘壁画。顶及上部多为天宫伎乐，下部为夜叉或装饰花纹。壁画内容主要有：经变，即佛经故事，如西方净土变；本生故事，即释迦牟尼前世经历，如舍身饲虎、割肉贸鸽；尊像图，即佛、菩萨、罗汉、小千佛、飞天等；供养人像，即出资修窟人的像。敦煌莫高窟的第120洞，洞窟北壁的大型坐佛台下，有“魏大统四年”建造的铭记，洞内壁画纯为中国式，佛塔则属犍陀罗式。北壁佛龛的左右绘有象头昆那夜迦，或三面六臂乘牛坐像，或一头四臂乘鸟像，似为密教题材。西壁虽有中印手法的佛像，一面绘有印度式壁画，但这种印度式的佛教美术已逐渐中国化。例如：佛像的衣端部分，西方美术是用浓厚阴影描写，此处则为线画式；天井中央，绘天盖形，虽然样式来自西方，但已有中国化风格。（图5-12、图5-13）

图 5-12　　敦煌莫高窟第 285 窟

图 5-13　　敦煌莫高窟

云冈石窟在山西大同西郊武州山南麓，始凿于北魏和平元年（460），约终止于正光五年（524）。传说北魏文成帝在太武帝灭佛之后决定恢复佛教，僧人昙曜来到平城，路遇文成帝车队，袈裟被御马咬住不放。文成帝认为马识善人，昙曜应是天赐高僧，便对他以师礼相待。昙曜建议在武州山开窟 5 所，获得批准，并主持其事。整个石窟依山开凿，东西绵延 1 千米，现存主要洞窟 45 个、大小造像 59000 多尊、佛龛 1100 多个。

云冈石窟是石窟艺术"中国化"的开始，是在我国传统雕刻艺术的基础上，吸取和融合印度犍陀罗艺术的精华所进行的创造性劳动的结晶。石窟雕刻的题材内容，基本上是佛像和佛教故事。云冈石窟雕刻在我国三大石窟中以造像气魄雄伟、内容丰富多彩著称，多为神态各异的宗教人物形象，石雕满目，蔚为大观。造像形态各异、神采动人。这些佛像与乐伎刻像，还明显地流露出波斯色彩。最大的佛像是第 5 窟的释迦牟尼坐像，高 17.4 米，宽 15.8 米，脚长 4.6 米，右手中指长 2.3 米。第 20 窟的本尊大佛像制作雄伟，神态庄严，全高 14 米。这种摩崖大佛的观念极可能是受了中亚梵

图 5-14　　云冈石窟

图 5-15　　龙门石窟

衍那巨佛的启发，其面容眉毛修长，鼻梁高挺，深目大眼，颇具西洋人面貌的特质。佛像的衣纹写实而自然，多以阳刻的凸线表示，这都显示出云冈石窟艺术因袭了贵霜王朝犍陀罗造像的式样。但其雕法朴拙，肩膀宽阔，头顶剃发肉髻，身穿右袒僧袍，却又继承贵霜王朝秣菟罗佛雕的风格。云冈中期石窟出现的中国宫殿建筑式样雕刻，以及在此基础上发展出的中国式佛像龛，在后世的石窟寺建造中得到广泛应用。云冈晚期石窟的窟室布局和装饰，更加突出地展现了浓郁的中国式建筑、装饰风格，反映出佛教艺术“中国化”的不断深入。（图 5-14）

龙门石窟位于河南洛阳市南，伊河自南向北流去，中分二山，东是香山，西是龙门山，望之若阙，故又称“伊阙石窟”。龙门石窟开凿于北魏孝文帝由平城迁都洛阳前后（494），延续至唐代，历时 400 余年。孝文帝迁都洛阳到孝明帝时期的 35 年间，是龙门开窟雕造佛像的第一个兴盛时期，大都集中在龙门西山之上，约占龙门石窟造像的三分之一。其中最著名的有古阳洞、宾阳三洞、药方洞等十几个大中型洞窟。在唐代从开国到盛唐的 130 多年间，龙门石窟迎来了历史上开窟造像的第二次兴盛时期，这一时期开凿的石窟也多集中在龙门西山，约占龙门石窟造像的三分之二（在武则天时期，开凿石窟的一部分转移到东山）。唐代龙门石窟最有代表性的洞窟有潜溪寺、万佛洞、奉先寺大像龛等。据龙门石窟研究所统

图 5–16　　　甘肃临夏炳灵寺石窟大佛

图 5–17　　　麦积山石窟

计，东西两山现存窟龛 2345 个、碑刻题记 2800 余块、佛塔 40 余座、造像 10 万余尊。其中北魏石窟占 30%，唐代约占 60%，其他时代窟龛约占 10%。龙门石窟形制比较简单，题材趋向简明集中，没有敦煌、云冈那种复杂的窟内构造，以一种雍容大度、华贵堂皇的皇家风范出现在世人面前，与早期佛教艺术的神秘色彩不同，越来越呈现出世俗化倾向。（图 5–15）

除了这著名的三大石窟外，北魏所造的石窟，还有甘肃安西县（今瓜州县）的榆林窟、敦煌城西的千佛洞、天水市的麦积山石窟、临夏的炳灵寺石窟。北魏所创的石窟中保有精美的雕塑。此外如甘肃酒泉的文殊山石窟、张掖的马蹄寺石窟、武威的天梯山石窟、泾川的石窟寺，陕西彬州的大佛寺石窟，山西太原的天龙山石窟，河南巩县石窟、渑池县石佛寺石窟、安阳宝山石窟，山东济南龙洞石窟，辽宁义县万佛堂石窟，都是北魏时代所创造的。（图 5–16、图 5–17）

图 5-18 宋代《燃灯佛授记释迦文图》，辽宁省博物馆藏

四 佛教绘画艺术的传播

在佛教绘画传入中国以前，我国秦汉绘画就有用模印法或刻画法制成的画像砖、墓室壁画、帛画等，并形成了自己古朴的风格。比较著名的有长沙马王堆一号汉墓中出土的《轪侯妻墓帛画》，是迄今发现的我国最早的工笔重彩画珍品。王逸《楚辞章句》就说："见楚有先王之庙及公卿祠堂，图画天地山川神灵，琦玮谲诡，及古贤圣怪物行事。"可知绘画在当时的社会生活中已经起着重要的作用。

佛教东渐，给我国传统的绘画带来了新样式和新内容，丰富了绘画理论和技巧，使中国美术得到迅猛发展，而且佛教美术自身也成为中国艺术史中的一朵奇葩。（图 5-18、图 5-19、图 5-20）

图 5-19 宋代刘松年《罗汉图》，台北故宫博物院藏

图 5-20 宋代《千手千眼观世音菩萨》，台北故宫博物院藏

根据佛经和佛教传记的记载，佛陀在世时，佛教寺院中已经有了佛教绘画。绘画艺术对于佛教的传播有着重大的意义。南朝梁僧人慧皎《高僧传》说："敬佛像如佛身，则法身应矣。"佛画既可以形象地传播佛教教义，也可以供佛教徒礼拜敬奉，还可以备寺院

图 5-21　敦煌莫高窟第 217 窟壁画，西方净土变（局部）

殿堂庄严之用。佛教绘画可以促进佛教的传播，这是佛教绘画发达的根本原因。

在佛教历史上，佛画的作用大约有 3 个：（1）备佛教徒供养敬奉之用。佛教徒供养用的佛画有这样几种：尊像画，就是一尊或多尊的佛菩萨像，庄严妙好，或坐或立；经变画，根据佛经所叙的佛国庄严，绘画成图，如极乐净土变、药师佛净土变、灵山净土变等；曼荼罗画，是密宗修法所供养的图画，根据一定的经轨，以画一佛或一菩萨为中心，周围层层环绕着菩萨、天神等。（2）备寺院殿堂庄严之用。殿堂庄严用的佛画，可以是佛、菩萨、天龙鬼神的形象画；也可以是佛传图，即根据佛传所记释迦如来一生教化的故事；也可以是本生图画，根据佛经中所说释迦如来一生中所修的种种菩萨行的故事，如舍身饲虎、割肉贸鸽等故事；也可以是经变图，即根据佛经中所叙的故事，绘成形象，如维摩经变、地狱变等。（3）供人欣赏的画家写意之作。画家创作出来以供人欣赏的佛画，即画在手卷、册页、屏风上的各种题材的佛画，不拘于佛教的形式，不拘于佛教的法则，可以由画家任意呈现其技巧以供人欣赏。（图 5-21、图 5-22）

图 5-22　明代吴彬《达摩图》

佛教绘画艺术在佛教传入中国之初就已经一起传进来了。汉明帝永平丨　年（68）建白马寺，绘“千乘万骑绕塔三匝”之像于寺壁，这是佛寺壁画的滥觞。三国时天竺僧人康僧会（？—280）初到东吴，设像行道，带来了佛教画的样本，引起当时一些画家的注意。从魏晋开始，绘画风气大盛，南北朝时佛像画兴起，尤其印度、西域绘画的方法，随佛教一起输入中国。这些画法注重阴影阳面的强烈对照，并常参酌并用，以凹凸画法描写佛像，明显不同于中国原来的画法。

中国画史有关中国佛教艺术的记载始自魏晋，佛教画成为中国绘画当中一个主要科目也是从魏晋南北朝开始的。这一历史时期佛教绘画的主要部分则是寺庙壁画和石窟壁画。宣传苦行的佛本生故事、崇扬佛法无边的降魔变、以智慧超常的维摩诘居士为主体的维摩诘经变等等，都是当时人们一画再画的题材。

东吴曹不兴是最早受到西域佛画影响的画家。他先是临摹，按“西国佛画仪范写之”，后来在画法上参取了印度艺术风格，将其创造性地运用在中国原有的绘画技巧之中，画法由简古朴拙趋向细密柔巧，在中国绘画法上引起一大转变。曹不兴以绘佛像画闻名，往往绘长 50 尺的佛画，运笔如飞，迅速而成。曹不兴的弟子卫协画佛像更是栩栩如生。相传他画佛不点睛，张彦远《历代名画记》引孙畅之《述画》说：“卫协组七佛图，人物不敢点眼睛，想见其妙。”因而卫协得到“画圣”的称号。卫协的弟子有张墨、顾恺之等，都享盛名。顾恺之提出“以形写神”之论，相传他在建康瓦官寺壁上绘的《维摩诘居士像》，光彩耀目，轰动一时。顾恺之的弟子毛惠远，远传其弟惠秀，惠秀有《胡僧图》《释迦十弟子图》。张墨弟子顾骏之有严公等像，均见于《历代名画记》。

南朝梁张僧繇以善画佛像名世，是中国佛教绘画的开创者和推动者。梁武帝凡装饰佛寺，多命他画壁，他在江南的不少寺院中绘制了大量壁画。张僧繇于佛像人物用功最深，形成自己的风格，人称“张家样”。这种样式的特点是：借鉴天竺的凹凸画法，以线条表现人物造型，赋色时层层晕染，使人物具有立体感。

不过，张僧繇并不是简单地照搬外来画法，而是在这一手法中融入书法用笔，点、曳、斫、拂，“森森然有钩戟利剑的神色”。他画人物，能做到朝衣野服今古不失，“殊方夷夏，皆参其妙”，能

图 5-23　彩绘供养菩萨像壁画，北凉，甘肃武威天梯山石窟，甘肃省博物馆藏

从被画对象的特定身份、时代民族等方面着眼，成功地画出其各自不同的形象特征和风貌。他曾奉命给当时诸王绘制肖像，能收到“对之如画”的效果。

据记载，张僧繇曾在建康一乘寺用天竺传入的凹凸画法创作壁画，所绘物象，远观具有立体感，近视则平，因此该寺又被人称为“凹凸寺”。凹凸法作为一种绘画技法，处理的是三维空间、透视与色调对比诸问题，它给中国画家以巨大的启迪，不仅被画家接受，而且颇受世人赞誉。这是宗教绘画乃至中国绘画美学史上具有划时代意义的成就。在此基础上，后人又创造了“没骨画法”。

张僧繇与陆探微、顾恺之并称为“六朝三杰”，有不少人学习他的画风，所谓“望其尘躅，如周孔焉”。佛像的中国化，从此有了很大的发展。后人把张僧繇尊为“画家四祖”之一。所谓“画家四祖”，是指东晋时期的顾恺之与他的学生陆探微，南朝梁画家张僧繇及唐代画家吴道子。

在南北朝后期，北齐画家曹仲达的佛画颇享盛名。曹仲达来自西域的曹国，原来的画风带有西域的风格，但在中原既久，其画艺又逐渐染上中国民族风格，创立了“曹家样”，成为唐代盛行的四大绘画式样之一。所谓“四家样”，即曹、张、吴、周，是受佛教艺术影响而出现的四种不同的绘画流派和风格。曹仲达笔法刚劲稠叠，所画人物衣衫紧贴身上，犹如刚从水中出来一般，后人誉为“曹衣出水”。这种“曹衣出水”的画法与印度笈多马图拉样式薄衣贴体的“湿衣佛像”很相似，为我国佛教绘画的第二种样式。（图 5-23）

隋以前，还有不少印度的画僧来到中国，为中国绘画加入了新的元素。新疆、甘肃的洞窟壁画，曾有中亚细亚人、印度人来与中国画家们合作。从印度来中国的画僧释迦佛陀、吉底俱、摩罗菩提等，都是擅长绘画的印度人。

魏晋南北朝时期，中国画家吸取佛教绘画技术，在绘画表现技法上也取得了一定的进步，促进了中国绘画理论与技法的发展与成熟，推进了绘画艺术的发展。从图案制作方面来说，先秦两汉时期的装饰纹样变化不大，多是传统的云气纹、云山纹、龙纹及其他常见的动物纹样，植物纹样则罕见。佛教传入之后，图案样式大大丰富，出现了狮子纹、忍冬草纹、锯齿纹、“卐”字纹等，尤以莲花纹和佛光的大量运用，更增强了宗教艺术的表现力。从构图方面来说，域外佛画的裸袒或薄衣式造型，明暗晕染技法，以人物尺寸大小区别其社会地位从而突显主体的构图方式，影响了中国画家，被一些画家吸收到自己的创作中。先秦两汉的绘画仅是平列所有形象，没有纵深和远近的空间关系的处理，缺乏立体感。魏晋以后，由于佛教美术的影响，焦点透视法得以广泛应用，人物形象的立体感增强，栩栩如生而魅力无穷。特别是凹凸法的引入，使图画艺术具有了浮雕的审美效果。

印度绘画理论中的“六支”说，对谢赫绘画的“六法”论也有影响。中国画家们在研求、吸收外来艺术的同时，继承了中国悠久的文化艺术传统，融而为一，佛画已开始显示出中国民族的某些艺术特色。从丝绸之路和内地遗存至今的克孜尔、莫高窟、麦积山、榆林窟、炳灵寺等石窟壁画中，可以看出佛画造型逐渐开始摆脱印度化、希腊化造型的痕迹，带上中国民族造型的特征。

佛教传入带给中国美术全新的内容，极大地丰富了人物群像的塑造内容。从题材方面来说，就新添了变相画、经变画、供养人画等品种。这种对经变、变相的创作，至唐而臻于极致。佛教中的人物造像，姿态各异的佛、菩萨、罗汉的塑像和画像，更是琳琅满目。人物画的兴盛，是这一时期绘画中的重要特点。首先就题材来说，由于佛教的东传改变了中国人物画的内容，佛教人物画到南北朝时期大大地盛行起来。几乎可以说，只要是画家，无不擅长佛教人物画。

南北朝时的壁画艺术有很大发展。六朝壁画情节复杂、场面壮观、气势宏大，大多是以大乘经典为根据的，在图画中常常可以见到对现实生活片段的描绘。在南北朝与隋之交的佛教壁画中，人物造型动作、环境背景的描绘都显示出较有写实性的表现水平。南朝的寺观壁画多毁于唐武宗灭佛之际。

北魏石窟画像在汉画的基础上，吸收了印度佛教画的题材和手法，用粗线条勾轮廓而后用色向内平涂，分不出衣纹的浓淡。以人为主体，背景不计比例，往往是人大于山。其后更加吸收融合印度绘画的手法，充分发挥晕染法，线条能应用到细节的表现。构图上台阁树石、车舆器物位置得当，描绘大自然的插画增多。

为了满足绘制佛寺石窟壁画之需，大批民间画工加入了绘制行列，士大夫画家也因时尚而纷纷参与佛画绘制。绘画主体由六朝以前绘画内容、风格有别的宫廷画工和文人画家，变成以佛教为共同题材的士大夫画家、民间画工、沙门释子的联合队伍，他们的审美趣味和艺术追求也相互影响。自南北朝之后，佛教绘画艺术逐渐成为中国画坛的一股潮流，历代都有许多艺术家热心于佛画的创作。

五　唐代寺院壁画的繁荣

唐代的造型艺术继续受到佛教的影响，成为接受和吸收西域文化和印度文化的一个突出载体。唐代高水平的建筑、雕塑、绘画艺术，有相当大的部分集中在寺院里，有些还是僧侣亲手完成的。如著名的大慈恩寺大雁塔，是玄奘参照西域样式修建的。净土宗大师善导擅长造像，他在实际寺时，被命赴龙门建造大卢舍那佛像，开凿了佛教东传以来最大的像龛，即今存雕塑史上的伟大杰作龙门奉先寺大像。中国密教大师善无畏（Śubhakarasi ṃha，673—735）长于工巧艺术，相传他制造模型，铸成金铜灵塔，备极庄严，所画密教曼荼罗尤其精妙。以这些人在当时的地位，他们的艺术成就必然产生巨大影响。长安寺院里集中了一大批外来僧侣，他们带来了外国的文化成果，包括实物和技艺。这样的寺院既是文化交流的场所，又是保存文物的博物馆。这种文化交流在艺术方面的成绩尤其显著。

盛唐时密教兴盛，传入了密教瑰丽奇异的艺术。密教诸宗的威力在于神咒，魅力在于形象。各种奇丽夸张的曼荼罗图像创造出富于理性的中土人士所不能想象的艺术世界。在唐代，各种密教变形观音，如十一面观音、如意轮观音，特别是千手千眼观音造像大为流行，其中奇诡华丽的千手千眼观音造像特别受到人们的欢迎，直到今天还是中土佛寺的主尊之一。密教艺术的独特表现方法和风格特征作用于当时的艺术创作和人们的精神世界，不但在绘画、雕塑上，就是韩愈一派趋奇尚怪的诗风、传奇中剑侠题材的流行，都受到它潜移默化的影响。

隋唐时期佛教美术的最突出成就是寺院壁画的大发展，呈现出百花齐放的兴盛局面。据有关学者研究，中国佛寺壁画的兴盛有以下两大因素的影响：

一是古印度佛寺的示范启迪。据说佛寺壁画是释迦牟尼本人的旨意，天竺早期佛寺便已有了彩绘寺壁的传统。古印度佛寺中几乎到处都是壁画，绘画主题有佛、菩萨像，有护卫各处的药叉神，也有画给信众的本生事、轮回图和地狱相等。古印度佛寺的壁画装饰、壁画主题、壁画内容，对以古印度佛寺为楷模的唐代佛寺壁画的创作产生了直接而深刻的影响。

二是中国传统文化中用于教化的“图壁”助推了佛寺壁画的兴盛。中国自先秦以来就有用于政治教化的“图壁”。在春秋战国时期，壁画这一艺术形式已经出现在原始宗教的祠庙之中。据史书记载，孔子曾经“观乎明堂，睹四门墉，见尧舜之容、桀纣之象”。屈原《天问》则是“见楚有先王之庙及公卿祠堂，图画天地山川神灵、琦玮僪佹，及古贤圣怪物行事”，“仰见图画，因书其壁”而成。此一传统得以延续，现今见于汉画像砖石之上的部分图画，当初也都曾绘于各式祠庙的墙壁之上。汉武帝的甘泉宫绘有天地太乙诸鬼神。到魏晋南北朝时期，佛寺壁画开始发展起来。

佛教传入中国之后，就开始有寺院建设，从而也就有了寺院壁画艺术。两晋时，佛寺壁画创作更盛。当时“寺庙图像崇于京邑”，顾恺之绘瓦官寺壁画募金百万。另外，与顾氏同时的著名画师戴逵亦善绘佛像，10余岁时即作画于瓦官寺中，有文殊壁画传世。至南北朝，与佛教寺院大兴寺相一致，佛寺壁画大盛。南朝宋时“丹青之妙最推工者”的陆探微所绘天安寺惠明板像、灵基寺瑾统像，一时称妙。南齐画师宗测的永业寺佛像，“皆称臻绝”。萧梁时期，武帝崇饰佛寺，凡装饰佛寺，必命当时的著名画师张僧繇绘壁。

隋代绘画艺术的发展为唐代佛教寺院壁画的兴盛奠定了基础。隋文帝下诏修建寺院，宗教美术又重新活跃，并有大规模创作活动，长安、洛阳、江都等地寺庙都有名家手笔。敦煌莫高窟现有隋窟 70 余座，题材和风格都有新的探索。隋朝是南北朝时期所形成的中国南北画家名手大融合的时期，当时活跃在京都大兴城的北方名画家有杨子华、田僧亮、展子虔、杨契丹等，他们都是经历北齐、北周，最后在隋朝任职的名家；董伯仁、郑法士、孙尚子则是来自南方，师承南朝传统入隋的大画家。这些画家在入隋之前，都名震一方，各有专精。张彦远说他们“并祖述顾、陆、僧繇”，因此有所谓“中古之画，细密精致而臻丽，展、郑之流是也”。这些画家在南北朝崇佛的风气之下，分别在南北两地从事寺院壁画，在宗教画上有特别的成就。入隋以后，佛教寺院的大规模兴建，为南北画家同室切磋画艺创造了条件。《历代名画记》卷八记载：来自北方的杨契丹和江南的郑法士，入隋后交往甚密，同时在佛教壁画方面享有盛名。他们与田僧亮一起在光明寺小塔作壁画，“郑东壁、北壁，田图西壁、南壁，杨画外边四面，是称‘三绝’”。画史记载杨契丹所画《佛涅槃变》和《维摩变》为当时妙品。

来自河北的董伯仁和来自江南的展子虔也是隋代的大画家，时人并称“董展”。董伯仁历经北齐、北周，在隋任朝散大夫、帐内都督，曾在上都定水寺、海觉寺、光明寺（大云寺）、崇圣寺等作壁画。《南宋馆阁续录》记载，展子虔绘有《伫立观音》《太子游四门》等图。后人认为他的画“意态具足，可为唐画之祖”。董伯仁画的《弥勒变相图》和展子虔所画《法华经变》，在前代基础上更有创意。其作品虽无遗存，但敦煌莫高窟隋代壁画保留有这类经变的遗例。莫高窟第 420 窟为覆斗顶隋窟，窟顶四披的《法华

图 5-24 唐章怀太子墓壁画（局部），陕西历史博物馆藏

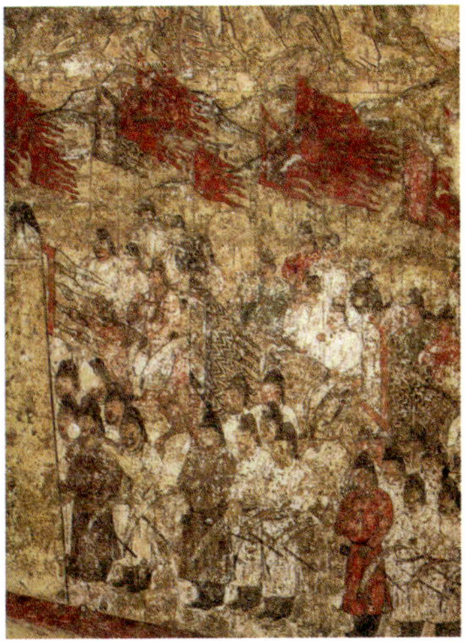

图 5-25 唐懿德太子墓壁画《仪仗图》之一，陕西历史博物馆藏

图 5-26 唐懿德太子墓壁画（局部），陕西历史博物馆藏

图 5-27 唐永泰公主墓壁画《宫女图》，陕西历史博物馆藏

经变》是隋代规模最大、内容最丰富的经变画，北披为《序品》，南披为《譬喻品》，东披为《观世音菩萨普门品》，西披为《方便品》。绘于北披的《涅槃图》分别绘佛涅槃以及弟子举哀、焚棺、立塔供养等情节，是唐代流行《涅槃变》的早期形式，在东披《观世音菩萨普门品》中有不少观音救难的生动场面，有满载货物的商队，有拦路抢劫的群盗，有遇难履险的船只……通过这些敦煌壁画，不难看出展子虔所绘《法华变》的艺术风貌，真是“触物留情，备皆绝妙”。莫高窟第 419 窟后部顶上为《弥勒上生经变》，弥勒端坐殿中，宫殿两侧有多层楼阁，阁中众天女手执乐器，歌舞弹唱，渲染出一派歌舞升平的景象。从中也可领悟到董伯仁《弥勒变相图》的面貌。

壁画艺术在隋唐时达到极盛。当时宫殿、衙署、厅堂、寺观、石窟、墓室都有壁画装饰。唐代壁画既继承汉魏的传统又有巨大发展，壁画题材由图绘人物及佛道故事扩大到表现山水、花竹、禽兽等方面，内容及技巧上均大大超过前代。（图 5-24、图 5-25、5-26、图 5-27）仅就寺庙壁画来说，据中国绘画史论家俞剑华统计，以道释人物为题材的壁画，有 183 寺，画家有 70 人。单是吴道子一个人就画了 25 寺、300 多间（两柱之间的一堵墙壁）。这些统计当然还是不完全的。据宋人李之纯《大圣慈寺画记》介绍，成都大圣慈寺的

96院，到宋代还有唐朝的壁画8524间，其中有佛1215尊，菩萨10488尊，罗汉、祖僧1785尊，天王、明王、神将263尊，佛会、经变、变相158幅，其盛况可见一斑。

武宗会昌三年（843），即会昌毁佛事件发生前夕，段成式在京任秘书省校书郎，一日和友人同游大兴善寺，鉴于韦述《两京新记》等资料记载寺院情况多有遗漏，乃约以一旬时间遍巡两街各寺，但因为其时毁佛已经开始，只调查了起于兴善寺终于慈恩寺、主要在朱雀门大街以东的近20所寺院。至唐宣宗大中七年（853）他任外职归京，寺院在毁佛中已被拆废，遂根据回忆写成《寺塔记》两卷，其中详细记载了他所调查寺院的大量建筑、壁画、造像以及所存文物情形。《历代名画记》中也有《记两京外州寺观画壁》，著录了当时长安、洛阳等地寺庙壁画的作者、题材、位置与艺术特点。在《历代名画记》《唐朝名画录》《寺塔记》等书所载206名唐代画家中，就有110人曾参加过壁画创作活动。从唐初的展子虔、杨契丹、尉迟乙僧等人开始，吴道子、杨庭光、卢楞伽、杨惠之、王维、周昉等一批著名画家都曾于寺壁作画，创作出大量精美的作品。

从形式上看，唐代佛寺壁画大致可分为两种：一是绘于具有中华民族传统建筑上的寺院壁画，主要分布于寺院之殿、堂、廊、庑及山门等壁上；其二为绘于具有印度、西域地区特点的石窟寺壁上，主要分布于窟的四壁及窟顶上。寺院壁画的内容，包括佛像画、佛教经变故事以及山水景物三类。唐代寺观壁画气势恢宏，色彩灿烂，题材上一反南北朝流行的宣扬以牺牲及苦修为内容的本生故事，而大量盛行歌颂天国的美好和欢乐的经变画，寺庙壁画中大量图绘《西方净土变相》，也出现不少描绘现实生活的场景。壁画成为寺院建设中不可缺少的部分。凡是新建佛寺，都要请画工制作精美的壁画。壁画不仅使佛寺增添了神圣性、庄严性和艺术文化氛围，增强了寺院的吸引力、感召力和心灵冲击力，而且以壁画艺术为主的佛寺成为长安城的文化中心和壁画艺术展示中心，成为画家成长的摇篮和绘画艺术交流的园地。

唐代诗人常到西明寺、慈恩寺、兴善寺等长安著名寺院中去观赏壁画。刘沧《夏日登慈恩寺》写道："碧池静照寒松影，清昼深悬古殿灯。"温庭筠《题西明寺僧院》写道：

曾识匡山远法师，低松片石对前墀。
为寻名画来过院，因访闲人得看棋。

郑谷《题兴善寺》：

寺在帝城阴，清虚胜二林。
藓侵隋画暗，茶助越瓯深。

宋代文人画的兴起使画坛风气为之一变，对各式寺庙壁画产生了极大的冲击。尽管如此，佛寺壁画的创作在两宋辽金时期依旧颇为兴盛。与唐时长安一样，北宋都城汴京是当时画手名师聚集的中心，佳作名画遍见于各大寺院。其中，大相国寺壁画最为丰富，"大殿两廊，皆国朝名公笔迹"。熙宁年间，高丽王遣使崔思训入贡，带画工数人，即奏请摹写相国寺壁画归国，后绘于高丽王都兴王寺正殿两壁。山西高平开化寺始建于晚唐，其大殿为宋代遗构，殿内东、西、北 3 壁保存了一批宋代壁画，笔格遒劲细密，构图严谨，设色妍丽，人物冠饰及界画建筑物上大量施用沥粉贴金做法，以增加画面的辉煌灿烂感，堪称宋代壁画的精品。

六　尉迟乙僧与于阗画派

在初唐的画坛上，阎氏兄弟颇负盛誉。阎立本善画人物、车马、台阁，尤擅长于肖像画与历史人物画，他的绘画，线条刚劲有力，神采如生，色彩古雅沉着，笔触较顾恺之细致，人物神态刻画细致，其作品备受当世推重，被时人列为“神品”。其兄阎立德亦长书画、工艺及建筑工程。阎氏父子三人并以工艺、绘画闻名于世。在二阎之中，阎立本的画艺又要高出一筹。阎立本以及唐初一代画人在连接南北朝及隋佛教寺院壁画与盛唐佛教寺院壁画上，具有桥梁作用。阎立本继承了南北朝佛教绘画艺术的手法和风格，并有所创新，注重形似，“工于写真”，状物高于达意，对唐代寺庙壁画艺术风格的发展有很大影响。

在初唐画苑中，最有影响的是尉迟乙僧的凹凸法。尉迟乙僧出身于于阗王族尉迟氏，于贞观六年（632）来到长安，当时20多岁，一生从事绘画70余年，为西域与中原文化艺术的交流和唐代绘画艺术做出了重大贡献。尉迟乙僧的父亲尉迟跋质那是一位“善画外国及佛像”的画家，在隋朝时从于阗到洛阳作画，享有盛名，人称“大尉迟”。唐时曾作《六番图》《外国宝树图》《婆罗门图》《鬼神》《菩萨》《净土经变》等画。尉迟乙僧从小师从其父学画，造诣渐深，被称为“小尉迟”。

尉迟乙僧作画的题材多种多样，佛像、历史故事、民族人物和风俗，以及花鸟、动物，无所不包，尤其擅长佛像和西域人物，有独特的艺术成就。他所画的《千手眼大悲》《花子钵曼殊》，被同时代人称赞为“精妙之状，不可名焉”，“皆一时之绝妙”，达到了精、绝、奇的佛画艺术境界。

尉迟乙僧创作了大量的佛教壁画，如《历代名画记》记载：唐仪凤二年（677）在光宅寺东菩提院内画《降魔变》等经变壁画；长安二年（702）前后在慈恩寺塔下南门画《千钵文殊》等壁画；神龙元年（705）后，在罔极寺（兴唐寺）画壁画；景云元年（710）左右，为安国寺画壁画；神龙二年（706）五月，所居住宅敕建为奉恩寺，画于阗王族供养像于此寺内。他创作的特点是善于把宗教题材世俗化，尽可能地糅合一些现实生活情景和西域风俗。他画的《西方净土变》，整个画面以阿弥陀佛为中心，在天宫里，数百人物云集在装饰着花树、禽鸟的七宝莲池周围，鼓乐齐鸣，香音飞渡，少女翩翩起舞，一派气象万千的天宫伎乐图景。他所画的《降魔变》“千怪万状，实奇踪也”，画中的释迦牟尼为“脱皮白骨”的苦行僧形象，而三魔女如现实生活中的美女形象，画在画面的显要位置上。

尉迟乙僧以西域民族人物和风俗为题材的绘画具有很大的现实性。在人物画中，从肖像画的角度，如《胡僧图》《外国人物图》等，正面刻画他们的面貌及其服饰，描绘他们的表情与性格特征；风俗图如《龟兹舞女图》《天王图》《番君图》等，生动地描绘了西域各民族的风俗特点；《番君图》是以番君为中心，左有抱小孩的妇女、佣人，右有乐师与舞女，背景为帐篷，反映了西域游牧民族的特点；在《天王图》中，画幅下端有一婆娑起舞的胡女，姿态优

图 5-28　唐尉迟乙僧《天王图》

美，动作轻柔，还有手执琴弦的乐工，都是西域胡人打扮。他在长安奉恩寺创作的《本国王及诸亲族》是一幅历史题材的作品，以两起于阗遣使入唐朝的政治活动为背景。（图 5-28）

尉迟乙僧画法的特点，一是善于运用“凹凸画法”，即用色彩的晕染和着色的厚重，使画面具有立体感，不同于中国传统以线条为主的绘画技法。这种来自西域传统的艺术技巧，对中国后来绘画艺术的发展有着深远影响。二是“用笔紧劲，如屈铁盘丝”，线条的力度均匀而富有弹性，如弯曲的铁丝，刚中有柔。这种绘画技巧，具有西域绘画艺术的风格，传入中原后又得到了进一步提高。和田丹丹乌里克佛寺遗址发现一幅《龙女索夫》的壁画，其画风与尉迟乙僧的画风一致。尉迟乙僧既保持了于阗绘画艺术的特点，又吸收了中原绘画的艺术风格，使唐代绘画艺术更具鲜明的唐风特色。

尉迟乙僧在唐初画坛上独树一帜，形成了明显的艺术风格，对此后中国美术的发展有很大影响。他的这种艺术风格，美术史上称之为“于阗画派”。

尉迟乙僧的艺术风格及其于阗画派是中西文化交流的产物，是在多元文化影响下出现的新的艺术形式。于阗画派广泛吸收了东、西方艺术的养分，同时创造出了具有本土特色的绘画艺术，并且经过尉迟乙僧等人的努力，在唐代的画坛上大放异彩。

尉迟乙僧所代表的一派对于盛唐大家风格的形成以及造型手段的丰富很有影响。吴道子也吸收了其凹凸晕染技法，史称吴道子设色“于焦墨痕中，略施微染，自然超出缣素”。吴道子的这种技法与尉迟乙僧的凹凸晕染法有一定联系。张僧繇就曾引进过凹凸晕染法，尉迟乙僧再次把这种绘画技法传入中原，对于中国绘画的发展具有重要意义。

七　“吴带当风”与“水月观音”

进入盛唐时期，佛教寺院壁画也进入了鼎盛发展的时期，涌现了大批具有很高造诣的壁画艺术家，体现了成熟的技巧，并形成了具有典型时代意义的风格样式，“唐风”式的作品开始形成，对应的作品数量有了很大增长，形成了中国佛教寺院壁画创作的一个巅峰。

在这个名家辈出的艺术整体中，富有典型意义和充满历史意味的是产生了吴、周两大艺术风格。吴道子、周昉各自以其富有个性的艺术形象、精湛成熟的艺术技巧，分领艺坛一时之风骚。

吴道子是这一时期具有代表性的优秀的佛教寺院壁画艺术家。史称其“凡画人物、佛像、神鬼、禽兽、山水、台殿、草木皆冠绝于世，国朝第一”。

吴道子，后改名为道玄，画史尊称“吴生”。阳翟（今河南禹州）人，初为民间画工，相传曾随张旭、贺知章学习书法，年轻时即有画名。曾任兖州瑕丘（今山东济宁市兖州区东北）县尉，不久即辞职，漫游洛阳，从事壁画创作。时曾为将军裴旻作画，当时人将张旭草书、裴旻舞剑、吴道子作画同时称为“三绝”。开元年间以善画被唐玄宗召入宫中，历任供奉、中书省内教博士，此后一直为宫廷作画从事壁画创作。吴道子擅长道释人物画，他的画给人以身若出壁的视觉效果。吴道子的《送子天王图》是其佛教绘画名作之一。这幅画共分两段，前段描绘天王送子的情节，后段描绘释迦牟尼降生后，其父净饭王和其母摩耶夫人抱着他去向诸神礼拜的故事。前段图中天王按膝端坐，怒视奔来的神兽，一个卫士拼命拉住兽的缰索，另一个卫士拔剑相向，共同将其制服，天王背后，侍女磨墨、女臣持笏秉笔，记载这一大事；后段图中净饭王抱持圣婴，稳步前行，王后拱手相随，侍者肩扇在后。整幅作品中，激烈与平和、怪异与常态、天上与人间、高贵与卑微、疏与密、动与静、喜与怒、爱与恨，构成比照映衬又处处交融相合。天女捧炉、鬼怪玩蛇、神兽伏拜等辅助部分的描绘，则将故事的发展表现出了层次感，通过外物的映衬将主要人物的内在心态很好地表现了出来。

《地狱变相图》是吴道子佛画的代表作。在这幅壁画中，吴道子运用夸张变形的手法，笔力饱含动怒的情感态势，使“变状阴怪”的鬼神如真地从壁上走下，让观者脊腋淌汗，毛发森立，惧罪修善。所画众多变相人物的奇怪情状各不相同，或“虬须云鬓，数尺飞动”，或“毛根出肉，力健有余”，加上焦墨勾线，淡彩烘染，分制出新奇超群的“吴装”，使人物造型骨分高下，肉见起陷，八面生意，富于立体感。所画人物衣褶飘举，线条遒劲，人称“莼菜条描”，具有天衣飞扬、满壁风动的效果，因此有“吴带当风”的评语。

吴道子在长安、洛阳两京作壁画300余间，而且“人相诡状，无一同者”。西京兴唐寺御注金刚经院，慈恩寺塔前面文殊普贤及西面降魔盘龙、小殿前面菩萨，景公寺地狱帝释龙神，永寿寺中三门两神等，“皆妙绝当时”。吴道子画中门内佛像，圆光在后，一笔而成。坊市老幼，每日有数百人“竞候观之”；其下笔之时，“望者如堵”。只见他“风落电转，规成月圆”。围观的人群见他画技如此高明，“喧呼之声，惊动坊邑，或谓之神”。吴道子的绘画作品成为画师们所学习的楷模，被称为“吴家样”。

周昉是中唐时代的画家。他初学张萱而加以写生变化，多写贵族妇女，所作优游闲适，容貌丰腴，衣着华丽，用笔劲简，色彩

图 5-29　唐周昉《簪花仕女图》(局部),辽宁省博物馆藏

柔艳，为当时宫廷、士大夫所重，称绝一时。周昉笔下的女性人物“多富贵秾丽”之态，体现着“以贵为美”的豪华。“画士女，为古今冠绝。”史称“绮丽人物”，又叫“绮罗人物”。《清河书画舫》记载，传闻他画的妇女像“目波澄鲜，眉妩连卷，朱唇皓齿，修耳悬鼻”，不做纤弱娉婷的姿态。周昉曾在很多寺观挥笔作画，章敬寺、广福寺、胜光寺、禅定寺、上都水月观等寺观都有他的笔迹。宣和御府收藏的他的 72 幅画卷中，其中各种天王像、老君像等神像计 32 幅，占总数的 44%。他的佛教绘画以观音像为代表，将观音绘于水畔月下，颇有艺术魅力，史称“水月观音”。周昉画佛像，神态端严，时称“神品”。周昉的画风被称为“周家样”，是中国佛画史上“四家样”的殿后人物。(图 5-29)

到晚唐时期，初唐、盛唐和中唐见诸画史记载的经变画已经大大减少了，而释仪像的创作则相对多了起来。在佛教诸仪像中，见诸记载的帝释、梵天、天王仪像较多而详细。帝释、梵天和天王等佛教神是佛教幻化出的镇于六合护及宇宙的“护法善神”。这类作品在唐代前期的寺院中也多有创作，但从画史诸书的记载情况来看，唐后期的此类创作无论在数量上还是在名目样式上都比前期多。

八　佛教对中国建筑艺术的影响

佛教东渐，为中华建筑带来新的样式，拓展了中国建筑的风格

与艺术形式。我国佛教的建筑艺术主要体现在佛寺和佛塔建筑上。

古代印度的佛教建筑主要是窣堵波、石窟等。阿育王时期开始在桑奇修建一座大佛塔，即“窣堵波”，至公元前2世纪末才告竣工。主建筑是一座直径30多米的半圆形房子，顶端为一平台，台上为一方坛，坛上竖立着叠层的伞形柱，名曰佛邸，是佛教徒奉祀佛骨的地方。下为一直径36.6米、高4米多的鼓形基座。在其周围有环形围墙，墙上有东、西、南、北四个门，门上都雕刻着释迦牟尼的生平事迹。这一佛塔是佛教艺术的重要遗迹之一。

公元1世纪前后，印度的“窣堵波”随着佛教传入中国，“塔”字也应运而生（塔字既象形，又涵盖了“stupa”的音与义，从“土”旁，含有封土之下埋有尸骨或“舍利”之意）。中国的工匠们将印度原有的覆盆式的塔的造型与中国传统的楼阁台榭相结合，产生了楼阁式的佛塔。它们的形象是楼阁在下，塔在楼阁之上。用楼阁是取其高大和华丽，用塔是作为佛教的标记，将原来的窣堵波简化为圆拱和相轮成为塔的顶部，称为“塔刹”。“上悬铜串九重，下为重楼阁道”，即在多层的楼阁顶加上一个有九层相轮的塔刹。

中国佛塔的建筑起源甚早，现存的上海龙华寺塔和苏州报恩寺塔，相传都是三国时期创建而经后人重修的。汉魏时已有了造塔的制度，《魏书·释老志》说：“凡宫塔制度，犹依天竺旧状而重构之，从一级至三、五、七、九。”“天竺旧状”指的就是印度的“窣堵波”，“重构之”即为相叠多层的木楼亭阁。木楼亭阁顶上放置“窣堵波”，就是那个时期佛塔的基本形式。据杨衒之《洛阳伽蓝记》，北魏熙平年间洛阳建造的永宁寺，有一座九层方塔。据说，来自印度的高僧菩提达摩来到洛阳后，见到金碧辉煌的永宁寺和高耸入云的宝塔，不由得“口唱南无，合掌连日”，赞叹不已。

汉明帝请西域高僧迦叶摩腾和竺法兰来中国时，来到洛阳，先是住在专门接待外国人的机构鸿胪寺。后来为他们专门建造了一座房子安置佛像和居住，并从驮运佛卷来中国的白马获得灵感，命名为“白马寺”，这是我国最早的佛教建筑。“寺”本是汉朝的一种官署的名称，但是从此以后，它就成为中国佛教寺院的专称了。佛教传入初期，专门的佛教寺院还没有建造，有不少官吏、富人将自己的住宅献出当作寺院，被称为“舍宅为寺”，把住宅的前厅作为供奉佛像的佛殿，住宅的后堂作为讲学佛经的经堂。中国古代住宅、官署在建筑的布置上都是由多座单幢建筑有规则地组合成院落，所以这种传统的院落形式也成了中国佛寺的基本形式了。

最初的寺院建筑参照印度佛寺模式，以塔为中心，四周建有殿堂。佛教的建筑力求艺术化，建筑的布置点缀庄严、雄伟，都具有原始印度佛教的特色。《洛阳伽蓝记》记载，西域人昙摩罗所建的法云寺“佛殿僧房，皆为胡饰”，是一座具有浓厚印度佛教风格的寺院建筑。北魏时，来中国的外国人即“胡人”很多，其中也有许多“胡僧”。他们中的有些人可能参与了当时的佛教寺院建设，因而有可能将印度的佛寺建筑风格和样式带到中国来，并留下深刻影响的印记。（图 5-30、图 5-31）

中国佛寺的布局在 4—5 世纪已经基本上定型了。总的说来，佛寺的布局基本上是采取了中国传统建筑的院落式布局方法。随着佛教的发展，佛寺的规模也日益扩大，在寺院的中轴上依次排列着大门、供奉天王和佛的天王殿和大雄宝殿、诵经修行用的法堂和经楼，根据寺庙供奉菩萨的多少，还可以加建观音殿、毗卢殿等；在这些主要殿堂的两旁和四周则布置居住、存物、待客、做饭、沐浴之所；有的寺庙在天王殿前还建有悬挂钟、鼓的钟楼和鼓楼，分列

图 5-30　河南三门峡市陕州宝轮寺塔

图 5-31　山西运城普救寺

在院落的左右。在最早的佛寺建筑中，佛塔的位置往往是在佛寺的中轴线上。隋唐以后，殿堂逐渐成为主要建筑，塔被移于寺外。寺院主要殿堂比较规范。一些大寺院，门前还有放生池。

印度的佛教建筑样式传入中国后，虽然没有取代固有建筑样式而形成建筑物的主流，却都得到独立的发展并在建筑艺术中取得重大成就，占有重要地位。这些建筑样式随着佛教在中国的发展而逐渐本土化，发展起成就辉煌的中国塔、寺建筑艺术，成为现存古代建筑中取得成就最为辉煌、价值最为珍贵的一部分。另一方面，外来佛教建筑艺术与技巧又给中国本土一般建筑提供了丰富滋养和宝贵借鉴，融入本土的宫室、庙宇、民居等各类建筑之中。（图 5-32）

九　佛教音乐初传与曹植鱼山制梵

古印度的风俗特别重视文学和歌舞，他们的音乐形式，以器乐演奏为最好。凡觐见国王，必然要歌颂国王的功德。拜见佛陀的仪式，最看重讴歌礼赞。

图 5-32　五台山南禅寺大殿，建于 8 世纪，是中国现存最古老的木构建筑之一

在古印度，佛教音乐相当发达。印度的佛教音乐可远溯到公元前 2000 年至前 1500 年左右的“四吠陀”，其中记述《梨俱吠陀》歌咏方法之“娑摩吠陀”（Sāma-veda），奠定了声明与梵呗的基础，佛教承此而产生了伽陀（ga^tha^），即合乐的诗颂。在原始佛教和部派佛教时期，因戒律严谨，音乐歌舞演剧几乎被禁绝，故在僧侣之间，佛教音乐并不发达。无论声乐器乐都是严禁僧尼学习的，“十戒”中的“不歌舞娼伎”即是此意。至大乘佛教勃兴后，每于盛大的供养会上，多有歌舞，佛教音乐遂蓬勃发展，大规模之佛教歌剧如《龙喜记》亦久演不衰。诸经藏中有关法会音乐之描写俯拾皆是。

佛经中的“偈”和“颂”，都是印度佛教音乐的典型形式。义净在《南海寄归内法传》中，详细记述了天竺礼佛赞咏的情况：“西国礼教，盛传赞叹。”据义净的记载，著名的戒日王曾经取传说中乘云菩萨以身代龙之事，“辑为歌咏，奏谐弦管，令人作乐，舞之蹈之，流布于代”。东印度的月宫大士也曾创作过一首《毗输安坦罗太子歌》。此歌“词人皆舞，咏遍五天”，似乎在印度广为流传。

天竺佛赞的内容，主要是“赞佛功德”“明佛世尊所有胜德”，以诗赞的形式，歌颂佛、菩萨，歌诵佛德，启发众生舍染返净，而悟庄严佛法。从形式上看，这些佛曲大都可以“奏谐弦管”，可以“舞之蹈之”，有歌、有舞、有伴奏，“文情婉丽”，“理致清高”，

图 5-33　敦煌莫高窟 61 号窟壁画，五台山佛寺

风格韵味讲究“哀雅”，音色音量要求“明彻雄朗”，内容丰富，乐舞并举，弹拨击打，形式多样，十分精彩。在天竺西域信佛之国，佛教音乐是日常生活必不可少的一部分。

佛教传入中国后，佛教音乐也随之传入中国。史载康僧会从吴黄武元年（222）至建兴（252—253），曾制《菩萨连句梵呗》三契，又传《泥洹呗声》，清靡哀亮，被称为“一代模式”。来自西域的帛尸梨蜜多罗在西晋永嘉（307—313）年间曾“作胡呗三契，梵响凌云”，“又授弟子觅历‘高声梵呗’，传响于今”。这些在佛教初入中国时由来自天竺、西域的僧人所创造、传授的“胡呗”，很可能是来自天竺的曲调。（图 5-33）

在佛教的初传时期，这些来自印度和西域的僧人不但可能把印度、西域的佛教音乐带到了中国，同时还向中原信众展示了印度、西域的演唱技术，给听者留下了非常深刻的印象。如来自康居的释法平兄弟，一个是“响韵清雅”，一个在“披卷三契”之后，令听者“扼腕神服”。而“本月支人”的昙迁，则“巧于转读，有无穷声韵。梵制新奇，特拔终古”。帛法桥“作三契，经声彻里许，远近惊嗟，悉来观听”。《高僧传》记帛法桥为中山人，但帛姓一般认为是龟兹的姓，故帛法桥有可能是龟兹人后裔，或是师承龟兹法师而取师姓。总之，他讽诵的呗赞应该有浓厚的西域风格。

但是，对于广大中原人士来说，这些“梵制新奇”的声调未免有些陌生，有些不好接受，更不容易学唱和流传。印度的音乐从乐器以及旋律节调方面都与中国不同，印度文字是多音，中国文字是单音，在歌唱方法上也不同。但佛教音乐在中国传播的实践中，两者逐渐“协谐”，创造出优美奥妙的佛曲。这种音乐即佛教的“呗”。呗又称呗赞、梵呗，是赞誉佛法、歌颂佛陀功德的音乐。《高僧传》讲到中国佛教音乐的起源，认为是以曹植为代表的一批中国的佛教音乐家开始了中国风格佛曲的创作。

关于曹植创制佛教音乐的故事，据说，魏陈思王曹植被封在东阿，游鱼山时，忽然听到空中有一种岩谷水声，声音清扬哀婉，细听良久后，深有所悟，于是便摹其音节，根据东汉译经家康孟详所译《瑞应本起经》，写成《太子颂》《啖颂》的梵呗。“传声则三千有余，在契则四十有二”。后世称之为《鱼山梵呗》。曹植鱼山制梵的传说流传很久，直到元代的佛教文献里还有记载。直至今日，中外佛教界还有相当数量的人奉曹植为东方佛教音乐的始祖，将山东东阿的鱼山尊为佛教音乐的圣地。

曹植将古典乐曲与佛法宣扬的文字相结合，在传统民间乐曲的基础上创作佛曲，使外来的佛教音乐逐步与中国传统文化相结合，促进了佛教音乐在中国的发展。

十　永明七年的“佛教音乐研讨会”

在中国梵呗的初创时期，梵呗的作者及传授人中，除曹植之外，其余皆为西域人，他们都精通并使用梵文梵语，因为古代的西域各国大多使用梵文梵语，只有呗调在传授时或制作时需要变为汉语，而音律曲调无一不是梵音，都不会使用中国的音律与曲调。所谓音律与曲调的梵汉区别，只是制作方法上的某些区别。

中国佛教音乐的发展是以“仪轨”的建立与发展为前提的。仪轨也是佛教音乐的摇篮，或者说佛教音乐是仪轨的附属物。“仪轨”一词，原指佛教密宗的念诵法，在中国则不论显教、密教，均泛指唱念仪式的轨范。中国早期的唱仪轨常合编于“清规”之中，其内容是寺院及僧徒的一切生活起居、待人接物、人事关系、职仪轨、唱念诵经等等，后世则把生活起居、人事关系、僧职等项与诵经唱念的内容分开来，分别称为“清规”和“仪轨”。东晋时，在结合仪轨和梵呗方面，道安始倡在“上经”“上讲”“布萨”等法事中都唱梵呗，制订了《僧尼轨范》三科，“一曰行香定座上经上讲之法，二曰常日六时行道饮食唱时法，三曰布萨差使悔过等法，天下寺舍遂则而从之”。这就是后世佛教所谓的“三科法事”。其中“行香定座上经上讲之法”即“讲经仪”；“常日六时行道饮食唱时法”即“课诵斋粥仪”；“布萨差使悔过等法”即“道场忏法仪”。“三科法事”中，对后世影响最大的当数“常日六时行道饮食唱时法”，一般学者认为此即后世“朝暮课诵”的前身。

后庐山慧远“躬为导首”，开创了以音乐为舟楫广弘佛法的途径。东晋元兴元年（402），慧远在庐山东林寺与刘遗民等在阿弥陀佛像前立誓，共期往生西方净土，创以念佛为法门，以往生西方净土为目标的“莲社”（亦称“白莲社”）。净土宗的历代祖师、名僧，如善导、承远、少康、法照等人，都秉承慧远衣钵，倡导唱念，身体力行，使净土宗逐渐成为中国佛教音乐、佛教艺术的中坚。自东晋确立的唱导制度，为后世佛教音乐的内容、目的、形式、场合的规范奠定了基础。

在魏晋南北朝时期，由于佛教和佛教音乐的发展，吟唱赞偈十分流行，陆续出现了一批以唱诵著名的高僧。他们以其虔诚的信念、出众的才华，将音乐服务于宗教，同时，又极大地促进了音乐艺术的发展。慧皎因他们在咏经唱梵方面的造诣而将其列入《高僧传》中，并且热情地讴歌了他们的才华，形容他们的歌唱是“玄师梵唱，赤雁爱而不移；比丘流响，青鸟悦而忘翥。昙凭动韵，犹令鸟马蜷跼；僧辩折调，尚使鸿鹤停飞”。称赞他们的功绩在于“宣唱法理，开导众心”。慧皎在这些高僧实践的基础上，总结出了佛教音乐的一系列美学原则。他强调作为佛教的音乐家，首先要“精达经旨”，其次要“洞晓音律”，既通佛法，又善音乐。这样，才能“炳发八音，光扬七善”，才能符合佛教音乐“壮而不猛，凝而不滞，弱而不野，刚而不锐，清而不扰，浊而不蔽”的美学要求。慧皎还提出对佛教音乐家的四项要求：声、辩、才、博。既要有一个响亮、美好的声音，又要了解人们的心理和时事并能针对这些进行雄辩，还要具备文学才能和广博的知识。只有同时兼备了这四项品德的僧人，才能够起到佛教音乐家弘法度人的作用。

据慧皎的记载，自两晋至南朝，出现了一大批杰出的“经师”和“唱导师”，这两种高僧都以唱诵为所长。“经师”的任务是“发道心”，主要在寺庙内部僧人们修行的各种场合唱，重在以音声为修行；“唱导师”的工作主要是“兴佛化俗”，面向大众，重在宣传。在慧皎的《高僧传》和道宣的《续高僧传》等书中，记载了南北朝至唐初的许多擅长佛教音乐的高僧，如道照、慧琚、昙宗、道慧、智周、慧明、法称、真观等。这些佛教音乐家都曾为中国佛

图 5-34　敦煌莫高窟第 112 窟壁画，乐舞图

教音乐的发展做出过贡献。（图 5-34）

中国佛教音乐的发展，除了佛教界人士的努力外，皇室贵族也起到很大作用。南朝时，佛教音乐的发展更得到皇室的支持。竟陵王萧子良在西邸集名僧讲佛论法，形成一个由高僧和名士组成的南朝文人团体。萧子良门下文士甚众，其中著名者为“竟陵八友”：沈约、谢朓、王融、萧衍、任昉、范云、萧琛、陆倕。

永明七年（489）二月十九日，萧子良在其府邸召开了中国历史上第一次有关中国佛教音乐的研讨会，参加者有僧辩、龙光、普知、新安、道兴、多宝、慧忍、天保、超胜等名僧。他们不但“次第作声”，每个人都表演了自己拿手的经呗，互相观摩，而且还评出了最好的作品——僧辩的《古味摩》和《瑞应》七言偈。

在这个会上（或其后），这个名僧集体在萧子良的领导下“造经呗新声”，创造了一批新的佛教音乐。在这个基础上，他们还对已有的和这些新创的作品进行了比较研究与编辑工作：“并殷勤嗟咏，曲意音律。撰集异同，斟酌科例。”

梁武帝积极崇佛，大力推广佛教。他也大力倡导和推广佛教音乐。在他主持制定的 49 首三朝之乐中，杂有一些明显带有佛教意味的曲目，其中有可能有从天竺传来的佛曲。梁武帝多次举办“无遮大会”，为佛教音乐创作、传播提供了有利的场所和条件。“无遮会”是梵文“Pancaparisad”的意译，意思是无贤圣道俗之分、上下贵贱卑尊之遮，众生平等，广行财施。梁武帝从中大通元年（529）

开始，一直到太清元年（547）止，数次举办无遮大会。其时“上释御服，披法衣，行清净大舍”。梁武帝不仅搞“无遮大会”，还举行“盂兰盆会”，梁代三朝设乐，共有歌舞、百戏49项。

由于佛教兴盛，伎艺开始走向寺庙。凡遇神节或佛庆，许多寺院都有伎艺表演，除了音乐活动频繁外，还有大规模的乐舞，寺庙成了音乐艺术的中心。其规模之大和艺术水平之高，甚至可以与宫廷媲美。后来“寺禁稍宽，百姓出入，无复限碍”，允许普通百姓入寺观看这如“天堂”般的音乐表演。汝南王悦将寺庙的规模扩大，“召诸音乐，逞伎寺内。奇禽怪兽，舞抃殿庭，飞空幻惑，世所未睹。异端奇术，总萃其中。剥驴投井，植枣种瓜，须臾之间皆得食。士女观者，目乱睛迷”。在这些盛大的乐舞表演中，节目既有印度佛教梵音及梵音的汉化形式，又有民间的百戏、幻术和杂耍。

这一时期，各地佛教音乐在创作中，又因方言、地方音乐和风俗习惯的不同而风格各异。南北朝时期，佛教在不同地区传播，形成的佛教音乐也各有其地方特色。各地乐僧辈出，新创作丰富多彩，信众欢迎，加上帝王倡导，这就为佛教音乐的中国化奠定了基础。

唐代佛教音乐在创作和演唱、演奏上均达到很高水平，进入了鼎盛时期。佛教音乐中突出的是佛曲。在隋代，来自西凉乐中的佛曲就已进入宫廷。到唐代，佛曲有了很大发展，名目甚多。唐代佛教音乐还吸收和融合了民间音乐和古乐，如佛曲《五更转》《十二时》《百岁篇》《好住娘》等。

佛教音乐中还有法曲。南北朝时，“述佛法”的歌曲被引入宫廷。法曲主要为佛事仪式而制作，它结合了梵呗以及演奏佛曲的乐器，也掺入了中国传统器乐、民间音乐与古乐。隋炀帝、唐

图 5-35 敦煌莫高窟第 154 窟北壁中唐报恩经变乐舞壁画

玄宗都曾对法曲的发展做出过贡献。

唐代吟唱佛曲，演奏佛乐的技艺也达到很高的水平。庙会在唐代已成为艺术表演场所，寺院成为保存和传习佛教音乐的中心，僧人中演奏、演唱名家辈出。唐德宗时的善本（唐代琵琶家，长安庄严寺僧，俗姓段，人称段师）就是艺僧中涌现出的高手。贞元年间，时称长安“宫中第一手”的著名琵琶演奏家康昆仑在东市彩楼演奏，其高超的技艺倾倒观众。此时，一位盛装的“女郎”出现在西市彩楼上，“她”将康昆仑所弹的《羽调绿腰》移入更难奏的“风香调”中弹出，昆仑惊服，请拜为师，这位女郎就是男扮女装的和尚善本。（图 5-35）

在唐代，佛教音乐几乎成了社会音乐生活中的重要内容，对社会各阶层都很有影响。佛教音乐对于中国民间说唱音乐、音韵学以及乐律、音阶和字谱学的发展，也都有重要影响。另外，崇奉佛教的音乐家和民间音乐艺人，还创作过不少宣传佛家思想的非宗教仪式所用的声乐作品和器乐作品。

第六章

“三夷教”及其艺术的东传

一 丝绸之路与“三夷教”

在唐代，随着丝绸之路的通畅，中国与西方交往逐渐扩大，流行在中亚、西亚一带的宗教，如摩尼教、景教和祆教等三种宗教也先后传播到中国，并且在唐代社会得到一定的流传。

唐穆宗长庆四年（824），舒元舆为鄂州永兴县迁建的重岩寺作碑铭，对东汉以来佛教的兴盛状况备极赞誉，称“十族之乡，百家之间，必有浮图，为其粉黛。国朝沿近古而有加焉，亦容杂夷而来者，有摩尼焉，大秦焉，祆神焉。合天下三夷寺，不足当吾释寺一小邑之数也”[1]。此处所谓摩尼、大秦、祆神，分别是指流布于唐朝的摩尼教、景教和祆教这三种宗教，即所谓“三夷教”。舒元舆站在佛教的立场，对由“杂夷”传来的宗教持贬斥态度。但是从这段记载中可知，这几种外来宗教也得到了唐朝政府的正式认可，并在“天下”各地建有寺观，有了一定的传播和影响。

“三夷教”在中国的流传并不像佛教那样广泛，影响也没有佛教那样深入，而且基本上是昙花一现，没有能够持续下去，但它们在传播过程中，将有关的宗教思想和活动以及相关的文化形式传播了过来，在中华文化史上留下了一定的痕迹。

“三夷教”进入中国的时间大体同时，都是在唐朝初期。祆教进入中国要早一些，应该是在北魏时期，但产生一定的影响也是在唐朝初年。这个时期，中国的道教由于受到唐朝政府的推崇，得到了很大的发展，并且在群众中和社会生活中具有广泛的影响。早在

1 舒元舆 :《唐鄂州永兴县重岩寺碑铭》,《唐文粹》卷六十五。

东汉时期就已经传入中国的印度佛教，经过几百年的传播与发展，逐步完成了它的中国化过程，并且在唐代达到如日中天的程度，从上到下渗透于社会生活的各个方面。就是说，在这个时期，佛教在中国已经完成了从原始宗教向制度化宗教的过渡，已经具有了完整的宗教体系、宗教思想和信仰体制。在佛教确立强势地位和大规模传播与扩散的情况下，再有外来的宗教，就很难在中国的土地上立足了。但是，就是在这样的情况下，“三夷教”仍陆续来到中国，并且得到朝廷的支持，得以在中国生存和发展。这首先要得益于唐朝全面开放的文化态度。唐朝积极支持发展道教和佛教，并且大力提倡儒学，构成了当时在意识形态领域三教并行的局面，同时对外来文化也积极地欢迎和吸收。所以，对祆教、摩尼教和景教，唐朝的皇帝允许它们存在和发展，并不是说就信奉这种或那种宗教，也不是接受甚或了解它们的教义和信仰，而是把它们作为一种外来文化或一种外来文化的载体来看待。这样，就使得盛唐文化的百花园里增添了几朵新鲜的花朵，增加了一些更丰富的色彩。开放的胸襟，开放的气度，形成了大唐盛世的恢宏的文化气象，也就为“三夷教”进入中国创造了客观上的条件。“三夷教”的教徒们热心地来到中国传教，也许正是因为他们了解当时中国的宗教宽容政策，了解到中国有他们可能生存和发展的土壤。

祆教、摩尼教和景教的传入，都是通过西域的丝绸之路，所以它们在西域也留下了传播的痕迹和影响。交通的畅通为文化交流创造了便利的条件。唐代中西交通繁盛，人员往来频繁，物质交流活跃，而在那个时代，中外文化交流的重点仍然是东西方的交流。西域的文化，包括更远一点的印度文化、波斯文化和阿拉伯文化，都在这个地方有比较成规模的传播和影响。不过，宗教既然是经过了丝绸之路上的西域民族特别是粟特人的转手传播，即所谓间接传播，就有可能经过了这些民族的剪裁和改造，不再是原本的内容。

这三种外来的宗教，实际上都与波斯有关。祆教是波斯古老的宗教，长期被波斯奉为国教；摩尼教也是在波斯产生的宗教，并且从创教不久就开始向外传播；景教是基督教的一个支派，但它长期以波斯为传教活动基地，前来传教的教徒也都是波斯人，所以中国早先将其称为“波斯经教”，将景教徒称为“波斯僧”。

这种情况说明当时中国与波斯的交通往来、文化交流是十分活跃的。在中国与波斯之间，密布着交通网，以使波斯与中国之重要国际贸易都市相连接，实际上这由经济政治中心而发展起来的交通网，也就是西亚传入中国之三种新宗教之宗教网。

宗教的传播实际上传播的不仅仅是一种信仰、一种教团组织和宗教仪式，更重要的是一个庞大的文化载体、一个内容丰富的文化群。如佛教在中国的传播，也使印度的医学、天文学、艺术、文学等等，都在中国得以传播并产生影响。“三夷教”的情况也是这样，它们作为波斯文化的载体，将波斯人的思想理念、科学技术、文学艺术等文化因素传播到中国来。所以我们在讨论“三夷教”的时候，更要看到它们所包含的丰富的波斯文化的内容及其在中国的影响。

从总体上来说，“三夷教”在中国的传播，虽然也曾流行一时，在中国文化史上也留下了它们的某些痕迹，但只属于昙花一现，并没有长期地发展下去，最后都湮没在历史的长河之中。

图 6-1　　墙壁上的象征符号是琐罗亚斯德教的代表符号之一

二　祆教在中国的传播

祆教是中国古代对波斯的琐罗亚斯德教（Zoroastrianism）的称呼，又称为拜火教、火祆教。祆教是世界上最古老的宗教之一，起源于古伊朗部落的宗教信仰，它的创始人是波斯人琐罗亚斯德（Zoroaster，约前 628—约前 551）。琐罗亚斯德在古波斯语中作查拉图斯特拉（Zarathushtra），其含义是“拥有骆驼者”或“驾驭骆驼的人”。（图 6-1）

琐罗亚斯德教创立不久，就在波斯全境广泛流传，并在阿契美尼德王朝（前 558—前 330）被立为国教。萨珊波斯王朝的创始人阿尔达希尔一世（Ardashir I，226—241 年在位）统治时期，大力扶持琐罗亚斯德教，搜集、整理希腊化时期散佚的经典，重新编定了《阿维斯陀》（Avesta 的音译，又称《波斯古经》），使该教教义有了具体、明确的内容。到阿尔达希尔二世（Ardashir Ⅱ，379—383 年在位）统治时期，再次对《阿维斯陀》进行修订，并将琐罗亚斯德教正式奉为萨珊波斯的国教，萨珊诸王都兼教主，自称阿胡拉·玛兹达的祭司长、灵魂的救世主等。在长达 1500 多年的流传过程中，琐罗亚斯德教一直是古代波斯诸王朝的主要宗教信仰，对伊朗传统文化的形成和民族性格的塑造起了重要的作用。

7 世纪中叶以后，随着阿拉伯势力的兴起并东进，琐罗亚斯德教的地位最终被伊斯兰教所取代。萨珊王朝被阿拉伯人推翻后，琐罗亚斯德教徒遭到大劫难，幸存的琐罗亚斯德教信徒一部分逃亡到古印度，在当地王公的要求下放弃了部分信仰，另一部分信仰琐罗

图 6-2　高加索地区出土的粟特锦袍，锦袍上的联珠圈内织有拜火教神兽森木

亚斯德教的粟特人将其传播到西域的一些国家和地区。唐代西游的新罗僧人慧超路过西域，在《往五天竺国传》中记载："从大食国已东，并是胡国，即安国、曹国、史国、石骡国、米国、康国……总事火祆，不识佛法。"高昌、焉耆、疏勒、于阗等地也流行琐罗亚斯德教。

一般认为，琐罗亚斯德教传入汉族地区的时间当在 516—519 年间。据载，北魏孝明帝神龟二年（519）灵太后胡氏幸嵩山，"从者数百人，升于顶中，废诸淫祀，而胡天神不在其列"(《魏书》卷十三《皇后列传》)。胡太后还曾吟诵过"化光造物含气贞"的诗句。"胡天神"就是祆教尊奉的祆神，胡太后的诗句"与火祆教光明清净之旨有合"。最新的研究则认为，最晚在西晋末年，即公元 4 世纪初，祆教就已通过粟特商人传入了中国。早于北魏胡太后时，十六国时的后赵出身羯族，祆教是他们传统的民族宗教。石虎称帝后，特意在宫中设置大型庭燎，即祭圣火的祭坛。北朝后期，祆教已得到了最高统治者的支持，史籍中曾指斥北齐后主末年"祭非其鬼"，称后主"至于躬自鼓舞，以事胡天"。与此同时，北周统治者为了发展与西域诸国的关系，制定了"拜胡天制"，由皇帝亲自参与祭拜活动，"其仪并从夷俗，淫僻不可纪也"。所谓"事胡天"或"拜胡天"，都是指供祀祆教。（图 6-2）

唐朝以前的中国典籍中称琐罗亚斯德教的主神为天神、火神、胡天神，隋末唐初创造出"祆"字来称呼这个传入中国的宗教。"祆"字从"礻"从"天"，表示这是一种崇拜天神的宗教。在古代中国的诸多外来宗教中，专门为之造字命名者，独有祆教一家。即便是最有影响的佛教，其佛字也是早已有之。

唐朝初期对各种外来宗教都采取宽容的态度，因此祆教在中国也得到发展。自波斯被大食国所灭，祆教徒被迫东奔，唐朝以礼待之。唐代来华的火祆教徒，多带有流亡性质。

唐朝初年，祆教就与唐朝廷发生了联系。《通典》记载：“武德四年，置祆祠及官。常有群胡奉事，取火咒诅。”（《通典》卷四《职官二十二》）这里说的祆祠，就是建在东、西两京及诸州粟特人聚居地的祆教寺院。韦述《两京新记》称西京布政坊的“胡祆祠”立于武德四年，“祠内有萨宝府官，主祠祆神，亦以胡祝充其职”。可知最晚在这时，祆教已得到唐朝官方的正式承认。此外长安还有祆寺三座：醴泉坊西北隅一座，普宁坊西北隅一座，靖恭坊街南之西一座。东京洛阳有两座：会节坊一座，立德坊一座。此外，西北的凉州、沙州等地也有不少祆教祠。唐政府规定东、西两京及碛西诸州火祆祠，由祠部遣人一岁两祀，但是“禁民祈祭”，即禁止唐朝汉人信仰祆教。

祆教是维系粟特商队及其聚落的内部凝聚力的重要纽带，它是与粟特人独具的宗教形式和聚居形式合一的“萨宝”管理体制一起传到中国的。除了管理蕃胡聚居点的日常事务外，萨宝府还派出祆正、祆祝官员主祠祆神。入唐以后，萨宝制度较前代进一步完备。

唐代祆教主要为粟特商人和移民所信奉，并没有得到比较大的传播。到了唐后期，唐武宗时的会昌禁佛，祆教也受到严重打击，“勒大秦穆护祆三千余人还俗，不杂中华之风”（《旧唐书》卷十八上）。祆祠被拆毁，祭司被勒令还俗，此后虽有弛禁，祆教祠和祆教的活动也重新得以恢复，但祆教却一直未能恢复元气。（图6-3）

在世界文化交流中，许多艺术形式都是附着在宗教中传播开来的。如果说佛教输入中国带来了印度希腊风的犍陀罗艺术，那么祆

图 6-3　唐三彩骆驼，驼鞍皮囊上有祆神图像

教的艺术则为中国带来了艺术史上的波斯风。

据记载，东、西两京及凉州等地的祆教在进行祭祀活动时常举行幻术表演，在表演幻术之前，要在祆祠内举行祈福活动。据称："每岁商胡祈福，烹猪羊，琵琶鼓笛，酣歌醉舞。"这种祈福活动，带有强烈的娱乐成分。在敦煌也发现了一些与"赛祆"有关的文书，这些文书的时间在 9 世纪中叶敦煌归义军建立之后，其中保存了敦煌地区在赛祆活动中，由官府供给"赛祆画纸""赛祆神酒"以及赛祆用的神食（包括粮食、油、灌肠）等物品的记录。从这些记载可知，当时敦煌多在正月、四月、七月、十月举行赛祆活动。在敦煌的驱傩活动中，"安城大祆"作为队仗中的部领之神，与"三危圣者""蓬莱七贤"并列，表明随着粟特后裔的本地化，祆教风习也在向敦煌地方民俗中渗透。

祆教艺术在美术方面也有留存。祆教艺术入华，不仅可以看到波斯风艺术的影响，而且可以观察到其中折射出的希腊风格、拜占庭风格、中亚风格、草原风格的影响。

20 世纪，中国共发现 6 处与祆教有关的画像石，即：20 世纪初安阳发现的北齐石棺床画像石；14 帧山东出土的北齐或北周画像石（现藏日本滋贺县美秀博物馆）；20 世纪 80 年代青州傅家庄出土的北齐石室墓画像石；20 世纪 90 年代天水发现的隋唐屏风石棺床；1999 年太原发现的虞弘墓石椁画像石；2000 年西安发现的北周安伽墓石屏风画像石。这些画像石展现了祆教美术的艺术风格和特色。（图 6-4、图 6-5）

在青州画像石中，有多种系有绶带、饰物的吉祥鸟。青州画像石第九石画面上方一有翼神兽向左飞翔，嘴含一饰物。此种神鸟或神兽，即祆教经书《阿维斯陀》《班达希申》中的"Senmurv"。

图 6-4　史君墓石椁，北周，西安博物院藏

图 6-5　史君墓石椁南侧祭司与火坛图，北周，西安博物院藏

“Senmurv”是伊朗“hvarnah”这一概念的图像符号。“hvarnah”意为吉祥，意味着照耀人神的光辉。此图可视为中国画像石中出现的较早的正式富有祆教意味的“Senmurv”图像。这种图像也见于山西太原虞弘墓画像石中。在青州北齐画像石中，另有 5 件画像石上绘有系波斯式绶带的吉祥鸟。这些有绶带的瑞鸟都是广义的吉祥鸟，亦即象征“hvarnah”的瑞鸟。在中亚文化中，绶带鸟图案象征着帝王的神格化、王权神授，或者说帝王作为神再生不死的观念。从这种意义上讲，这也是波斯式的吉祥鸟图像符号传入中国的象征。

1999 年山西太原发现的虞弘墓画像石和 2000 年陕西西安发现的安伽墓画像石，也富有粟特系祆教图像特征。

太原隋代虞弘墓是 1999 年全国十大考古新发现之一。这是我国第一座经过科学发掘、有准确纪年并有着完整丰富中亚图像资料的墓葬。据墓志载，男墓主人姓虞名弘，字莫潘，鱼国尉纥驎城人，曾奉茹茹国王之命，出使波斯、吐谷浑等国，后出使北齐，随后便在北齐、北周和隋为官，在北周一度“检校萨保府”，职掌入华外国人事务，隋开皇十二年（592）卒于晋阳，时年 59 岁。出土随葬品除石椁外，还有墓志、瓷碗残片、汉白玉人物俑、八棱彩绘雕刻柱、莲花座、铜币等共计80余件。人物俑分汉白玉和砂岩两种石质，共16件。其有侍从俑、伎乐俑和拄剑俑三种类型，人物形象分胡人和汉人两种，汉白玉石俑通体施褐彩，再加衣纹彩绘。石俑下部雕出榫头，立于汉白玉莲花座上。

虞弘墓最具重大意义的考古发现是描述中西亚波斯粟特人文化生活的汉白玉浮雕彩绘图像。石椁除椁顶外，椁壁、椁座均有浮雕。左右及后壁内壁浮雕彩绘，浮雕彩绘内容由50多个单体图像组合而成，内容丰富多彩：有盛大的宴饮场景，有热烈的乐舞场面，还有激烈的狩猎场景及人狮搏斗的惨烈景象。图中人物形象均为高鼻、深目、黑发、浓须。图案中的系带鸟、鱼尾翼马、葡萄叶蔓纹饰，以及胡腾舞和祆教拜火祭坛，充满了异国风情而且生动鲜活，让人感受到浓烈的中亚民族的宗教文化和生活气息。值得一提的是，在椁座前居中雕绘着一幅两个人首鹰身者抬着一个火坛的图案。这是一个束腰形祭坛，燃烧着熊熊火焰。火坛左右两旁，各有一个人首鹰身的祭司相对而立，倾身抬着火坛一侧。圣火祭坛是祆教礼仪的象征，与墓主人生前崇拜祆教有着密切的关系。

2000年西安发掘了安伽墓，据墓志记载：墓主人安伽是姑藏（今甘肃武威）昌松人，曾任同州（今陕西大荔一带）萨保、大都督。石质墓门由门额、门楣、门框、门扉、门礅及门限组成，其中门额、门楣及门框刻有图案。门额呈半圆形，刻绘祆教祭祀图案。中部为承载于莲花三驼座上的火坛，骆驼站立于覆莲座上，背驮仰覆莲，上承圆盘，盘内置薪火，火焰升腾。火坛左右上方分别刻绘对称的伎乐飞天，飞天头戴花冠，跣足，飘带飞扬，右侧者弹奏曲项琵琶，左侧者抚弄箜篌。飞天下方各有一人身鹰足的祭司，卷发，深目，高鼻，络腮胡须，似戴口罩，胁下生双翼，长尾上

图 6-6　安伽墓墓门门额祭司与火坛图，北周，陕西省考古研究院藏

图 6-7　安伽墓围屏石榻，北周，陕西省考古研究院藏

扬，双手持神杖伸向供案。案为三足，涂黑色，上置瓶、叵罗、盘等器皿，瓶内插莲花等吉祥花叶。高瓶贴金，其他器皿涂白，花叶贴金或涂绿彩。左右侧下角各跪一人，左侧者披发，身着圆领紧身衣，腰束带，左手置于贴金熏炉上；右侧者卷发，头戴虚帽，身着翻领紧身衣，右手置于熏炉上，左手持一方形物。画面阴刻部分涂红彩。墓室平面近方形，放置一张保存完好的浅浮雕贴金彩绘围屏石榻，石屏内面有贴金浅浮雕图案 12 幅，刻绘车马出行图、狩猎图、野宴图、乐舞图、宴饮狩猎图等。（图 6-6、图 6-7）

以上这些出土石刻，特别是虞弘墓画像石和安伽墓画像石，具有极高的艺术价值，是了解波斯和祆教艺术在中国传播的重要历史资料。

三　摩尼教在中国的传播

摩尼教在我国又称明教、明尊教、末尼教，是 3 世纪由波斯人摩尼（Mānī，约 216—约 276）创立的宗教。（图 6-8）

波斯王巴赫拉姆一世（Bahrām I，271—274 年在位）时，限

图 6-8　　高昌遗址摩尼教壁画，8—9 世纪

制和排挤摩尼教。巴赫拉姆二世（Bahrām Ⅱ，274—293 年在位）在 277 年（另有 274、276 两种不同的说法）将摩尼投入监狱并杀害，摩尼教经典大量被毁，教徒惨遭屠杀，幸存者纷纷逃亡各地。摩尼教虽然无法在波斯国内立足，却在波斯以外的地区得到了广泛传播，在较短的时期内，在阿塞拜疆、小亚细亚、中亚、北非等广大地区都建立了摩尼教团，并进一步向西传入欧洲各地，向东传入中国和印度，成了跨亚、非、欧三大洲，并具有世界性影响的宗教。

在草创摩尼教之初，摩尼即发下弘誓大愿，要将其教传播于世界各地，使其成为世界性宗教。20 世纪初在吐鲁番考古发现的中古波斯文摩尼教残片，记载下了摩尼欲传教于世界的豪言壮语：“我已选择的宗教要比以往的任何宗教胜十筹。其一，以往的宗教局限于一个国家和一种语言，而我的宗教则不同，它将流行于每个国家，它将采用所有的语言，它将传及天涯海角。”

摩尼教在初创不久，就于 3 世纪末年沿着丝绸之路向东方传播。在新疆吐鲁番发现的摩尼教残片文书中，除了古突厥语文书外，还有中古波斯文、帕提亚文、粟特文、大夏文、乙种吐火罗文等各种文字的文书，表明古代中亚的许多民族中都曾流行过摩尼教。中国关于摩尼教最初的记载，是玄奘的《大唐西域记》。在叙述波剌斯国时，他说：“天祠甚多，提那跋外道之徒为所宗也。”提那跋便是摩尼教的“Denavari”。

最晚在唐高宗时代，摩尼教就已传入中国内地。在武则天时，摩尼教教义已得到了最高统治者的赞许，得以在内地合法传播，拂

图 6-9 高昌遗址壁画，摩尼教士抄写经文，8—9 世纪

图 6-10 高昌出土的回鹘粟特双语摩尼教插图写经，10 世纪，柏林东亚艺术博物馆藏

多诞（摩尼教教士的一种称号）得以留在朝廷“课经”。开元七年（719），吐火罗国与大食、康居国、南天竺国等派遣使团来到唐朝，吐火罗支汗那王帝赊向唐玄宗上表，献解天文人大慕阇，请求唐玄宗垂询摩尼教法，并设置法堂。开元十九年（731）摩尼教拂多诞奉玄宗诏令于集贤院撰成《摩尼光佛教法仪略》，主要介绍摩尼教的创教者、经典、教仪和教规等。慕阇与拂多诞都是摩尼教对高级僧侣的专称，据摩尼教经典《摩尼光佛教法仪略》载，慕阇为第一等，意为“承法教道者”、拂多诞为第二等，意为“侍法者”。他们精通天文，是为传播教义服务的一种辅助手段。（图 6-9、图 6-10）

与祆教不同，摩尼教具有开放的性质，在东传过程中逐渐吸收了佛教的一些因素。“摩尼”一词系从佛典中借来。《摩尼光佛教法仪略》中专列“寺宇仪”一节，记载了摩尼教寺院仪规，表明东方摩尼教设有寺院，寺院有“专知法事”“专知奖劝”“专知供施”的 3 名“尊首”，并设有经图堂、斋讲堂、礼忏堂、教授堂、病僧堂等 5 堂。这一套较为完备的寺院制度，明显受到了佛教的强烈影响。此外，在摩尼教经典中有大量佛教词汇，如善知识、业轮、生死海、功德、金刚、如来等等，甚至教主“摩尼”也被冠以“摩尼光佛”的称号。

但是，《摩尼光佛教法仪略》完成的第二年，即开元二十年（732），唐玄宗却颁布敕令，禁止摩尼教在民间传播，称“末摩尼法本是邪见，妄称佛教，诳惑黎元，宜严加禁断。以其西胡等既是乡法，当身自行，不

图 6-11　　回纥男供养人

须科罪者”(《通典》卷四〇《职官二十二》萨宝条)。原因可能是玄宗在佛僧的挑唆下，不能容忍“本是邪见”的摩尼教堂而皇之地用佛教外衣来掩盖其“邪恶”本质，最终下诏禁断。但在玄宗的诏令中，并没有禁止居住在唐朝境内的“西胡”信奉摩尼教，但是摩尼教在内地民间传播的势头受到了遏制。

玄宗禁断摩尼教后，摩尼教在中国的活动渐入沉寂。但在安史之乱以后，摩尼教借助回纥的力量，在唐朝境内再度兴盛起来。(图 6-11)

安史之乱爆发后，回纥发兵助唐收复西京与东京，在与唐朝的交往中逐渐处于优势的地位。回纥汗国内的大批粟特人对回纥经济活动和政治生活产生了重大影响，同时也将摩尼教带入了回纥汗国。所以，回纥民间应该已有一定的摩尼信仰基础。据记载，762年，回纥汗国第三代君主回纥牟羽可汗(？—780)出兵协助唐肃宗平叛，击败史朝义，收复洛阳，受西胡摩尼法师教化，改信摩尼教。763 年牟羽可汗归国时带回 4 个摩尼教法师。原来回纥人是信奉萨满教的。这 4 位摩尼师经过几天的辩论，战胜萨满教，而逐步促使回纥人普遍信奉摩尼教。

随着回纥汗国封建化进程的加深和粟特人经济地位的提高，摩尼教很快就发展成了回纥的国教。回纥在接受摩尼教后，社会生活习俗发生了较大的变化。摩尼教徒们为了译经创造了一种以粟特字母为基础的文字体系，它使回纥人在西域诸民族中荣享“卓越书记官”的美名。更为重要的是，此时回纥已由畜牧而逐渐转向农业，由不定居而转向半定居，摩尼僧还常和可汗议政。在经济方

图 6-12　　　新疆北庭故城的回纥寺院

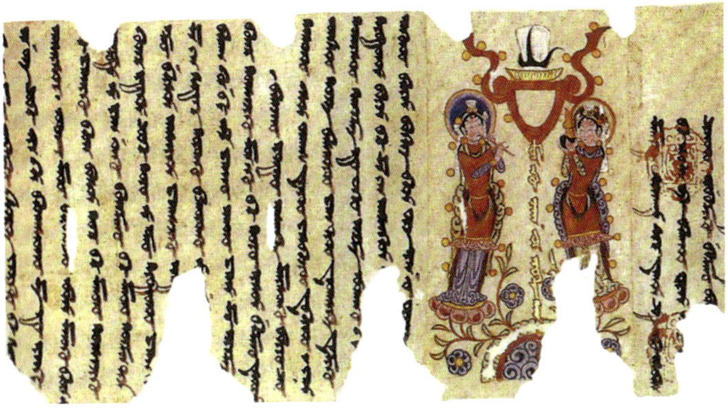

图 6-13　　　新疆吐鲁番出土的粟特文摩尼教徒书信

面，他们和“九姓胡”帮助回纥贵族经商求利。在与信仰摩尼教的粟特人打交道的过程中，回纥人也学到了经商的本领，成了商贸活动中的一支积极力量。

回纥因帮助唐朝平叛，恃功而骄，而摩尼教也借助回纥的力量在内地再度流传。回纥在唐朝的使者们把他们自己视为已经建起的或仍在筹建中的中国摩尼教团的保护者。由于唐与回纥的特殊关系，代宗大历三年（768），唐朝应回纥可汗之请，允许居留长安的回纥摩尼信徒建大云光明寺传教。正是因为回纥人的作用，摩尼教成为唐代外来宗教中除佛教外流行最广的宗教。元和（806—820）、长庆（821—824）年间，摩尼教僧侣作为回纥的官方代表出使唐朝，势力已延伸到政治层面。（图 6-12、图 6-13）

大历六年（771），回纥“请于荆、扬、洪、越等州置大云光明寺，其徒白衣白冠”。元和二年（807），回纥使者又请于河南府、太原府置摩尼寺 3 所。除了这些大都市外，摩尼教徒还在江淮流域商业活动最繁荣的荆州、扬州、洪州、越州等地建寺，这些地区不仅是最著名的商业都会，而且多以对外贸易繁荣著称，寺址的选择显然与从事商业贸易有关。

由于摩尼教徒与回纥政权的关系极其密切，故它在中原地区的境遇也随着回纥政权的盛衰而兴旺和凋敝。开成五年（840），漠北回纥汗国被黠戛斯人所灭。回纥可汗在从中国撤兵时，要求唐室“安存摩尼”，但在会昌二年（842），唐朝就封闭了荆、扬、洪、越等州的摩尼寺。会昌三年（843），唐武宗毁佛时，更进一步禁断摩尼教，全部没收长安、洛阳、太原的摩尼教寺产，废除寺院，焚毁经像，摩尼师或殉教而死，或配流诸道。

会昌法难后，传入中国的摩尼教与中亚地区的摩尼教团失去了联系。尽管摩尼教遭受重大打击，但是其气息未断，许多经书、画像尚存，于是摩尼教在民间还可自行传习，但是那时的摩尼教都是经过改装、掩饰了的。

四 《大秦景教流行中国碑》的发现

唐人所称“景教”，就是指基督教聂斯脱利派，这一教派是根据其创始人聂斯脱利的名字命名的。景教在唐代又称“波斯教”或“波斯经教”，后来还有“弥施诃教”或“迷诗诃教”的称呼。在汉文中，“景”有光明和宏大的含义，所以聂斯脱利派的信徒以之为教名。在唐代景教文献中，教称景教，教会称景门，教堂称景寺，教主称景尊或景日，教规称景法，教徒称景众，教士称景士，此外还有景风、景力、景福、景命等专门的语词，甚至教徒也多以“景”字命名，如景净、景福、景通等，可知景教是最常见的名称。

关于景教在中国的传播，首先要说到《大秦景教流行中国碑》。

图 6-14　《大秦景教流行中国碑》拓本

《大秦景教流行中国碑》(简称《景教碑》)是一座记述景教在唐代流传情况的石碑。此碑于唐建中二年（781）由波斯传教士伊斯（Yazdhozid）建立于大秦寺的院中。碑文由波斯传教士景净撰写，朝议郎前行台州司参军吕秀岩书并题额。景净是来自波斯的叙利亚人，但生长在唐朝，中文很好，他曾帮助一位中国僧人翻译佛经《六波罗蜜经》。《景教碑》碑体为黑色石灰岩，碑身高 193 厘米，宽 96 厘米，螭首龟趺，正面刻着“大秦景教流行中国碑并颂”，上有碑文 32 行，满行 62 字，共 1780 个汉字和数十个叙利亚文。唐武宗毁佛时，景教一并被禁。随着景教的没落，大秦寺的院落为佛教所用，此碑不知何时失落，也可能在武宗灭佛时被人埋入地下。

明天启五年（1625)，《景教碑》在陕西周至县出土。当地政府把碑抬到附近的金胜寺内，竖起来交寺僧保管。清咸丰九年（1859）武林韩泰华重造碑亭，但不久碑亭因战乱被焚毁，碑石暴呈荒郊。1907 年陕西巡抚将《大秦景教流行中国碑》入藏西安碑林安置。(图 6-14)

《景教碑》全文分三部分：第一部分简略地介绍了景教的基本信仰，包括天主自有（先先而无元)、三位一体（三一妙身)、创造宇宙（暗空易而天地开)、先造万物、后造原祖（匠成万物，然立初人)、人性本善（素荡之心，本无希嗜)、魔鬼引诱原祖（娑殚施妄)、圣子降生（三一分身)、天使欢歌（神天宣庆)、圣母诞生（室女诞圣)、东方博士来朝（景宿告祥，波斯睹耀以来贡)、救赎（开生灭死)、耶稣升天（亭午升真)、新约二十七卷（经留二十七部)、领洗赦原罪（法浴水风，涤浮华而洁虚白)、十字架是教友圣号（印持十字)、教士一日分七时诵念日课（七时礼赞，大庇存亡）、每七日行一次祭礼并证见自己的灵魂（七日一荐，洗心反素）等等。第二部分为历史内容，详尽地叙述了景教由阿罗本传到长安后 150 年间受到自唐太宗以下六代皇帝优待而发展的经过。说的是唐太宗贞观年间，有一个从波斯来的叫阿罗本的传教士，历经跋涉进入中国，沿着于阗等西域古国，经河西走廊来到京师长安。他拜谒了唐太宗，要求在中国传播波斯教。此后唐太宗降旨准许他们传教，于是景教开始在长安等地传播起来，并受到太宗以下六代皇帝优礼。景教碑的第三部分是颂词，内容是再次历述序文梗概，用韵文形式表达。

《景教碑》具有重大的历史价值和学术价值。在世界考古发现史上，有“四大石碑”之说，即：发现于埃及的《罗塞塔碑》、发现于约旦的《摩押碑》、发现于墨西哥的《阿兹特克授时碑》和中国的《景教碑》。而无论是保存状况还是学术价值，《景教碑》都是其他石碑不可比拟的，因而拥有“众碑之魁”的美称。该石碑由于记载了唐代景教传播的详细过程，且具有唯一性，是研究我国古代基督教早期传播必不可少的考据文献，被誉为“中国基督教之昆仑”。此外，它还是研究中西交通史、文化艺术交流史的珍贵资料，是中西文化交流的重要历史见证。

《景教碑》出土后不久，就被安置在西安府的金胜寺。当时人们并不知道此碑与基督教的关系。后来有一个举人——岐阳人张赓虞曾在北京见过利玛窦，他看到《景教碑》后，发现景教教义和他从利玛窦那里所听到的相同，因此知道此碑与基督教有关。于是他取了一个碑文的拓本，派人送到杭州的挚友李之藻那里，并致信李之藻：“迩者长安中掘地所得，名曰‘景教流行中国碑颂’。此教未之前闻，其即利氏西泰（利玛窦）所传圣教乎？”

李之藻是利玛窦到中国传教后最早接受洗礼的信徒之一，被称为“明末中国天主教三大柱石”之一。他见到《景教碑》的拓本后，立即产生了极大的兴趣。李之藻与传教士们一起研究拓片，最终确认这块石碑是我国古代基督教传播的明证。1625 年，李之藻撰写了《读景教碑书后》一文，表示碑中所述的景教，即“利氏西泰所传圣教”。并高兴地说：“讵知九百九十年前，此教流行已久，虽世代之废兴不一，乃帝天之景命无渝。”李之藻给《天学初函》题辞时说：“天学者，唐称景教，自贞观九年入中国，历千载矣。”此后很多中国信徒纷纷称自己是“景教后学”，称天主教堂为“景教堂”。

《景教碑》系基督教碑石的消息传出之后，立即引起极大的轰动。就在 1625 年，法国传教士金尼阁（Nicolas Trigault，1577—1628）乘前往三原为王征一家施洗之便，在西安参观了《景教碑》，成为见到《景教碑》的第一个外国人。此后不久，金尼阁将《景教碑》碑文译成拉丁文寄往欧洲。3 年后，葡萄牙传教士曾德昭，即谢务禄（Alvaro de Semedo，1585—1658）来西安开设教堂，对《景教碑》进行了详细的考察与研究，将碑文译文和考察情况写入他的著作《大中国志》，向欧洲人详细、全面地报告了此事。

《景教碑》的发现，令在华的传教士们大为兴奋，他们认为其是“圣教古迹”，立即对其展开研究和宣传，并将其翻译成西方文字，传播到欧洲。《景教碑》的发现，在当时以及以后的几个世纪中，都是宗教界及汉学界感兴趣的焦点。

五　景教在中国的传播

景教是唐代对首次传入中国的基督教（聂斯脱利派）的称谓，始创人是聂斯脱利（Nestorius，约 380—约 451），他出生于叙利亚的泽曼尼西亚（Germanicie），起初在安条克城（Antioch）的一所修道院修习，由于博学多闻且能言善辩，声名上达于东罗马宫廷，428 年出任君士坦丁堡大主教。431 年，在以弗所召开的由西利尔操纵的教会主教会议上，聂斯脱利的思想被斥为“异端”，他本人被革职流放，并被开除出教，后在埃及西部的沙漠中流放而死。

聂斯脱利死后，其信徒开始了向东逃亡、迁徙的进程。他们通过陆上丝绸之路到达中亚和远东地区，先是在叙利亚，因东罗马帝国皇帝的迫害而辗转到波斯，得到波斯皇帝的保护。498 年，聂斯脱利派在波斯首都塞琉西亚（Seleucia）集会，宣布与罗马教会断绝一切关系，成立了迦勒底教会（Chaldean Church）的东方教会，自己推举主教，并积极开展传教活动。6 世纪以后，聂斯脱利派传教士的足迹遍布从美索不达米亚到“中国海”的广大地区，积极传播教义，被誉为“火热的教会”。7、8 世纪是景教教会向东传播最有力的时期，木鹿、哈烈、撒马尔罕均有大主教区。

今人对唐代景教的了解，主要是从《景教碑》和敦煌遗书中残存的景教经典中得知的。

景教传入中国长安的时间，即贞观九年（635），波斯主教阿罗本从大秦国带着《圣经》历尽艰险抵达长安，太宗皇帝派宰相房玄龄率领仪仗队去西郊迎接其入宫，请其在皇帝的藏经楼翻译经典，并一起探讨福音，皇帝体会到教理正当，故令其传授。景教主教初来中国，竟能受到太宗皇帝派遣宰相出郊迎接的优待，《圣经》也被视为真经，教理也得到了唐朝最高统治者的肯定，这为以后景教的传播并流行奠定了基础。贞观十二年（638），唐太宗又下诏，令在长安义宁坊建寺一所，度僧 21 人，并将太宗本人的形象绘制在了寺院的墙壁上。

贞观年间景教徒阿罗本的最初入华，可能与波斯抵抗阿拉伯人运动有关。《册府元龟》卷九七五记载：开元二十年（732）八月庚戌，波斯王遣首领大德僧潘那蜜与大德僧及烈来朝，授首领为果毅，赐僧紫袈裟一副及帛五十匹，放还蕃。这位充当使节的“及烈”的名字又见于景教碑。显然，由于景教徒已经在中国内地与唐朝廷建立了合作关系，具备从事推动波斯和中亚各国与中国进行外交活动的客观条件，所以他们利用景教徒业已建立的这种关系，争取和利用他们从事外交活动，争取唐朝对波斯抵抗运动的援助。

但是，按照宗教传播的一般情况推测，在得到最高统治者认可之前，景教可能已经流传了一定的时间。在隋末或唐初，景教的传教活动可能很有成就，深为人民信服，然后有人报告太宗，才会有那样隆重的接待。阿罗本等入华后的最先住地可能就是后于其地建立大秦寺的陕西周至县，他们先在那里活动，待时机成熟，有朝臣奏知，乃由唐太宗令房玄龄迎接至长安。

《景教碑》中称聂斯脱利派基督教为“大秦景教”，并谓阿罗本为“大秦国上德”。实际上景教最初入唐，是以“波斯经教”为名的，而寺院也称“波斯寺”，“大秦”是其于天宝四载（745）易名后的称呼。

唐初实行儒释道三教并行的政策，对其他宗教的传入也采取开放的态度，这就为景教的传入创造了比较宽松的条件。高宗时

图 6–15　景教十字纹铜印牌，山东博物馆藏

期，景教进一步得到发展，“诸州各置景寺”，并尊崇阿罗本为镇国大法主。“法流十道，国富元休。寺满百城，家殷景福”，景教在中国取得了很大发展，全国信徒达 20 余万人。

在武则天时，景教一度受挫。佛教徒或儒士攻击和压迫景教，景教处于困难的处境。在这次危机中，“僧首罗含”和“大德及烈”起了重要的作用，他们“共振玄纲，俱维绝纽”，挽救了景教。及烈在开元二年（714）曾与岭南市舶使周庆立为宫廷广造奇器异巧，并引起了朝臣的争论。这里提到的“罗含”，应是波斯人阿罗憾。他们在振兴景教的过程中，可能是利用了自己在宫廷内的影响。（图 6–15、图 6–16）

图 6–16　敦煌发现的 10 世纪以前基督教圣徒画像

唐玄宗开元以后，景教再次光大，玄宗曾命诸王“亲临福宇，建立坛场”。天宝初年，又令高力士携“五圣写真”（或谓即高祖、高宗、武后、中宗、睿宗五帝画像）在寺内安置，并赐绢百匹。天宝三载（744），景教僧佶和“瞻星向化，望日朝尊”，因精通天文术受到玄宗重视，曾与其他 17 名教士一起在兴庆宫修功德，“于是天题寺榜，额载龙书”，备极尊宠。这时除东西两京之外，“天下诸府郡”也设立有景教寺院。肃宗继位之后，在灵武等 5 郡重新建立景寺，景教进一步光大。在郭子仪帐下的景教徒伊斯在朝廷得到了比较崇重的官职，为“金紫光禄大夫、同朔方节度副使、试殿中监，赐紫袈裟僧伊斯”。他因熟悉诸国的语言，还辅助郭子仪联络西域各族共同平乱。

图 6-17　景教徒礼拜壁画，柏林国家博物馆藏

他任主教总管时，曾布施钱物，修补或重建景寺。代宗也曾“锡天香以告成功，颁御馔以光景众”，表示对景教的重视。

由于景教进入中国时，得到皇帝及上层社会的支持，所以得以在西安等地建立活动场所即“大秦寺”。唐代有多处大秦寺，如长安义宁坊大秦寺、洛阳修养坊大秦寺、灵武大秦寺、五郡大秦寺、盩厔大秦寺、四川成都西门外大秦寺等。盩厔大秦寺是由唐太宗下诏建造，丞相魏徵与大将尉迟恭亲自监修的。在施工过程中，太宗亦亲临现场视察，该寺工程之浩大、地位之重要，由此可见一斑。代宗宝应元年（762），郭子仪副使和景教信徒伊斯捐款重建盩厔大秦寺，使之成为全国四大景教寺之一。竣工后，传教士、信徒云集大秦寺，隆重聚会 50 天，热烈庆祝，感恩祈福。

大秦寺教堂是信徒敬拜的中心，呈现一种特殊景观而且非常奢华。赵清献（赵抃，1008—1084）在《蜀都故事》中描绘了大秦寺的建筑风貌：“石笋在衙西门外，二株双蹲，云真珠楼基也。昔有胡人于此立寺，为大秦寺。其门楼十间，皆以真珠翠碧贯之为帘……盖大秦国多璆琳、琅玕、明珠、金璧，水道通益州永昌郡，则寺疑此国人所建也。”宋人吴曾能形容大秦寺有“雨多往往得瑟瑟”的奇景。这二者都能说明大秦寺建筑的特色。有碑文记载说，大秦寺以皇帝的肖像嵌在壁上，又悬挂皇帝的题字，引以为荣，由此可以看出景教徒的寺院已染上较多的“唐化”色彩。（图 6-17）

2006 年洛阳出土了一件唐代景教经幢残件，顶端影雕十字架符号及其左右配置的天神形象，中段刻《大秦景教宣元至本经》

一部和《大秦景教宣元至本经经幢记》一篇。这一景教遗物有模仿佛教文化的迹象，八面棱柱的经幢结体直接仿照了佛教陀罗尼经幢的形制。上端除了十字架图徽明显带有西方基督教装饰理念外，其两侧对称的飞翔天神，并非沿袭景教旧邦习见的带翼“天使”的模样，除了头顶发式略有自身的个性外，其曲折婀娜的身躯及身后腰间凌空飘逸的披帛、裙下流荡的祥云，与佛教造像中的“飞天”极其接近。幢记末尾“清净阿罗诃，清净大威力”等带有唱诗意味的“祝”词，透露出效仿佛经“偈语”的痕迹。

本着耶稣基督的仁爱之心、乐善好施的精神，景教徒对于饥饿、贫穷者都能加以救助，甚至如同碑文所题刻的，“病者疗而起之，死者葬而安之”。景教徒精通医术，能为人医病，并且深具药材知识。他们广泛进行了各种慈善活动，并在这些活动中吸收了不少信徒。

景教徒除君主的支持、赏赐外，也从事某项工作以谋生。景教徒除本身要传教外，通常也有份工作来养活自己，就如使徒保罗一样，一边织帐篷谋生，一边积极从事传教活动，有着自给自足、无后顾之忧的生活。景教徒大都从事手工业，有一技之长；也有不少从事商业活动，将波斯产物中最重要的宝石和香料运到中国，再将丝绸送往波斯、大秦等，从中获利。

洛阳附近出土波斯大酋长阿罗憾墓志铭称，阿罗憾为武则天营造了“颂德天枢”。营造“颂德天枢”是武则天时的一项重大工程，武三思为主要策划者，但实际擘画者是以波斯人阿罗憾为首的“蕃夷诸酋”。颂德天枢建成后二十年，于玄宗开元二年（714）被推倒，后人无缘得睹其形制。以文献记载论，颇堪注意的是天枢的八面造型。我国传统建筑的柱石多为圆形或方形，多棱形柱石极为罕见。汉代以后随佛教东传，染有希腊建筑风格的犍陀罗艺术风格逐渐向东传播，我国境内遂出现多棱形石柱。天枢呈八棱形，显然受到希腊建筑风格影响。所以，景教徒传入中国的建筑技术中也有希腊、拜占庭建筑技术。

会昌五年（845），在唐武宗禁毁佛教的同时，朝臣上奏，认为唐朝境内所有的外国宗教都属于“邪法”，建议一体进行打击。依据诏令，在唐的大部分景教徒被勒令还俗，或回归本籍，或皈依其他宗教，总之不再以景教徒身份出现。

武宗下令以后，景教在唐朝逐渐绝迹，仅在唐朝政令所不及的西北边陲少数民族地区有所保留。直到12、13世纪时，随着成吉思汗的征讨，景教再次卷土重来，盛行于东方各地。

第七章

丝绸之路

与波斯风

图 7-1　　波斯波赛波利斯遗址“诸国之门”

一　丝绸之路与波斯

伊朗古时候叫波斯，和中国一样是亚洲大陆上的一个文明古国。波斯居于欧洲和中国之间的重要位置，是陆上丝绸之路的必经之地和重要地段。

亚历山大东征时，波斯被希腊人征服，成为希腊化的塞琉古王国的一部分。公元前249—前247年，里海东南的帕提亚（Parthia）人推翻了塞琉古朝，建立了阿萨息斯（Arsaces）王朝，罗马人称其为帕提亚，中国人称其为“安息”。阿萨息斯建国后约百年，公元前155年，米特拉达悌一世（Mithradates I，前171—前138年在位）向西占领了米底，打开了通往两河流域的道路。底格里斯河上的塞琉西亚也于公元前141年被米特拉达悌一世攻占，接着巴比伦尼亚归入安息版图。米特拉达悌一世还向东夺取了大夏、木鹿等重要城市。公元前124年，米特拉达悌二世（Mithradates Ⅱ of Pontus，前124—前87）即位，他统治初期，阻挡了东方塞人的西进。据说他使安息帝国东界达到阿姆河一线。米特拉达悌二世又于公元前1世纪初，将版图向西北方面扩展至亚美尼亚。（图 7-1）

公元前2世纪至公元前1世纪是安息帝国的盛世，全盛时期的疆域西至幼发拉底河，北至里海，南至波斯湾，东至大夏、身毒，抵阿姆河，成为当时西亚一带最大的国家。在这几百年的世界历史舞台上，安息帝国与中国的汉王朝、印度贵霜王朝、罗马帝国同为世界上影响最大的四大帝国。安息地处亚欧大陆中部，位于四大国之间的中心位置，扼陆上丝绸之路要道，更突出了它在东西方文化交流中的桥梁作用。

安息与中国有着比较密切的往来。中国史籍对安息多有记载，当时的中国对安息的地理位置、民俗、物产以及交通、经济发展情况都已经有所了解。

中国与安息的早期文化接触主要依赖于丝绸之路。丝绸之路有一大地段要通过安息。安息人在很长时间里垄断了丝绸之路上的国际丝绸贸易，将从中国运来的丝绸转手贩卖给欧洲，从中大获其利。也正是通过丝绸之路，安息人接触到中国文明。

另一方面，丝绸之路对当时安息的国际关系和国内社会生活也产生了不可低估的重要影响。过境贸易在安息国家的经济中具有重大意义。联系西方罗马同东方中国、印度的主要商道经过安息。为了控制各国之间的商道，安息（阿萨息斯王朝）同巴克特里亚王国、衰落的塞琉古王国、罗马都进行过战争。

丝绸之路开辟之后，中国和安息之间可能就有了民间交往，有明确记载的两国之间的正式官方往来则始于张骞出使西域之时。张骞第一次出使西域时就已听说了大月氏以西的安息国。张骞再次出使西域时，曾遣副使到达安息国都番兜城［赫卡通皮洛斯（Hekatompylos）］。当时的安息国王是米特拉达悌二世，正当安息国威强盛之时。汉使到时，恰好是在米特拉达悌二世派大军东讨塞人的时候，安息大军正云集于东部边境。汉使至安息时，米特拉达悌二世令两万骑兵的队伍在边境迎接，并护送汉使至安息国都。汉使返国时，安息也派使者随之来华，“观汉广大”，元鼎五年（前 112）到达长安，向汉朝献大鸟（鸵鸟）卵和犁轩的眩人（魔术师）。

汉与安息首次通使成功后，两国便展开了比较广泛的贸易与文化交流。嗣后在公元前1世纪，双方使臣、商贾不断往来。从汉代遗留的有关西域各方面的其他记录和遗存来看，可以相信汉与安息的通商关系相当密切。中国的锦绣丝绸等特产日益增多地运送到西方，通过安息商人之手而远达罗马。同时西方的产品如珠玑、琉璃、象牙、犀角等珍奇异物，以及红兰、葡萄、苜蓿种子等也源源不断地输入中国。有记载的，如东汉章帝章和元年（87），安息遣使入汉“献师子、符拔”；和帝永元十三年（101），安息王“复献师子及条支大鸟，时谓之安息雀”（《后汉书·西域传》）。“师子”“符拔”“安息雀”等，都是早期进入中国的奇兽珍禽。

公元226年，安息帝国被萨珊波斯帝国所取代。萨珊时代的波斯人已经比较熟悉中国。萨珊王朝和中国北朝几代政权都有通使关系。当时的波斯人对中国文化和中国人都很钦慕。萨珊时代波斯人中流传这样一种说法：“希腊人除了理论之外从未创造过任何东西。他们未传授过任何艺术。中国人则相反，他们确实传授了所有的工艺，但他们确实没有任何科学理论。”当时还有另外一种说法：“除了以他们的两只眼睛观察一切的中国人和仅以一只眼睛观察的希腊人之外，其他的所有民族都是瞎子。”在那时的波斯人看来，中国人较希腊人、波斯人和突厥人等都更优越。

萨珊朝时，中国与波斯的交通主要还是依靠陆路的丝绸之路，但两国之间的海上交通也已开辟。海上丝绸之路在汉代时已达印度洋，形成东西海上交通大动脉，南北朝时开辟了由广州直达阿拉伯海与波斯湾的远洋航路，中国帆船越过印度半岛，直接沟通了东西亚之间的海上联系。中国帆船可能到过波斯，波斯的航海事业可能也比较发达，或许有波斯船只驶往东方。从4世纪到7

世纪初，中国历代王朝的史料把交趾半岛、锡兰、印度、大食以及非洲东海岸等地的产品统统称为“波斯货”，说明这些物品是从波斯运到中国的。

二　波斯锦及其织造技术在中国的传播

中国文化对萨珊波斯的影响是多方面的，中国的丝绸以及养蚕制丝技术的传播是这一时期中国与波斯文化交流的重要事项。

5 世纪时，西域塔里木盆地已普遍有蚕桑的生产和发达的丝织业。养蚕制丝技术很可能由此继续西传，直接传入中亚的费尔干纳和波斯。波斯以墨桑养蚕，取得成功，之后又纺织锦绮。《魏书·西域传》载，康居国产锦，丈夫多衣锦袍。波斯出产锦绫，王公贵族亦多衣锦袍。

至少 5 世纪时，中国的养蚕缫丝技术就已经传入波斯，此时波斯已拥有自己的丝织业了。波斯语中的 Vāla 是一种丝织品，这个字出于汉语的“幡”，是精细的罗纱。波斯语中的 nax 是一种双面绒，也指锦缎，当是汉语中的“缎”。还有研究古于阗文的学者介绍，波斯语中蚕茧的“茧”字，很可能源于于阗文。波斯文里有 pile 一词，意作“茧”；维吾尔语中有 pile 或 pille，意作“茧”。这些作茧字解的词，都可能和于阗语的 birã 有关。这说明波斯开始有家蚕饲养，很可能是通过于阗传播的。

织造锦缎与地毯是伊朗的传统工艺。波斯的织锦一开始是用金银线，波斯古经里就提到金地毡。跟随亚历山大的历史学家们常提到波斯的这种锦缎。波斯锦起初使用的原料是亚麻与羊毛，后来中国的丝绸传入西方，他们用中国丝并利用自己独特的工艺，就能织出五彩缤纷的波斯锦缎。波斯是继中国之后的世界第二大丝绸生产国。在南北朝时期的史书中，波斯就以其锦缎而闻名。这种织造工艺应该很早为西域地区的伊朗语系民族所掌握。“波斯锦”是一种织金丝绸，从出土实物看，还有纯丝或毛、麻混纺等，以织造精美、色彩绚丽著称。萨珊王朝的艺术发展最精彩的就是丝织品，色彩和图样十分丰富。

波斯锦主要有两个特点：一是织造技术上采用斜纹组织和纬线起花，这与中国主要以平纹组织和经线起花的织造法不同；二是其花纹图案独具风格，以联珠动物纹最为典型，在图案花纹上用联珠圆圈分隔成各个花纹单元，其形式是联珠对兽对鸟纹，常见的有对鸭、对狮、对羊、对雁等图案。波斯联珠纹图案艺术也成了自北魏到唐代中国中原地区和西域地区的主流图案艺术。这种图案除见于织锦外，还出现在佛教壁画、雕塑、陶瓷工艺中。

6 世纪末到 7 世纪中叶波斯锦风行中亚。斯坦因在阿斯塔那 6 至 8 世纪的古墓中发现了许多波斯式的织锦，都是以纬线起花的斜纹“重组织”的织锦。在阿斯塔那 170 号墓出土的高昌章和十三年（543）的“随葬衣物疏”中，有“波斯锦十张”的记载，表明当时波斯锦在西域高昌等地已经很流行了。特别有意思的是，在这份衣物疏中，还具列了“魏锦十匹”，所谓“魏锦”，是指内地制作的锦。吐鲁番哈拉和卓第 90 号墓出土文书中也提到“钵（波）斯锦”。在阿斯塔那 173 号墓出土的相当于唐代初年的衣物疏中，有“波斯锦面依（衣）一具”和“波斯锦被辱（褥）一具”的记载，

图 7-2　　新疆吐鲁番出土的方格兽纹锦

图 7-3　　新疆吐鲁番出土的花树对鹿纹锦

可知这时波斯锦仍然在高昌地区流行。

在吐鲁番等地陆续出土了大量联珠纹织锦，其时代被断定在 6 世纪中叶至 8 世纪中叶。联珠纹中的动物主体有狮、象、鸭、鹰、天马、羚羊、骆驼和野猪等等。有一件织锦“中窠联珠鸾鸟含绶带纹锦”非常精美，真实体现了波斯锦的富丽堂皇。这件织锦的联珠中窠有成对的水禽，身饰几何状花纹，脚踩翻卷的花枝，两窠间饰菱形四出忍冬花纹，整体设计奇巧，禽鸟形态夸张，颇具异域风情。另一件织锦“中窠对马纹锦”，团窠内为背向的两匹写意午马（马腹圆圈纹中织“午”字），前后腿部亦饰以圆圈纹，凸显肌肉。团窠间饰古波斯文字和花朵，团窠内外填以卷绕的花枝装饰。马奔腾跳跃，形态夸张，充满生机。（图 7-2、图 7-3）

波斯锦大致在 6 世纪进入中国内地。《梁书·诸夷列传》载：“普通元年（520），又遣使献黄师子、白貂裘、波斯锦等物。”这是有关来自波斯的这一织品输入中国的最早记载。

波斯锦的织造技术也传到中国。十六国时期后赵石虎设织锦署，“中尚方御府中巧工作锦”，可以织出各种品种的锦缎。除了各种锦以外还善织毛织品“罽”。石虎如此重视锦与罽的织造，应该与这是一种波斯传统工艺有关，另外也表明当时宫廷中对锦、罽的需求量很大。尤其是对罽的需求与重视，更能显示出西域文化的特色。

图 7-4　联珠花鸟纹波斯锦，唐代，甘肃省博物馆藏

到唐代，仍有波斯锦继续传入中国。波斯锦的输入一直持续到了 8 世纪中叶，突厥首领骨咄禄和罽宾国使者也都分别在开元十五年（727）和天宝四载（745）向唐朝廷贡献波斯锦。在隋唐时期，中国的许多纺织品都受到波斯锦风格的影响。中国还有仿制波斯锦的故事。《隋书·何稠传》记载说，何稠制作织锦的技艺已超越了波斯人。在阿斯塔那 6 世纪末至 7 世纪初年的墓葬中，还发现了不少中国仿制的具有中亚、西亚织锦特征的实物，有以中国织法而用萨珊式花纹的产品，后来也有采用萨珊织法和萨珊式花纹的中国织锦产品。中国仿制的波斯锦甚至可以达到乱真的程度。（图 7-4）

不仅如此，波斯锦还通过中国传到了日本。法隆寺里现在还收藏有 7 世纪的萨珊图式织锦。

三　中国出土的波斯银器与银币

1978 年至 1980 年，山东省考古工作者对位于淄博市郊的西汉齐王墓进行了发掘，在一号随葬坑中出土了一个保存较好的列瓣纹银盒。此盒高 11 厘米，口径 11.4 厘米。1983 年在广州象岗山发现的南越王墓中也发现了一只列瓣纹银盒，高 10.3 厘米，口径 13 厘米。这个银盒形状与山东齐王墓出土的银盒极其相似，与伊朗苏萨城出土的公元前 5 世纪刻有古代波斯阿契美尼德王朝国王薛西斯的

名字的银器则完全雷同。

齐王墓与越王墓中出土的两件银器，都是用锤揲技法在表面打压出相互交错的列瓣纹，这与中国当时用陶范或蜡模铸造纹饰的传统工艺完全不同，显然是外来器皿。但对于这种器皿的原产地，学术界有不同的看法。其锤揲法的技术源流可以上溯到两河流域的古亚述，盛行于古波斯的阿契美尼德王朝时期。安息人的金银细工，继承和发扬了阿契美尼德时代以凸瓣纹为纹饰的作风。这种容器，源自古希腊语中借用的词汇，西方人称之为“phialae”，或译作“篚罍”。这种器物有美国纽约大都会艺术博物馆所藏的大流士金篚罍、华盛顿弗瑞尔美术馆所藏阿尔塔薛西斯一世（Artaxerxes I，前 465—前 425 年在位）的银篚罍、伊朗哈马丹出土的薛西斯银篚罍以及华盛顿赛克勒美术馆收藏的安息银篚罍。由于我国出土的两件汉代银盒与安息的同类银器几乎完全相同，所以它们应当是通过海路从安息输入的。

但也有学者认为，这种银盒应是罗马人的器物，山东齐王墓和广州越王墓中的这两个银盒可能来自罗马，经海路传入。据研究，山东齐王墓墓主的下葬时代约为公元前 179 年，广州越王墓墓主的下葬时代约为公元前 122 年。不管这两座坟墓中发现的银盒的原产地是中亚的安息还是地中海地区的罗马，它们都有力地证明，早在公元前 2 世纪，中国与印度洋地区之间的海上交通线就已经存在了。

银盘是萨珊波斯银器中最有代表性的作品，在中国也有发现。1981 年在山西大同市西郊小站村花圪塔台北魏封和突墓出土的萨珊银盘，就是波斯萨珊王朝时期的鎏金银盘。这件萨珊银盘高 4.1 厘米，口径 18 厘米，圈足直径 4.5 厘米，高 1.4 厘米，盘内沿有旋

图 7-5 萨珊波斯银币，广东遂溪县博物馆藏

图 7-6 萨珊波斯银手镯，广东遂溪县博物馆藏

纹三道，中刻狩猎图，图中人像深目高鼻，连腮长髯，面颊清瘦，目光宁谧，有人推测为萨珊王朝第四代国王巴赫拉姆一世。人像头戴半弧形冠，边缘缀以联珠，顶端有一凸起的角状饰，脑后有飘带两道，耳饰水滴形垂珠，颈饰圆珠项链，腕上戴由圆珠组缀的手镯，革带上也缀两颗圆珠，身着紧身便服，腰右侧佩箭筒，足穿半长筒靴，人像正徒步行猎，两手执矛，刺入野猪头部，身旁又有两头野猪从芦苇中蹿出，其构图具有典型的波斯萨珊王朝艺术风格。

图 7-7 萨珊波斯银碗，广东遂溪县博物馆藏

在中国还发现过几件具有浓厚萨珊波斯风格的银器，这些器物很可能也是萨珊波斯的输入品。河北赞皇县东魏李希宗墓出土的驯鹿纹样的青金石雕指环、宁夏固原县（2001 年固原地区撤销，改设固原市）北周李贤夫妇墓出土的铸有胡人头像的鎏金银壶等，都是萨珊波斯出产的银器。此外还有大同北魏墓出土的银碗 1 件，大同北魏城址出土的银洗、银碗各 1 件，广东遂溪出土的南朝窖藏银碗 1 件。（图 7-5、图 7-6、图 7-7、图 7-8）

图 7-8 广州南越王墓出土的波斯银碗，广州南越王博物院藏

中国虽在先秦已用黄金制器，但为数极少。汉代的贵重容器仍多以青铜铸造，少数加错金银纹饰或鎏以金面。南北朝时期萨珊波斯的新颖豪华的金银器传入中国，大大开拓了人们的眼界，成为一些达官贵人追求的珍品。史载，北魏秦州刺

史元琛举行宴会时就陈有“从西域而来”的“金瓶银瓮百余口”。

许多波斯商人来中国，贩中国丝绸于中亚乃至欧洲。研究者认为，当时波斯人主要是用银币来支付进口中国丝绢的费用。萨珊王朝时期，波斯的银币是西亚和中国西域一带进行贸易时通用的货币，大量波斯银币随着波斯与中国之间的贸易流入中国境内。当时的中国人对这种货币就有所了解。在西安、洛阳以及沿“丝绸之路”的一些地点，都出土过许多萨珊朝银币。

到了唐代，仍有萨珊波斯的银币流入中国。中国境内唐代遗存中出土萨珊波斯银币最集中的是今新疆地区。在7世纪高昌国末年至唐代西州时期，新疆吐鲁番地区的墓葬中流行以萨珊波斯银币或东罗马金币殓葬的习俗，多数含殓于死者口中，或覆盖于两眼之上，殓葬银币多是卑路斯以至库思老二世式样，尤以库思老二世为多，有的银币铸造年代与殓葬入墓年代相距很近，说明萨珊银币的流通是很迅速的。20世纪50—70年代，在新疆吐鲁番地区多次发现了大量萨珊波斯银币，其中相当多的部分都是在唐代遗址中出土的。1978年，在新疆焉耆博格达沁古城也出土库思老二世银币1枚，埋藏年代约在公元7世纪。

新疆之外，唐代遗址中发现萨珊波斯银币的地点还有陕西、甘肃、河南、山西等地。西安一处唐墓出土2枚波斯王库思老二世和1枚约当7世纪前半期的仿库思老二世银币。在长安国清寺舍利塔中，发现了7枚波斯银币，其中6枚是库思老二世样式的，1枚是布伦（Boran，630—631年在位）女王样式的，这些银币是在天宝年间（742—756）瘗入塔内的。1988年，考古工作者在清理敦煌莫高窟北区第222号瘗窟时，在棺床草席下发现1枚卑路斯银币，可能是在隋末唐初作为随葬品瘗入的。1955年，在洛阳北邙

图 7-9 银豆，汉代，山东淄博市齐文化博物馆藏

山 30 号唐墓出土萨珊银币 16 枚。山西太原金胜村 5 号唐墓出土库思老二世银币 1 枚，正面圆框外右角有鸟形戳记，是大食初期东部各省加盖的戳记，这枚银币应该是在 6 世纪末年瘗入墓中的。

四 波斯金银器制造技艺的传播

萨珊波斯金银器的输入对唐朝金属制造业特别是对中国金银器皿制造业的大发展产生了一定的影响。萨珊的金银器多是统治阶层用的盘、壶、杯、碗、罐等生活器皿和流通的金银币。这些金银器因其造型、雕刻工艺精湛，形成了当时流行的萨珊波斯风格，而且常常出现圆雕、錾花、“敲花”等工艺。萨珊波斯金银器艺术从题材上讲可以分为两类：一类是表现世俗题材的宫廷艺术，另一类是具有一定象征意义的宗教题材艺术。

5、6 世纪时，萨珊波斯金银器就已输入了中国各地。唐代以前中国的金银器皿制造业并不发达，包括外国输入品在内，总共发现者也不过数十件而已。而到了唐代，金银器皿的数量骤然激增，已发表的出土和收藏品已近千件。（图 7-9）

萨珊波斯的金银器受到中国上层社会的喜爱与欢迎。唐高祖李渊赐秦琼“黄金瓶”，唐太宗李世民赐李大亮“胡瓶”，即萨珊金瓶或银瓶。唐代金银器制作与使用之盛，不仅限于宫廷、官府，也

图 7–10　　鹦鹉纹镀金银提梁壶，唐代，陕西历史博物馆藏

图 7–11　　唐蔓草花鸟纹高足银杯

影响到民间的茶楼酒肆。杜甫诗说：

马上谁家白面郎，临阶下马坐人床。
不通姓字粗豪甚，指点银瓶索酒尝。

诗中说的银瓶即胡瓶，当时酒家多用以盛酒供客。日本正仓院所藏唐代的漆胡瓶，其形制也显然受到了萨珊金银器皿风格的影响。中国传统的盛酒容器是与盆相近的樽。唐代前期，开始兼用酒樽与胡瓶。洛阳出土的高士饮宴纹螺钿镜和日本正仓院所藏唐金银平文琴上的图纹中，饮酒者面前，除酒樽外，都还摆着胡瓶。胡瓶实为中唐以后的酒具对注子和偏提的借鉴，古代的酒注与偏提等物，又是近代酒壶的先型。（图 7–10）

高足杯在社会上层官僚贵族生活中使用非常普遍，银高足杯在洛阳唐墓出土了多件。洛阳博物馆收藏了一件草叶纹高足银杯，高足上有托盘，足为花瓣形，纹饰为草叶纹。洛阳宜阳县张坞镇和伊川水寨也曾出土过银高足杯。多曲长杯也是外来风格明显的器物，器物呈椭圆形，八曲或十二曲，杯腹较浅，有圈足，在萨珊波斯时期非常流行，之后经中亚粟特地区最终传入唐朝。洛阳唐墓曾多次出土多曲长杯，1991 年在洛阳伊川鸦岭乡杜沟村唐后期齐国太夫人墓中就出土了两件双鱼纹四曲金长杯，长杯底部中心有水波纹，双鱼环绕，边饰为宝相花纹。洛阳偃师杏园崔防墓中也出土过一件银质四曲长杯。（图 7–11）

早在战国至西汉时期，西方的金银器及制造工艺就开始传入中

图 7-12　　狩猎纹鎏金银盘，北魏，大同市博物馆藏

国，到南北朝时期，人们在对外来金银器制作技术和装饰工艺进行更多模仿和学习的同时，也试图将它们与中国传统的器型融合。到唐代，西方金银器物的锤揲工艺、造型艺术和装饰纹样在大量传入的同时也逐渐与唐朝的工艺融为一体，使中国古代金银器风格突变，并出现了兴旺发达的景象。近年考古发现，唐代金银器数量众多，类别丰富，造型别致，纹饰精美，金光闪闪，银光熠熠，成了显示唐王朝富丽堂皇、灿烂夺目的标志之一。（图 7-12）

唐代金银器从器物种类可以分为食器、饮器、容器、药具、日用杂器、装饰品及宗教用器。唐代金银器的工艺技术也极其复杂、精细。当时已广泛使用了锤击、浇铸、焊接、切削、抛光、铆、镀、錾刻、镂空等工艺。据统计，20 世纪 50 年代以来，仅在西安及其近郊出土的唐代金银器就有近千件，主要有碗、杯、盘、盒、碟、罐、壶等器皿。这些器物大部分是本土生产的，但其中许多器物都具有明显的西方艺术风格。

唐代的金银器艺术有一个发展的过程。在初唐到唐高宗时期，金银器类品种不多，有碗、盘、杯、壶、铛等。其装饰特点是划分出许多区段来配置图纹，装饰区间多在 9 瓣以上，甚至于有 14 瓣的，这些区间瓣多錾刻成 U 形或 S 形。棱形器物是这个时期的重要特征。武则天到唐玄宗时期，器型种类增多，大量采用六等分、八等分来装饰配置纹样，装饰瓣多为莲瓣形且多为双层叠瓣，U 形瓣已极少见，S 形瓣不再出现。

从唐初到玄宗时期金银器皿受西方的影响较大，但同时也开始了中国化的进程，如高足杯、带把杯、折棱碗、五曲以上的多曲

器物和器身呈凸凹变化的器物很流行，纹饰有忍冬纹、葡萄纹、联珠纹、宝相花纹、禽兽纹和狩猎纹等。

唐代大量吸收了萨珊波斯等西亚和中亚金银器发达地区的工艺、造型和纹饰，使得唐代的金银器呈现出了浓郁的异域色彩与前所未有的多样性，保留了明显的萨珊风格。但唐朝在接受西方器物及其影响的同时，也进行了创新，使器物的造型、纹样变得更适合中国人的使用和欣赏习惯。唐代瓷器艺术就是萨珊艺术和中土艺术相融合后创造出新风格的有益尝试。唐代青瓷凤头龙壶，壶身有绚丽的纹饰，壶盖被塑成凤头形，由口沿至底部连接着有动感的螭龙壶柄。显然，这类瓷器是吸收了萨珊金银器的造型，又采用中土龙凤纹做装饰的一种新风格。

在造型方面，唐代金银器中有为数不少的各种带把杯。唐代长杯忠实模仿了萨珊长杯的多曲特征，但是具有体深、敞口、高足等有别于萨珊波斯金银器的特点。1975 年内蒙古敖汉旗出土的唐代萨珊银胡瓶，瓶高 28 厘米，重 800 克，瓶口与瓶柄相接处饰有一鎏金头像，深目高鼻，有八字胡须，器型具有典型的波斯风格。出土的唐代带把杯，一部分系直接从粟特输入，另一部分是仿粟特器物制造的。西安何家村窖藏、沙坡村窖藏、韩森寨出土的金银带把杯，把手呈圆环形，上部有宽宽的指垫，顶面刻胡人头像，把手的下部多带有指鋬，有些器体还呈八棱形，是典型的仿粟特器物。唐人在模仿中时有创新。如有的带把杯取消了指垫和指鋬或把指垫变成叶状，杯体也由八棱折腹变为碗形、花瓣形。不少器物，造型虽取自粟特器型，纹样却是典型的唐代本土特点。

拜占庭式的高足杯在唐代以前就已传入中国，唐代金银器中的大量高足杯很可能是受拜占庭器物形制的影响而制作的，但这种影响有可能是间接通过萨珊波斯传过来的。唐代高足杯上的纹样主要是缠枝花草、狩猎和各种动物纹，都是常见于其他种类器物上并为当时人们所习惯和喜爱的纹样。唐代金银器中的金银长杯是对萨珊式银器的模仿和改造。多曲长杯原本是典型的萨珊式的器物，口沿和器身呈变化的曲线，宛如一朵开放的花朵，唐朝人对这种造型奇特的器物十分喜爱。但是，萨珊式多曲长杯内部有突出的棱线，与中国器物光滑的内部不同，使用功能不符合中国人的习惯。唐代工匠加高器足和器身，淡化内壁凸起的棱线，经过不断改进和调整，中晚唐时期的多曲长杯，表现出了全然不同于萨珊式长杯的面貌，并最终成为唐代的创新作品。

在外来工艺中，对中国金银器影响最大的是锤揲工艺。锤揲工艺最早出现在公元前2000多年的西亚、中东地区，并大量用于金银器的成型制作。由于中国古代金银工艺长期受制于青铜铸造工艺，中国传统金银工艺也以铸造成型为主。虽然考古资料显示，我国在东周时期的金银加工技术中就已出现了锤揲技术，但此种技术一直未见广泛用于器皿成型制作。到唐代，西亚、中亚等地的商人、工匠纷纷来华，他们在带来大量国外产品的同时，也带来了包括金银器制造在内的不少工艺技术。由于金银均具有较好的延展性，锤揲成型更能体现金银制品的特质和美感，因此得到了广泛的应用。考古出土的唐代金银器绝大部分是锤揲成型，足见其影响之大。

萨珊波斯金银器常用的凸纹装饰工艺也对唐代早期的金银器装饰工艺产生了较大影响。凸纹装饰技术属于锤揲工艺，又称为模冲，即以事先预制好的模具在金银器物的表面冲压出凸起的花纹图案。其特点是，主体纹饰突出，立体感强，具有极强的装饰效果。西安南郊何家村窖藏出土的舞马衔杯纹皮囊式银壶、鎏金龟纹桃形

图 7-13　　水禽纹金盒，唐代，山西博物院藏

图 7-14　　都管七国银盒，唐代，西安博物院藏

银盘和鎏金双狐双桃形银盘就是用这种装饰技法制作出的精品。锤揲技术的输入与弘扬，使中国古代的金银器制造工艺进入了新的发展阶段，并极大促进了唐代金银器制造业的繁荣。

由于金银器皿在上层流行，我国陶瓷工艺仿制金银器的风气更盛了。不仅在纹饰上模仿，有名的唐三彩就是模仿金器而出现的，新型的白瓷工艺也出现了不少仿银器的器类，主要有碗、杯、盘、盒和胡瓶，这类仿制品常在西安、咸阳一带的墓葬中发现。洛阳、太原和其他大城市附近的墓葬中也有发现。唐三彩器物中的造型、装饰中都有西亚因素，如胡瓶、凤首壶、牛首杯、象首杯等器物造型就是仿造萨珊波斯的金银器造型。再如那些典型的中国式器物三彩贴花龙耳瓶，其腹部的贴花也无疑是借鉴了萨珊波斯金银器的装饰手法。（图 7-13、图 7-14）

洛阳唐墓还出土了许多波斯金银器物的仿制品，其中许多是三彩瓷器仿制品。如洛阳东郊塔湾村唐墓出土的三彩凤首壶，壶首为凤头形，头有高冠，尖嘴，壶身一侧附弧形柄，装饰狩猎纹和鸾凤纹。在洛阳邙山葛家岭出土的兽首壶，通体施淡黄、绿釉，壶口装饰有一兽首，双目圆睁，张嘴露齿。这几件器物的造型和装饰源于萨珊王朝时期的金银器胡瓶，在当时洛阳官僚贵族生活中使用非常普遍。洛阳东北郊以及偃师城关镇唐墓出土的头戴折沿帽的胡俑都手执胡瓶。2005 年在洛阳市洛南新区发掘的唐安国相王唐氏孺人墓第二天井东壁壁画中的侍者也手提一件鸭嘴式长颈胡瓶。除三彩瓷器之外，洛阳唐墓还出土了其他材质的仿制品，如河南偃师杏园晚唐墓葬中还出土了精美的白瓷四曲长杯，河南偃师杏园村庐州参军李存墓中出土了滑石四曲长杯，李郁墓中也发现了相似器型的滑石长杯。

五 波斯流亡集团与“波斯风”

唐太宗贞观六年（632），萨珊王朝末代国王伊嗣俟（Yazdegerd Ⅲ，？—651）即位。其时阿拉伯人即中国史籍所说的大食人在西亚崛起，不久，大食人开始大举入侵波斯，伊嗣俟与大食交战兵败，在唐高宗永徽二年（651）逃往木禄，被人杀害。大食人把波斯纳入阿拉伯帝国的版图，使波斯改信伊斯兰教，历时数百年的萨珊波斯帝国最终灭亡。

此后，伊嗣俟之子、波斯王卑路斯（Pirouz）避居波斯东境，在吐火罗的支持下建立了流亡政权。吐火罗即汉代西去建国的大月氏，是丝绸之路的南路必经之地，当年张骞通西域的目的地就是大月氏亦即吐火罗。《旧唐书》卷一九八《西域传》记载：唐龙朔元年（661），卑路斯派使者到唐朝求援，说明“频被大食侵扰，请兵救援之”。但是这时唐朝注意力集中在葱岭以东的西域地区，无意在葱岭以西与大食直接对抗，唐高宗婉言拒绝了出兵的要求。恰好当时唐高宗派王名远到西域，在吐火罗道设置羁縻都督府州，以卑路斯所在的疾陵城设置波斯都督府，即任命卑路斯为都督。

由于大食频年东侵，卑路斯在西域无法立足，于咸亨年间（670—674）亲自到唐朝来，被高宗封为右武卫将军，最后客死于唐朝。其子泥涅师（Narsés）随父来唐，被唐朝册立为波斯王，客居长安。高宗调露元年（679），西突厥阿史那都支和李遮匐叛唐，与吐蕃联合攻击唐朝在西域的军事力量。唐高宗任命吏部侍郎裴行俭为安抚大食使，以册送泥涅师为名，在途中袭击西突厥。虽然裴行俭“安抚大食使”的衔号实际上只是虚有其名，但是在高宗永隆元年（680）左右，泥涅师最终还是在唐朝军队的护送下回到了吐火罗。为了完成这次带有远征性质的护送行动，唐朝专门组织了“波斯军”，还特别颁发了《波斯军别敕》。波斯军兵员由蕃汉兵混合组成，除了兵募外，还有唐朝西州的府兵，最后将泥涅师送到了吐火罗。泥涅师客居于吐火罗 20 多年，景龙二年（708）仍回唐朝，被唐朝封为左威卫将军，最后客死于长安。

由于萨珊波斯灭国，整个王朝迁移到唐朝避难，形成了一个比较大的移民集团。

波斯虽已亡国，但部众仍存，至少在 8 世纪上半叶，萨珊波斯余部仍然在吐火罗地区活动，而里海南岸的陀拔斯单（Tabaristān）出自萨珊王室，也一直保持独立到 765 年。因此，唐朝史籍中仍不断有波斯贡使的记录。仅开元、天宝年间，史载就有 19 次。其中甚至还有波斯国王遣使的记载。波斯流亡政权屡屡向唐朝贡献玛瑙、绣舞筵等物。据《册府元龟》有关朝贡的记载统计，在此期间波斯向唐朝进献的主要有香药、犀牛、大象、猎豹等，甚至到大历六年（771），还有波斯国遣使献真珠、琥珀等物。

当时入唐的波斯人除外交使节外，有不少商贾和传道僧人，其中还有人兼有商人和使节的多重使命。在唐朝所谓的“三夷教”中，袄教是波斯的国教，而景教和摩尼教也与波斯有着密切的关系。这些都表明，即使在波斯亡国后，唐朝与波斯人的经济和文化交流仍然很活跃。有相当数量的波斯商人活跃在唐朝，从事中西贸易活动，有许多波斯商人甚至常住在中国。当时旅居在唐的“商胡”，其相当一部分是波斯商人。中国与西方的海上贸易，其中也有相当大的部分是通过波斯商船进行的。

随着大量波斯移民的进入，波斯商人活跃在中西贸易的舞台上，分布在长安以及洛阳、扬州、广州等大都市，甚至深入民间社会，同时也把波斯文化广泛地传播到中国。因此，在这一时期的中西文化交流中，波斯文化占据了相当大的比重，所谓“胡风”，有相当大的成分就是“波斯风”。传播到中国的波斯文化，不仅有大量的“波斯货”，在精神文化方面，在唐代传入的“三夷教”也都与波斯有关，甚至可以说就是波斯的宗教和思想文化。衣、食、住特别是衣、食两方面，也可以看出伊朗文化的影响。

萨珊波斯艺术风格的流行是波斯风的突出表现。在萨珊风格的影响下，唐代金银器上出现了一些比较特别的纹样装饰，来自域外的纹样主要有：

（1）立鸟纹：颈有绶带的立鸟纹常见于萨珊波斯王朝的银器上。唐代金银器上的鸟衔花草、绶带或方胜纹样显然受到了萨珊金银器的影响。不过，唐代的立鸟纹大多姿势优美，体态生动，尤其是后来，它们以中国人喜爱的成双配对的形式出现，并增添了飞腾的动感。而萨珊的立鸟呆板，多侧身像，身体僵直，皆单个出现。

（2）翼兽纹：萨珊器物上的动物形象多增添双翼，并在四周加麦穗纹圆框，即所谓“徽章式纹样”，这种饰样在萨珊银器上尤为常见。在西安何家村出土的“飞狮六出石榴花结纹银盒”和“凤鸟翼鹿纹银盒”盒盖上的翼狮及翼鹿纹饰，就明显属于徽章式纹样，而这类装饰在唐代并不常见，只出现在8世纪的几件器物上，

图 7–15　红地翼马纹锦，唐代，中国丝绸博物馆藏

是受萨珊波斯器物饰样影响的产物。后来，这种饰样在中国器物上产生了一些有趣的变化，首先是取消了圆框中的动物形象，代之以唐代流行的宝相花之类的饰物，稍晚一些的器物则进一步取消了圆形边框，8 世纪中叶以后逐渐消失。（图 7–15）

（3）缠枝鸟兽纹：唐代金银器上有发达的缠枝忍冬纹、缠枝葡萄纹，其中穿插飞禽走兽。在公元前后的地中海、黑海地区，曾非常流行葡萄卷草间点缀禽兽的纹样。缠枝鸟兽纹很有可能是在中国传统云气纹样的基础上糅合了外来纹样的特质而形成的。也有人认为，缠枝纹伴随着佛教艺术出现在中国，早在南北朝时就已十分成熟而流行，唐代金银器上的这种纹样应是南北朝风格的发展延续。

（4）联珠纹：在唐代前期金银器上极为多见，主要来自萨珊波斯和粟特艺术。以联珠组成环形饰带，其内配以对称动物，是萨珊王朝时期织锦中最为常见的纹饰。联珠饰带内的动物皆有翅膀，使之成为“天马”“飞牛”“飞鹿”“飞狮”之类的“有翼动物”，并把它们用人的装束打扮起来，如颈部缠绶带、口中衔项链、背部放鞍鞯，为其披红挂绿，表现其威武的身姿和凌厉的气势。这种独特的装饰手法，成为萨珊式花纹的典型形式，并对中国当时的织锦和金银器工艺纹饰产生了一定影响。（图 7–16、图 7–17、图 7–18）

（5）摩羯纹：摩羯是印度神话中一种长鼻利齿、鱼身鱼尾的神异动物，常见于古代印度的雕塑和绘画艺术中。到了唐代，它成

图 7-16　　联珠对凤锦覆面，南北朝，
新疆吐鲁番阿斯塔那 169 号墓出土，
新疆维吾尔自治区博物馆藏

图 7-17　联珠对鸡纹锦，唐代，
新疆吐鲁番阿斯塔那 134 号墓出土，
新疆维吾尔自治区博物馆藏

了金银器中较为常见的装饰图案。

但是，无论胡瓶、酒注还是其他金银器皿，凡属唐代制作的，其纹饰大都中国化了，翔凤游麟，舞马狩猎，以及宝相花、卷草纹等屡见不鲜，而典型的萨珊图案如希缪鲁（半狮半孔雀纹）、野猪头等却几乎没有在中原地区的产品中出现过，为唐人所取法的萨珊原器则更为少见。（图 7-19、图 7-20）

图 7-18　　联珠对禽纹织锦，唐代，
西安大唐西市博物馆藏

萨珊工艺对唐代的影响相当广泛，在织锦、宝石镶嵌、玻璃烧造以及马具、乐器、服饰等方面都有它的痕迹。唐代绘画、雕刻、织物及其他各种工艺品上有着显著的伊朗风意匠。

萨珊玻璃器对唐代工艺的影响，也引起学术界的注意。西晋时就有萨珊玻璃器的输入。在北周和隋代的遗址中，也都有萨珊玻璃器发现，在唐代遗址中发现的萨珊玻璃器主要有洛阳关林 M118 唐墓出土的细颈瓶、西安何家村唐代窖藏中的凸圈玻璃杯等。

萨珊波斯的石雕艺术对唐代石雕工艺也有一定的影响。我国石刻的浮雕艺术一直是以平雕、浅浮雕为主，但 7 世纪出现了不少水平很高的高浮雕，如有名的昭陵六骏，有人推测它是受了萨珊雕刻的启示。昭陵六骏是我国马鬃剪三花的最早的实例，此后 8—9 世纪，三花、五花成为贵族间流行的马饰。这样装饰马鬃和唐陵

图 7-19　　立狮宝花纹锦，唐代，中国丝绸博物馆藏

图 7-20　　对格利芬纹织锦，唐代，西安大唐西市博物馆藏

石兽多雕出云样双翼的意匠，也是渊源于萨珊波斯的。长安碑林保存着的若干块碑石，其侧面、础石、台座等处装饰有丰腴艳美的纹饰，都是波斯的艺术风格。（图 7-21）

萨珊波斯传入中国的艺术风格，经唐人的接受和吸收，融入了唐代的各种工艺之中，并经过唐朝，又传播到新罗和日本，对那里的艺术也产生了一定的影响。如 7 世纪风行于我国的联珠纹装饰，也被新罗普遍使用在砖和瓦当上。新罗不仅将联珠纹用在建筑材料上，还铸造在大钟上。

在日本，7 世纪后半期，联珠纹也很流行，在瓦当、铜器上都有这种纹饰。高松冢壁画上的伞盖上也绘有联珠纹的边饰。现存 8 世纪日本从中国带回的工艺品中有锤揲狮子纹样的金花银盘，有在琵琶面上绘出的粟特人骑骆驼的形象，有涂漆的铜胡瓶，有背饰绿珐琅的铜镜，还有模仿波斯器型的绿琉璃十二曲椭圆形杯，这些都是唐代工匠制造的。在奈良的东大寺，收藏有两件白玻璃器，一是外形磨出圆形装饰的碗，一是素壁的胡瓶，都是西方的钠玻璃，玻璃原料和器型、装饰都可以说明是萨珊波斯的产品，可能也是从中国转运过去的。

图 7-21 昭陵六骏之一，西安碑林博物馆藏

六 狮子及其艺术意象

狮子主要生活在非洲，在亚洲则主要分布在印度、伊朗等地。在古代，从非洲进入中国必须经过西亚，且海上交通发展得又较晚，故狮子传入中国的最早通道是西域。

有些中外学者认为，先秦时期，斯基泰人曾入居我国新疆地区，他们使用的是印欧语系中的一种古老方言，把狮子称为“sarvanai”（形容词）、“sarauna”（抽象名词），这些词译成中文后就成了“狻猊”，所以先秦文献中的“狻猊”就是指狮子。至于中文中的“狮子”或“师子”一词，最早出现于汉代，它是吐火罗方言中表示狮子词汇的音译。西汉时，“狻麑”一词也指狮子。

中国不产狮子，中国人看到的狮子都是从国外引进的。《穆天子传》记载周穆王驾八骏西游的故事，其中有“狻猊野马，走五百里”。穆王西行翻越帕米尔，抵达今之吉尔吉斯斯坦大草原等地，西行甚远，很可能真的见过狻猊即狮子，据此，有学者认为，中国有记载的第一位见到狮子者应为周穆王。

中国人真正得知狮子，始于汉通西域。西域狮子进入中原地区的途径是外国的朝贡，史书对此有多次记载。现在所知的有关狮子传入中国的最早记载，见于《汉书·西域传》：“乌弋国有师子，似虎，正黄，尾端毛大如斗。”《海内十洲记》记载，征和三年（前

90），武帝幸安定，西胡月氏国献猛兽一头，“形如五六十日犬子，大似狸而色黄”，应该是狮子。《三辅黄图》卷三记载：“奇华殿在建章宫旁，四海夷狄器服珍宝，火浣布，切玉刀，巨象，大雀，师子，宫马，充塞其中。”说明汉武帝的建章宫旁，当时就陈列了狮子。

到东汉时期，仍有进贡狮子的记载。《后汉书》说，章和元年（87），“月氏国遣使献扶拔、师子”。第二年又有安息国“遣使献师子、符拔”。《后汉书·顺帝纪》说，阳嘉二年（133）“六月末，疏勒国献师子、封牛”。魏晋南北朝时，仍时有狮子输入中国的记载。《册府元龟》卷九六九说：“太平真君十一年十一月，頞盾国献狮子一”，“孝庄永安元年六月，嚈哒国献狮子”。

北魏时还发生了献狮子的波斯人因嫌狮子拖累自己而将狮子杀死的事情。《洛阳伽蓝记》记载，北魏孝明帝正光（520—525）末年，“波斯国胡王所献”的一头狮子在中国境内滞留6年，到普泰元年（531），广陵王即位，诏曰：“禽兽囚之，则违其性，宜放还山林。”狮子亦令送还本国。送狮子者以波斯道远，不可送达，遂在半路杀狮子而返。

到了唐代，还有西域国家进献狮子。据新、旧《唐书》记载，唐太宗贞观九年（635），康居国进贡狮子，唐太宗命虞世南作《狮子赋》。唐高宗显庆二年（657），吐火罗国送狮了。武周万岁通天元年（696）三月，姚璹在《请却大石国献狮子疏》中提出不应接受贡狮子：“狮子猛兽，唯止食肉，远从碎叶，以至神都，肉既难得，极为劳费。”说明这个时候仍然有外国来贡献狮子。唐玄宗开元七年（719）、十年（722）、十五年（727）、十七年（729），有康居国、波斯国、米国等献送狮子。皇家禁苑中也豢养过狮子。

图 7-22　《皇都积胜图》中的贡狮景象

到明代时，仍不断有狮子从外国贡献。有学者统计，从《汉书》到《明史》，历代正史本纪记载的外国贡狮就有 21 次，其中东汉 4 次，北魏 2 次，唐 2 次，宋 2 次，元 5 次，明 6 次。最后一次贡狮是清康熙十七年（1678），葡萄牙使臣本笃携带非洲狮子朝觐。（图 7-22）

随着狮子的传入，它逐渐成为中原地区的一个艺术题材。20 世纪中期，在汉元帝渭陵遗址中发现了一批西汉玉雕，其中就有玉狮。在汉代画像石中也可见到狮子，例如河南南阳画像石中的狮子鬃毛竖立，雄健有力。山东嘉祥县武氏墓群石刻中，有一对石狮，东西相对。这两头石狮子都昂首张目，粗壮威武。从武氏石阙铭中可知，这两头石狮是在东汉桓帝建和元年（147）建造的。

在广州的汉墓中，也多次出土有关狮子的造型艺术形象。南越王墓东侧室出土的铜瑟枘上有狮形走兽，瑟枘完全是汉式的博山状。广州的西汉后期墓出土一件双狮形座，陶质松软，由两狮合成，连尾背向，狮的头部及四肢清晰，俯首，张口露齿，俯伏于地。背上各有长方形凹穴，当是插物的器座。东汉前期墓出土一铜温酒樽器盖顶刻四叶纹，四叶之间布以青龙、白虎、朱雀、玄武，器下三足作狮形，体形雄健，鬣毛和尾巴均镂刻出；铜熏炉炉体的座足上面浮雕三兽，状若狮形，一人跪坐其上，双手叉腰，以头托炉身，炉腹上镂刻飞翔的翼兽；同墓还出一铜灯只存灯座，上有三只浮雕式带翼的狮子。

有翼兽的雕刻起源于古代西亚的亚述帝国。亚述有翼兽的原型实际上就是狮子。这种有翼兽后来传入波斯和印度，再经犍陀罗地区传入中国，东汉时期在陕西、河南、山东、江苏、四川等地流行，广泛应用于各种雕塑题材。四川雅安的高颐墓，建造于公元209年，墓前的石狮胸旁有一对肥短的二叠飞翼。

这种有翼狮子的形象后来在中国又有变化，头上增加了独角或双角，称呼不一，比较通行的说法是将独角的称为麒麟，双角的称为天禄，无角的称为辟邪。南京东郊和丹阳的六朝陵墓前有不少这样的有翼兽，张口吐舌，造型十分古朴雄伟，其中最大的高、长达3米多，重达1.5万多千克，是六朝石刻的典型作品。此外，汉朝的铜镜也常用波斯的飞马和狮子图案作为装饰。

到了唐代武德至天宝年间，随着狮子或狮子皮的来献，人们获得了更多的关于狮子形貌、习性的信息，狮子成为人们歌咏描述的对象。唐太宗见到康居国所献狮子很兴奋，命虞世南作《狮子赋》，还命阎立本对狮子作画。又据称，玄宗朝以画兽类著称的韦无忝，曾画过一幅外国献狮子的画像，展开他画的狮子图，“百兽见之皆惧”。不仅如此，在唐人看来，一切与狮子有关的物事，都具有神秘的力量。甚至狮子的粪便也可以杀百虫，点燃之后可以“去鬼气”。

狮子进入中国后，逐渐成为中国艺术想象的一个原型，并不断地被加工改造，成为中国传统文化的象征之一。

佛教以狮子为灵兽，以狮了座为佛座，又传文殊菩萨的坐骑就是狮子。同时，佛教讲究“以像设教”，所以佛教石窟大多刻有金刚、力士与狮子护法。随着佛教的盛行，被佛教推崇的狮子在人们心目中成了高贵尊严的灵兽，与之相关的狮子信仰及狮子形象也进入人们的日常生活之中。（图7-23）

狮子的形象进入中国之后，经历了以中国文化为背景的持续不断的文化改造。汉朝时的雕狮身上多生有双翼，古拙神奇。其

图 7–23　　菩萨狮子图

后狮子形象则多呈昂扬威猛形态，如在南京周围“六朝石刻”的石狮，线条简洁，高大威武，强劲有力。隋唐时期，雕狮渐趋写实，体魄雄伟，工艺精巧，使狮子造型艺术出神入化。唐代帝陵以狮子作为象生，如乾陵朱雀门前的两尊石狮底座四周均有精美的线刻蔓草、祥云、瑞兽等图案。造型突出狮子威猛的特点，昂首挺胸，两足前伸，身躯饱满，胸部宽阔厚实，肌肉突出，筋骨强壮，前肢粗壮结实，支撑着前倾的躯体。石狮头部巨大，头部及颈项部毛发卷旋，似层层鳞披；双目圆大凸起，怒视前方，鼻子宽阔向上隆起，张开大口，露出利齿，似欲发出震撼山谷的巨吼。宋代以后，狮子造型渐趋秀丽、雅致。

在狮子形象发生变异的同时，狮子也被赋予了更多的文化意味。早期狮子是以镇物面目出现的，人们希望以狮子“百兽之王”的威猛吓阻四面八方的邪魔妖怪。此时的狮子更多出现在陵墓、庙宇之前，以发挥其驱祟避邪的镇物作用。明代后，石狮子雕刻艺术在人们生活中使用的范围更加广泛。宫殿、府第、陵寝甚至一般市民住宅，都用石狮子守门；在门楣檐角、石栏杆等建筑上也雕上石狮作为装饰。狮子还被赋予了诸如官阶、权力、等级等的文化象征意义。（图 7–24）

图 7-24　　唐乾陵的石狮

七　来自西域的珍玉奇石

在汉代及以后传入中国的西域物产之中，还有许多玉石珠宝以及矿物等，或如时人所说的“珍玉奇石”，这样的奢侈品成为上层社会达官显贵们追捧的对象。

当时西域的玉石及玉器制作享有极高的声誉。商周之际，开始从西域地区输入和田玉，和田玉成为最受欢迎的玉石种类。除了玉石之外，还有其他多种珍贵宝石从西域传入内地。

琅玕在先秦古籍中一直被当作是出产于西域的美玉。张衡在《四愁诗》中写道：“美人赠我金琅玕，何以报之双玉盘。”曹植的《美女篇》写道：“头上金爵钗，腰佩翠琅玕。”

“璆琳”是青金石的波斯语音译。青金石是我国传统的玉石之一，因具有深艳的天蓝色，上面又点缀着黄铁矿的星点，故称青金石。在公元前数千年的古埃及，青金石与黄金价值相当。在古印度、伊朗等国，青金石与绿松石、珊瑚均属名贵玉石品种。在古希腊、古罗马，佩戴青金石被认为是富有的标志，在诗歌中多有表现。比如，月神之魔就被以这样一首神歌来描述：“公牛般的强壮，大大的头角，完美的形状，舒长的额毛，像青金石一样显赫。”那时人们相信青金石是治疗忧郁症和“间三日疟”的良药，间三日疟是一种每隔三日就复发一次的间歇性发热症。世界上著名的青金石产地有阿富汗、智利、俄罗斯和加拿大等地。阿富汗所产青金石有着均匀的深蓝至天蓝色，极细粒的隐晶结构中夹杂微量的黄铁矿，使其在阳光照射之下熠熠生辉。我国自古以来进口的青金石多数来源于阿富汗。产自今阿富汗巴达克山的青金石早在公元前13世纪就开始出现在古中国、古印度、古埃及。之后不久，青金石开始通过贸易进入印度河流域文明的哈拉帕，后来其成为佛教七宝之一。《尚书·禹贡》记载了夏代时位于西方的雍州曾向夏王朝进贡璆琳，说明青金石在我国夏代就已经得到了开发利用，并成为王朝礼法规定的神圣贡物。古代中国人把青金石称作“暗蓝星彩石”。他们把它研制成化妆品来描眉，或制成镶有珍珠的屏风。

目前，中国考古发掘的最古老的青金石制品是春秋时期曾侯乙墓出土的。墓中的玉石制品大都为佩饰物或葬玉，其材质除了青金石，还有玉、宝石、水晶、紫晶、琉璃等，其中不少为稀世精品。此外，我国还出土过一把春秋时期的越王剑，其剑格镶嵌了蓝绿色宝石。宝石学家鉴定发现，这把越王剑的剑格所镶玉石一边为青金石，另一边为绿松石。

汉代青金石的雕刻工艺已经达到了相当高的水平。1969年，考古工作者在徐州东汉彭城靖王刘恭墓出土了一件鎏金嵌宝兽形砚盒，高10厘米、长25厘米、重3.85千克。砚盒做怪兽伏地状，通体鎏金，盒身镶嵌有红珊瑚、绿松石和青金石。到南北朝时期，阿富汗的青金石不断传入中土。1975年，河北赞皇东魏李希宗墓发掘时，出土了一枚镶青金石的金戒指，重11.75克，所镶的青金石呈蓝灰色，上刻一鹿，周边有联珠纹。同墓中还出土了3枚东罗马金币，说明这枚镶青金石金戒指极可能来自中亚地区。1957年在西安郊区的隋朝李静训墓中出土了一件颇具波斯风格的金项链，金项链上镶嵌有青金石。

西域出产的玛瑙工艺品在中原是最受欢迎的贡物之一，一向被视为珍品。《西京杂记》卷二载 :“武帝时，身毒国献连环羁，皆以白玉作之，马瑙石为勒，白光琉璃为鞍。鞍在暗室中常照十余丈，如昼日。自是，长安始盛饰鞍马，竞皆雕镂。”

鍮石是中国古代对黄铜的称谓。古代波斯盛产鍮石。鍮石输入中国后，其工艺品很快成为贵族社会追求的时髦装饰。唐元稹《估客乐》写道 :“鍮石打臂钏，糯米吹项瓔。”在很长时间里，鍮石都是波斯输往中国的主要物产之一，一再出现在中国的历史典籍中。

我国文献中“珊瑚”一词最早出现在先秦时代。多数学者考证认为“珊瑚”二字并非汉语，而是外来词。一说出自古波斯文“sanga”，意为“石头”。一般认为，珊瑚是由罗马帝国兴盛时期的意大利人最先发现的，地中海地区是珊瑚的主要产地。《太平御览》等书中也有“大秦珊瑚”“珊瑚出大秦西海中”“珊瑚出大秦国，有洲在涨海中”等记载。运抵中国的珊瑚多数并非直接取自大秦，而是通过沿海路的西亚、中亚、南亚、东南亚诸国的转口贸易获得的。在中国史书中，还记录了印度、波斯和阿拉伯等国出产珊瑚。这是由于它们与中国商人间广泛的珊瑚转口贸易以及其贡使来朝时所献珊瑚方物，被史籍误载为珊瑚出产国。中国的史书上记录最多最早的珊瑚产地是印度。印度在东西方间的珊瑚贸易中，扮演了重要的转口地的角色。许多史籍均记载波斯“出产”珊瑚。明代的《西洋朝贡典录》记录了地处霍尔木兹海峡地带的忽鲁谟斯国是珊瑚的输出地，说明波斯湾地区在漫长的古代始终是珊瑚贸易的一个重要转口地。中国唐代以后的汉籍史料有大量关于大食国出产珊瑚的记载。东南亚诸国也被认为是重要的珊瑚“产地”。（图 7-25）

珍玉奇石在当时皇室贵族的生活中备受珍视。它们被装饰在

图 7-25　　项链，材质有玛瑙、彩石、玻璃等，汉晋，新疆若羌县楼兰故城孤台墓地出土，新疆维吾尔自治区文物考古研究所藏

宫殿园囿，或者作为妇女身上的华丽装饰，总之是贵族豪奢生活的象征，在汉赋和诗歌中一再成为歌咏的对象。如司马相如《上林赋》铺陈上林苑之富丽时提及："玫瑰碧琳，珊瑚丛生，琘玉旁唐，玢豳文鳞。"班固《两都赋》夸饰汉长安宫之华丽时说："碝磩彩致，琳珉青荧，珊瑚碧树，周阿而生。"

唐代书籍中所见商胡，许多都与经营珠宝贸易有关。其实，在唐代，从事珠宝生意的不仅有西域来的粟特人，还有来自波斯和阿拉伯，以及南海的林邑、师子国等国的商人，甚至还有新罗和日本的商人。在唐以前的史籍中，已有波斯产珠宝的记载。到了唐代，这样的记载就更多了。慧超《往五天竺国传》说到波斯出宝物，常于西海泛舶入南海，向师子国取诸宝物。亦泛舶汉地，直至广州取绫绢丝锦之类。在唐代的文献中，许多有关珠宝商的记载多与西域、波斯和阿拉伯商人有关。他们在与中国人的贸易中，把外国特别是西方的珠宝输入中国。

在西域和南海诸国与唐朝的官方交往中，珠宝是一种重要的"贡献物"。外国使臣带来的宝物，主要为金银、象牙、犀角、玛瑙、琥珀、珍珠、金精、石绿以及各种玻璃器皿和玉器，大多都是非常珍贵的器物，如吐火罗国所献各高三尺余的两棵"玛瑙灯树"、安国所献"宝床子"、波斯所献"玛瑙床"、大食所献"宝装玉酒池瓶"等，而安国贡献的用鸵鸟蛋雕刻成的杯子，对唐朝人而言就更属罕见之物了。隋唐时来中国的商胡许多都从事贩卖珠宝的职业，珠宝几乎成了商胡的象征。元稹《和乐天送客游岭南二十韵》在“舶主腰藏宝”句下注称：“南方呼波斯为舶主。胡人异宝，多自怀藏，以避强丐。”这里说的“波斯”就是“商胡”的代称。张籍在《送海南客归旧岛》诗中也称“入国自献宝，逢人多赠珠”。此所谓“海南客”，也是来自南海的商胡。康居国人僧道仙，初来中国以游贾为业，往来于吴蜀江海，“集积珠宝”，所获资货满两船，值钱数十万贯。除了珠宝之外，商胡经营的宝物还有“紫靺鞨”“铜碗”“宝骨”“冰蚕丝锦”“玉清宫三宝”“轻绘”“消面虫”“琉璃珠”“象牙”“碧颇黎镜”“郎巾”“宝剑”“宝镜”“流华宝爵”“销鱼精”“龟宝”“龙食”“九天液金”“宝母”等等，种类繁多，不一而足。

《太平广记》对胡商的活动多有记载，但其中只要记载胡商，就与巨额财富联系在一起。他们动辄以几十万甚至几千万的金钱购买珠宝、奇货。如卷三十四崔炜引《传奇》载：贞元中，有崔炜者，（在番禺得阳燧珠）“乃抵波斯邸，潜鬻是珠。有老胡人一见，遂匍匐礼手……曰：‘我大食国宝阳燧珠也’”。卷六十三崔书生引《玄怪录》载：“唐开元天宝中，有崔书生，于东州逻谷口居。（从女神仙处得到一个盒子，回家后）忽有胡僧扣门求食，曰：‘君有至宝，乞相示也。’……崔生试出玉盒子示僧，僧起，请以百万市之。”卷四五七至相寺贤者引《广异记》载：“长安至相寺有贤者，……开元中（得到一夜光珠）至市高举价，冀其识者。数日，有胡人交市，定还百万。”所以，唐人将胡商称为“千金估胡”“富波斯”等。

唐代流行许多关于商胡与珠宝的故事，有商胡割裂腿部肌肉，将拇指大小的青泥珠“纳腿肉中”的记载；有波斯老胡“剖股藏珠”的传说；有鬻饼胡将宝珠藏于臂中的故事；还有波斯商胡以刀破臂掖藏径寸珠等记载。唐太宗曾问左右侍臣说："吾闻西域贾胡得美珠，剖身以藏之，有诸？"侍臣答："有之。"太宗于是感慨地说：人皆笑商胡"爱珠而不爱身"的行为，但是殊不知，官吏受贿亡身与帝王奢侈亡国，也是性质相同的愚蠢行为。

与"贱身贵珠"的故事类似，还有商胡"身亡珠存"的故事。崔枢客居汴梁时，与一"海贾"同处，海贾感念崔枢"不以外夷见忽"，临终时奉价值万缗的宝珠一枚，请崔枢将他土殡。崔枢置珠于柩，瘗于阡陌。一年后，有"番妇"自南来寻故夫，遂剖棺得珠。另有一波斯老胡"剖股藏珠"的故事，说李勉沿汴游广陵，在睢阳遇一重病老胡，搭李勉船归扬州。中途老胡病殁，临终以珠相赠。李勉掩埋了波斯老胡，并将宝珠放在了他的口中。后来，李勉在扬州见到老胡之子，遂命发墓取珠而去。还有一则故事说，李灌泊舟洪州建昌县，在蓬室中见"病波斯"危殆，遂供以粥饭。波斯人临死，以珍藏在毡中的宝珠相赠，李灌买棺葬胡，密以珠纳于胡人口中，十年后，发棺取珠，还于外蕃。与此基本相同的，还有兵部员外郎李约葬胡还珠的故事。据称，李约乘船江行，与一商胡同舟船而行。途中这位商胡病危，临终前以二女相托，又遗夜光珠一枚。"及商胡死，财宝约数万，悉籍其数送官，而以二女求配。始殓商胡时，约自以夜光含之，人莫知也。后死胡有亲属来理资财，约请官司发掘检之，夜光果在。"（《太平广记》卷一百六十八"李约"）

在以上所述的这类故事中，商胡大都是重珠轻身，视珠宝为生命，直到临死才以珠托人；而唐朝人则重义轻宝，以珠宝为余物，将珠宝奉还给死者的后人。

开设珠宝店的"波斯胡"拥有雄厚的经济实力，收购珠宝不吝所费，且有良好的商业道德，在卖家不识货的情况下，往往不掩宝物所值。《广异记》中说，一士人出卖周武帝冠上缀珠，索价一千缗，外商笑他辱没此珠，与众人核定珠价为五万缗，并共同凑钱买下。《宣室志》中讲，韦弇卖宝于广陵，外商明告他此宝为玉清宫之宝，酬之以数千万。另外，《太平广记》的几十则外商经营珠宝的故事中，他们往往是求宝若渴的收购者，而不是出售者。

八　瓷器与制瓷技术在波斯的传播

唐代是中国瓷器发展成熟并开始外销的时期。唐代以及以后历代来到中国的波斯人一定见过瓷器这种精美绝伦的器皿。例如9世纪到过中国的波斯商人苏莱曼在《中国印度见闻录》中，就把薄似玻璃的陶瓷作为中国的一大特产介绍给读者。他说："他们（中国人）有精美的陶器，其中陶碗晶莹得如同玻璃杯一样：尽管是陶碗，但隔着碗可以看得见碗里的水。"

法国汉学家伯希和认为，苏莱曼这一简短的叙述是"西方关于瓷器的头一次描述"。另外，波斯作家萨阿利比（al—Tha'alibi，961—1038）在关于珍宝的著作中也介绍了中国瓷器。他说："有名的中国瓷器是些透明的器皿，能制煮食物的罐、煎食物的锅，也能做盛食物的碗，以杏色的为上，胎薄、色净、音脆，奶白色的次之。"

塔利比所说的杏色瓷器，大概是指唐代著名的外销瓷长沙铜

图 7-26　　青白釉刻画花弦纹执壶，宋代，海南西沙华光礁出水，海南省博物馆藏

图 7-27　　伊斯兰工笔画所绘中国瓷器运输过程，土耳其托普卡帕宫博物馆藏

官窑的产品。

波斯学者比鲁尼（al-Bīrūnī，973—1048）讲述了一个与中国瓷器有关的故事，他说，在赖伊的时候，他遇到了一位从事商业的朋友，这位朋友曾宴请他。在商人的家里，比鲁尼看到了房间里有碗、碟、瓶、盘、壶、饮具、浇罐、盆、灰碗、香炉、灯、灯架和其他一些器物。每种不止一件，所有这些都是中国制造的瓷器。他于是感慨地说："我很惊奇他对如此众多的奢侈品的渴望。"（图 7-26）

在古代中国与波斯的贸易中，瓷器是主要货品之一。沿着海陆两路通达顺畅的商道，伴随着浩瀚大漠中来往商队的驼铃声声和茫茫大海中来往商船的风帆远影，古代中国瓷器被源源不断地运到伊朗。直到今天，那些连接东方和西方的沙漠绿洲上的古老城镇和那些接受海运物资的波斯湾沿岸旧港口，仍有很多古代的遗址。在这些遗址中发现了许多中国古瓷，证明着往昔那一段中伊交流的盛况。伊朗境内丝绸之路沿线的古城遗址也都有中国古瓷发现。（图 7-27、图 7-28）

中国瓷器源源不断地流向波斯，波斯人民也很喜爱和珍视这些来自中国的珍品。至今伊朗人仍把瓷器称为"秦尼"（Chīnī，意为中国的或中国生产的）。中国瓷器的传入，也促使陶瓷业在波斯兴起和发展。中国瓷器开始输入波斯不久，波斯就开始模仿中国瓷器的样式和花纹。阿拔斯大帝曾从中国招聘了 300 名陶工，在波斯仿中国瓷器样式制作青花陶器。波斯人吸取了中国陶瓷的特点，结合波斯的具体情况加以发展，烧制出为波斯人民所喜爱的有自己民族风格特色的陶瓷器。

从 8 世纪开始，受中国唐三彩技术的影响，波斯烧出了带有

图 7-28 元青花缠枝牡丹纹葫芦瓶，土耳其托普卡帕宫博物馆藏

图 7-29 波斯三彩大盘，13 世纪

图 7-30 波斯蓝彩束颈瓶，14—15 世纪

伊斯兰色彩的铅釉陶，被称为“波斯三彩”。波斯三彩有捺纹彩釉陶和彩釉陶两种装饰手法。捺纹陶是在器壁上以细小的点线构成复杂纹样，然后再作彩釉敷饰。彩釉陶是先刷一层白色陶衣，再施以绿、黄、紫褐三色釉，釉彩透明，在烧制中互相交融，自然天成。在 9—10 世纪，伊朗高原东部的呼罗珊一带是伊斯兰陶器工艺的另一个中心。三彩釉陶和两河流域的产品在装饰风格上基本一致，另一种白底绿黄斑的彩陶器具有自己的特色。10—13 世纪，伊朗的阿莫尔生产刻纹彩釉陶，在白色胎上刻以各种细纹装饰，有花瓣纹、缠枝纹和几何纹，线条流畅圆柔，再涂以绿、褐等釉彩，呈现瑰丽而潇洒的风格。这时的阿克孔多的陶器，则形成了一种以褐色、绿色和黄色为主的三彩装饰的风格。（图 7-29、图 7-30）

但当时波斯仿制的陶器，无论在技术上还是在工艺上都与中国瓷器有很大差距。当时的波斯人对中国瓷器的生产原料和制作工艺还不甚了了，只是道听途说的一些传闻，并没有完全掌握瓷器的生产技术和工艺。但是，不可否认的是，中国瓷器的大量传入，对于波斯发展制陶业起到了很大的促进作用。

第八章

丝绸之路与阿拉伯艺术交流

一　丝绸之路与阿拉伯

在阿拉伯帝国兴起之前，中国与阿拉伯民族已有所接触。张骞通使西域时，曾得知在安息以西有条枝，并遣副使前往。东汉班超派甘英出使大秦，便是到条枝后折而复返。汉时的“条枝”和唐时的“大食”皆是波斯称呼阿拉伯人的同一个词的译音。所以，可以认为，汉通西域，已与阿拉伯人有所接触和往来。

另外，丝绸等中国产品沿丝绸之路经安息西传，也早已输入阿拉伯人生活的地区。在叙利亚东部沙漠地区曾出土汉字纹锦，是属于1世纪的丝织品，它的纹样和织入的汉字与在新疆楼兰等地发现的丝织品相同和相似，都是汉代的绫锦、彩缯。在萨珊波斯时期，中国货物通过海陆两途输往两河流域。632年，阿拉伯人在建立帝国的过程中，攻陷了底格里斯河口附近的乌剌港（乌布剌），后来的一些阿拉伯作家在记述这一事件时曾说，乌剌是一个“中国港口”，可见当时中国与西亚的密切关系。

唐朝与阿拉伯帝国的直接交往开始于高宗永徽二年（651），正是阿拉伯人灭萨珊波斯，杀死波斯王伊嗣俟这一年。据记载，这年大食使者初次来到长安。阿拉伯使臣的到来，标志着唐朝与西域关系史的重大转折的开始，随着萨珊波斯的灭亡和大食帝国的扩张，大食人将逐渐取代波斯人，在中国古代东西交往的历史中占据重要的地位。自此以后，大食使者频频到达中国，与唐朝连年通好，有时一年之中出入长安竟有两三次。

阿拉伯帝国于661年建立倭马亚王朝。因其尚白色，故唐代称之为“白衣大食”。唐朝与倭马亚王朝的关系颇为复杂。一方面，倭马亚王朝及其派驻伊朗东北部呼罗珊的总督不断遣使入唐，以交友好，唐朝与大食的接触日渐频繁，开创了唐朝与西域交往的新阶段。另一方面，倭马亚王朝在完成对呼罗珊的征服之后，即以呼罗珊为基地继续扩张，向东向北推进。受到阿拉伯人侵袭威胁的中亚各国，如康、安、曹、史、石等昭武九姓国和吐火罗、支汗那、骨咄、俱位等纷纷寻求唐朝的支援和保护，波斯也曾求援于唐。唐朝对中亚乃至波斯的危机虽鞭长莫及，但与大食的关系亦时时变得紧张。而与此同时，吐蕃人也进入中亚，与大食争雄。于是，在 8 世纪上半期，唐朝、吐蕃和大食在中亚地区屡次发生错综复杂的纠葛与冲突。唐玄宗开元、天宝年间，唐朝由东而西，吐蕃由南而北，大食由西而东，三方势力在西域交会。唐朝虽然曾在葱岭以西设立过羁縻府州，并进行过一些惩罚性的远征，但是总的来说，唐朝势力主要局限在葱岭以东的地区。

750 年，阿布尔·阿拔斯（Abū al- ‘Abbās as-saffāh，750—754 年在位）灭倭马亚王朝，建立了以阿拔斯朝知名的阿拉伯政权。因其色尚黑，故唐代称之为“黑衣大食”，以别于倭马亚王朝的“白衣大食”。倭马亚王朝的都城在大马士革，阿拔斯朝的政治中心则向东迁移，先是东迁到幼发拉底河中游的苦法（Al-Kūfah），后又迁至巴格达，继而又建都城萨马拉（Самара），其中萨马拉是 9 世纪时阿拔斯王朝连续 8 位哈里发的都城。每次迁都都与开展与中国及东方各地的贸易有关。

阿拔斯王朝在东部伊斯兰世界稳固地统治了 500 年之久。随着政治中心东移，大食帝国与唐朝的关系更趋密切，正是在阿拔斯王朝时代，中国与阿拉伯的文化交流达到最兴盛的时期。唐代大食人叶尔孤白（840—879）记述说，当时在亚丁建有中国商船的码头。（图 8-1）

图 8-1　阿拔斯帝国时代的巴格达

唐与大食的官方往来密切而频繁，两国民间的贸易关系也显示出前所未有的盛况。特别是 8 世纪以后，中国和阿拉伯之间的贸易往来空前活跃，陆路和海路两途，往来商旅络绎不绝。在陆路，由于阿拉伯帝国雄踞西亚和中亚广大地区，所以在其境内，东西交通的丝绸之路畅通无阻。阿拉伯帝国的驿递制度很完善，从首都到外地均有驿路四通八达。沿途驿馆等设施不仅保证了政令的迅速传布，而且为运输物资、商旅往来提供了便利。

巴格达是当时西亚的一大商业中心，在巴格达的市场上，从各地转运来的货物之多，往往超过原产地的数量。当年阿拔斯王朝在巴格达建都，其用意之一就是开展与中国等东方国家的贸易。巴格达城的码头，有好几英里（1 英里约 1.609 千米）长，那里停泊着几百艘各式各样的船只，有战舰和游艇，有中国大船。巴格达的商业贸易十分繁荣，市场上有从中国运来的瓷器、丝绸和麝香等商品，从印度和马来群岛运来的香料、矿物和染料，从中亚细亚突厥人的地区运来的红宝石、青金石、织造品和奴隶，从斯堪的纳维亚和俄罗斯运来的蜂蜜、黄蜡、毛皮和白奴，从非洲东部运来的象牙、金粉和黑奴。城里有专卖中国货的市场。

阿拔斯王朝统治者迫切希望中国等地的商人到其国内经商。正是这种政策上的鼓励，才导致了大食海外贸易的兴盛。阿拉伯商人从巴格达和其他出口中心，航行到远东、欧洲和非洲，他们贩卖织造品、宝石、铜镜、料珠、香料、枣椰、蔗糖、棉织品、毛织品、钢铁工具和玻璃器皿；他们输入的货物，有来自远东的香料、樟脑、丝绸和来自非洲的象牙、黑檀和黑奴。和印度、波斯人的贸易一样，阿拉伯商人贩卖到中国的货物，有他们本地的产品，也有经他们之手转运的其他国家和地区的商品。

通过丝绸之路，大批阿拉伯商人包括波斯商人，成群结队地来到中国从事贸易活动，他们进入甘陕一带，有的甚至深入四川，东下长江流域。在尼沙布尔和德黑兰附近的赖伊等地出土的唐五代越窑系青瓷和唐长沙窑彩绘盘，以及萨马拉出土的唐瓷残片，为这些阿拉伯和波斯商人当年陆上运输的繁忙景象留下了物证。在西安西窑头村晚唐墓中曾出土3枚阿拉伯金币，其中最早的一枚铸造于倭马亚朝第五位哈里发阿卜杜勒·麦利克（'Abd al-Malik）在位时期，约当702年，另外两枚的年代分别相当于718年和746年。金币的随葬时间约当8世纪后半期和9世纪前半期。

二　阿拉伯丝织业的形成与发展

早在汉代，中国的丝绸就传播到阿拉伯地区。后来，中国的丝绸织造技术也传到了阿拉伯地区。在公元751年的怛罗斯战役后，有一些中国织匠、络匠被俘往阿拉伯地区，他们把中国的丝织技术带到西亚，使当地的织造锦缎（dībāj）等高级丝织品的手工业迅速发展起来。伊朗、叙利亚等地的穆斯林很快执丝织业的牛耳，并操纵了对欧洲的丝绸贸易。西亚的报达、古尔只、毛夕里、忽鲁谟斯等，也都发展成为重要的丝绸产区或集散地。自哈里发以下，阿拉伯的各级统治者都办起了宫廷作坊和官府作坊，生产“提拉兹”（Tirāz）等专供王室和上层人物使用的丝织物。

“提拉兹”原意为刺绣，这里指上面以古体文字[库非克（Kufic）体]绣出或织出哈里发名字或苏丹名字、供缝制统治者御用袍服或赏赐有功大臣的荣誉袍服的织物。今叙利亚、伊拉克以及陶瓦吉（Tawwaj，设拉子以西约150千米）、法萨（Fasā，设拉子东南约150千米）等海湾东岸的许多城市，都有这样的工艺高超的作坊，织造花团锦簇、色泽鲜丽的锦缎、壁毯等。这些作坊的产品大量输往欧洲。实际上，穆斯林的丝织作坊控制了9至14世纪欧洲的丝绸市场。在欧洲，有名的丝绸品种大多来自阿拉伯。例如：“大马士克”（damask，金线刺绣的绸缎）来自大马士革；“阿塔比”（attābi，条纹绢）因巴格达城的阿塔卜区（Attab）而得名，后来西班牙的阿拉伯人仿制这种丝织品，畅销于法国、意大利和欧洲其他国家，也叫“塔比”（tabi）；苫法制造金丝或半金丝的头巾，名叫“库菲叶”（Kūfiyah），今天的阿拉伯人仍然喜欢戴这种头巾。后来，丝织技术经阿拉伯人传入西班牙，并在那里的丝织业中得到高度发展。1147年，丝织技术传入西西里。12世纪下半期，西西里成了丝织业向欧洲各地传播的基地。

《马可·波罗行记》中记载西亚地区的丝织业发展情况，说：“报达城纺织丝绸金锦，种类甚多”；古尔只“其地多城堡，产丝甚富。制种种金锦丝绸，极丽”；突厥蛮州（在小亚细亚）“制造世界最精美之毛毡，兼制极美极富之各色丝绸，所制甚多”；毛夕里国，“此地之一切金锦同丝绸名曰毛夕里纱，有许多名曰毛夕里商之商人，从此国输出香料、布匹、金锦丝绸无算”；帖必力思城“制作种种金丝织物，方法各别，价高而奇丽也”；耶恩德大城“居民制作丝织物，名曰耶思的（yazdi），由商人运赴各地，贩卖谋利”。明代的《诸蕃志》还记载“芦眉国”“有四万户，织锦为业。地产绞绡、金字越诺布、间金间丝织锦绮”，说明当地丝织业十分繁荣景象。

大食“蕃锦”包括重锦、百花锦、碧黄锦、兜罗锦等，在唐代中期以后，颇为中原所瞩目，唐宋曾一再有大食人进献的记载。《新唐书》卷二百一十七《黠戛斯传》记载，一件重锦有 20 橐驼之载重，必须分裁 20 块运输。大食产的百花锦多做帷幕，“其锦以真金线夹五色丝织成”。

三　青花瓷与中阿艺术的互鉴

中国瓷器也很早就传到了阿拉伯地区。11 世纪著名的波斯历史学家贝哈基（Baihaki，995—1077）在 1059 年写成的一部著作中提到早期中国瓷器运往巴格达的情景：在哈里发哈伦·拉希德（Harun a–Rashid，764—809）统治时期，呼罗珊总督阿里·伊本·伊萨（Ali Ibn Isa）向哈里发哈伦·拉希德进献过 20 件精美的中国御用瓷器，以及多达 2000 件的中国民用陶瓷。这在哈里发宫廷中是从未见到过的。呼罗珊地区位于伊朗东北部。这条史料证实，在 8、9 世纪之交，已有相当数量的中国瓷器经呼罗珊流入巴格达。

9 世纪以后的阿拉伯文献中已有关于输入中国瓷器的记载。阿拉伯古典地理学家伊本·胡尔达兹比赫在《道里邦国志》中历数中国沿海著名港口，在出口货物中提到瓷器等。

博学的阿拉伯学者查希兹（Al–Jahiz）在《商务的观察》中提到一份换货的协议，其中一款是从中国贩运来的“多彩瓷器”

（Ghādar Sīnī mulamma）。瓷器成了中国出口货物中不可缺少的项目。地理学家伊本·阿法基（Ibn ar-Faqih）在《地理志》中将中国丝、中国瓷器和中国灯并列为三大名牌货。[1]10世纪上半期，忽鲁谟斯的拥有多艘海舶的舶主沙赫里雅尔（Buzurg b. Shahriyār）在《印度珍闻录》中记载了一件轶事：一位资金很少的犹太商人在883年或884年前往东方，912年至913年回到阿曼城（此当指苏哈尔城），带回了价值100万迪纳尔的金子、丝绸和大量瓷器，已成巨富。他献给阿曼统治者“一只颈口闪闪发出金光的黑瓷瓶”。这是一件精制的青瓷瓶，产地应属越窑。在占有红海东岸哈里、亚丁、席赫尔、阿伯阳、米尔巴特等地的伊本·齐亚德（Ibn Ziyad）977年的财政收入报告中，除上百万货币外，还有大批麝香、樟脑、龙涎香和中国瓷器。中国瓷器在波斯湾、阿拉伯半岛已经成为畅销货。1001年巴格达哈里发一次赠给当地一位官员的礼物中，就有300件中国瓷器。

中国瓷器在阿拉伯是极受珍视的贵重物品，阿拉伯人多以珍藏中国瓷器为荣。10世纪阿拉伯学者塔努基（al-Tanūkhī，？—994）提到，哈里发瓦提克（842—847年在位）时期，用30件中国瓷坛盛装麝猫香，香气历久不绝。其中最大的一只广口瓷坛特别沉重，须由数名奴仆使用扁担、筐抬运。10世纪阿拉伯大文学家艾布·法拉吉伊斯法哈尼（Abūal-Faraj al-Isfahānī，897—967）在著名的《乐府集成》（Kitāb al-Aghānī）中有诗篇记述，哈里发穆塔瓦基勒（al-Mutawakkil，847—861年在位）时期，一位诗人的好多件瓷器被一头为了欢度宰牲节（古尔邦节）而育肥的公羊所撞碎，这位诗人十

1 沈福伟：《中西文化交流史》（第2版），上海人民出版社2006年版，第187页。

分惋惜，他特别痛惜其中一支灯盌（sirāj），称之为“一个中国的瓷碗，富于想象力的画工在上面绘画了图形纹样”。

图 8-2　阿拉伯绿釉单耳瓶，14—15 世纪

据文献记载，巴格达的统治者哈伦·拉希德和法蒂玛王朝哈里发穆斯坦希尔（al-Mustansir，约 1036—1094 年在位）都有大量中国瓷器的收藏。

在伊拉克的考古发掘显示，早在公元 820 年以前，就有大量中国陶瓷运抵波斯湾。在今伊拉克境内，从南到北的各处古代遗址都出土了许多唐宋古瓷。在叙利亚的哈马遗址，也有一些中国古瓷被发现。在阿拉伯半岛各地也都发现有中国古瓷。

阿拉伯伊斯兰国家的陶瓷工艺，在世界陶瓷艺术史上占有重要的地位。阿拉伯人很早就掌握了陶瓷上彩上釉的技术，后来又将波斯人烧制五色琉璃的技巧加以改进，开拓了彩瓷加工法，取代了传统的镶嵌细工，此后他们还发明了青花瓷，这些工艺对中国的制瓷技术产生了很大影响，促进了明代瓷器工艺的大发展。特别是青花瓷的出现和发展，对中国的瓷器影响巨大。（图 8-2）

青花是我国传统的颜色釉，它是用氧化钴做着色剂，在坯体上描绘各种花纹，然后施透明釉，经高温（1300℃左右）在还原气焰中一次烧成的。我国早在唐代就已经开始了青花瓷器的制作，但还属于原始阶段。到了元代，青花瓷器的制作有了突飞猛进的发展，无论在造型、画面装饰还是工艺制作方面都日渐成熟，为明、清两代青花瓷器的生产奠定了基础。青花瓷器发展到明代永、宣时期可谓进入了黄金时代，这时期的青花瓷器以其胎

图 8-3　青花花口盘，清代，福建福州市博物馆藏

质细腻洁白、釉层晶莹肥润、青色浓艳、造型多样和纹饰图案优美而享有盛名，其制作达到了最高水平，而尤以它浓艳幽深的青花色泽著称。（图 8-3）

元代以后青花瓷突飞猛进的发展，以及明代青花瓷的登峰造极，都与阿拉伯文化的影响有着直接的关系。明代开始引进了“苏麻离青”“回青”“霁红料”等色料，特别是苏麻离青的使用使得这一时期的青花色泽浓重明艳。苏麻离青是来自伊拉克萨马拉的钴蓝料。“萨马拉”在古代的发音是“Samarra”，叙利亚文是“Sumra”。中国早期青花使用的进口料称为“苏麻离青”“苏渤泥青”，这发音与“萨马拉”及当时普遍使用的叙利亚文“Sumra”这个地名发音相同。明朝永乐年间，郑和七次下西洋带回一批“苏麻离青”料。此后就有了这种颜料的大量进口。（图 8-4、图 8-5）

图 8-4　青花三顾茅庐图带盖梅瓶，元代，美国波士顿美术博物馆藏

苏麻离青是一种用于青花瓷器的着色原料，这种色料的特点是凝重幽艳，其晕散现象更是独树一帜。由于料中含有较高的铁质，而且含锰较低，所以常出现深浅不同的色泽，浅处为天蓝色，浓重处则呈现出靛色，并带有类似铁锈的结晶斑点，且微凹不平。用这种青料绘制的纹饰具有中国画的水墨韵味，形成了不可模仿的特征。同时，制瓷工匠们熟练地运用不同含量的青料，烧制出不同的青花，如淡描青花、蓝地青花等，使青花瓷器的制作达到了炉火纯青的地步。随着苏麻离青的引进，中国青花瓷烧造史出现了自元代末期青花瓷成熟以来的第二个发展高峰，尤其是宣德时

图 8-5　青花松竹梅纹八棱罐，元代，辽宁省博物馆藏

期的青花瓷因与中国传统文化有机地结合而被民间称为“青花之王”。

另一方面，中国的外销瓷大量输往阿拉伯地区，受到了那里的王公贵族以及一般平民百姓的喜欢，他们对中国瓷器的偏爱和需求，又形成了外销瓷器的大市场。而这一地区大批的陶瓷订货，使得具有典型伊斯兰文化色彩的阿拉伯、波斯陶瓷式样、纹饰及风格被引入了中国瓷器的制造工艺中，使青花瓷器的造型发生了很大变化。

明代青花瓷除了继承前期传统造型之外，基本改变了元代青花瓷器的面貌，许多瓷器与西亚地区器物的风格相似，有些器物本身就是为适应西亚诸国的需要而制作的，如抱月瓶、长颈方口折壶、长颈水罐、仰钟式碗、无挡尊、八角烛台、花浇、水注、军持、执壶、藏草壶、僧帽壶、卧壶、扁腹绶带葫芦瓶、天球瓶、折沿洗、大盘、鸡心碗等。其中的卧壶亦称扁平大壶，器身呈圆形，一面鼓腹，腹中有脐形拱起，一面为平砂底，无釉，中心下陷如脐，肩两侧或凸起花朵，或以双系活环为装饰，小口，直颈，带盖。藏草壶也称无柄壶，盘口，束颈，鼓腹，下部承托，足外撇，腹一侧有管形长流，无柄。此器物受西亚文化影响，造型雅静，梵语谓之“净瓶”。僧帽壶形如僧人之帽，直颈，圆腹，圈足，口面有流于颈部突出，一侧宽带柄，两端为如意头连接口腹，宝珠顶纽盖合于长条口流之上，盖边凸出一角与流相合。（图 8-6、图 8-7）

阿拉伯文化的输入也给此时的陶瓷绘画带来了丰富多变的图案。我国最早出现装饰有阿拉伯文字的瓷器可上溯至唐代。1998 年在印度尼西亚海域发现了装有 6 万余件唐代长沙窑、越窑外销瓷器的沉船，其中长沙窑中有部分瓷器用褐绿和红色彩料书绘阿拉伯

图 8-6　　青花开光花鸟纹盘，明代，江西省博物馆藏

图 8-7　　青花瓷阿拉伯文七孔花插，明代台北故宫博物院藏

文及伊斯兰风格纹饰，如书写有阿拉伯文“我是安拉的仆人”的褐绿彩纹碗。这类瓷器出现的历史背景与明代永、宣时期有相似之处，也是为了满足外销需要，有目的地去吸收外来文化元素。在宋代，南北各窑厂生产的青瓷、白瓷上也出现过类似的装饰，但为数不多。到了元代，开始大规模生产具有伊斯兰装饰风格的青花瓷器，并销往阿拉伯地区。明代永、宣时期的瓷器也有许多外来风格的文字和纹饰图案，如几何纹、藏文、阿拉伯文、藏人歌舞、胡人舞乐、洋莲、佛花等。特别是最广泛使用的西番莲纹样（一种团形的多叶莲花）就是从痕都斯坦（今巴基斯坦北部、阿富汗东部一带）的玉质盘子上的番莲图案移植过来的。明代文献中多次提到的“回回花”就是这种纹样。永、宣青花瓷器上的“回回花”装饰无所不在，即使是传统的龙凤纹样也常常是以西番莲为底衬，有的则书写《古兰经》中的语录，直接歌颂真主。（图 8-8）

图 8-8　　景德镇产青花阿拉伯文碗

第九章

胡人与胡风

一　异域风情满长安

丝绸之路以长安为起点，唐代对外交通和文化交流的盛世，是以长安为中心展开的。

隋唐时代的长安城相当繁荣。它不仅是全国的政治中心，而且也是经济中心、文化中心和交通枢纽。唐代长安人口，鼎盛时有170万人。长安百业俱兴，商贾云集。长安城内的商业区，主要集中在东、西两市。东、西两市各有220行，“行”是同业店铺的总称，每行的店铺的数量很大。见于记载的，东市有笔行、铁行、肉行、凶肆、绸缎行以及赁驴人、弹琵琶名手、杂戏等。西市行业比东市要多，据宿白（1922—2018，考古学家）统计，有大衣行、杂糅货卖之所、鱼店、酒肆、鞦辔行、卜者、卖药人、药行、油靛店、法烛店、蒸饼团子店、秤行、柜坊、食店张家楼、贩粥者、帛市、绢行、麸行、衣肆、凶肆、烧炭曝布商、收宝物的胡商、波斯邸等。唐武宗会昌三年（843）东市失火，一次焚毁曹门以西24行4000余家。据此推算，东市的店铺竟有三四万家之数。由此可知当时长安城商业繁荣的盛况。

长安城里还分布着很多手工业作坊，丝织业、制瓷业等手工业生产都很发达。在交通方面，唐以长安为上都，各方路线俱自长安辐射。长安与各州之间都有通道，四通八达。长安起到了商品流通中心枢纽、内外销商品集散地、覆盖较大区域性市场及辐射全国乃至周边和更大范围内具有国际性意义的市场、沟通及导向商品经济的流通渠道、激活长安城商品经济等作用。据《新唐书·地理志》载，长安向各地辐射的陆路主要有14条，水路交通则可借环

图 9-1　章怀太子墓壁画《外番使臣入贡图》，陕西历史博物馆藏

绕城周的水系与渠道，沟通包括华北、江南、川、湘、闽、广等在内的广大区域。因此，处于政治中心位置的长安网联、沟通的是具有全国意义和对外贸易的大市场。

唐代长安是一个世界性的商业都会和文化交流中心。唐帝国的兴盛发达，帝都长安的雄伟壮观，中华文化的灿烂辉煌，以及经济发达和物产丰盈，都令世人钦慕景仰，吸引着世界各国人士。而唐朝和长安则以全面开放的态势，向世界敞开大门，广迎天下来客。长安的鸿胪寺接待来自各国的外交使节，他们多率领颇具规模的使团，造成“万国衣冠拜冕旒”的盛大景象。其中有的外国使节还长住长安，乐不思归。长安的国子学和太学还接纳了许多来自日本、朝鲜、琉球以及西域等地的留学生，他们在这里学习中国文化典籍，其中有些人还参加了唐朝科举考试。（图 9-1）

而对外贸易的发展，吸引着南亚、西亚、欧洲的商旅来到长安，使长安成为一个国际贸易的场所、一个东西方国际贸易的集会点。由于经商的关系，长安的商胡盛时总数达数千，组成了一个极富有的集团。长安商胡主要聚居在西市附近的地区。在唐代载籍中，往往将西市与胡人联系起来，有“西市贾胡”“西市波斯邸”“西市商胡”“西市胡”的种种习称，表明商胡与西市的特殊关系。

此外，还有来自各国的旅行家、艺术家、佛教僧侣、祆教徒、摩尼教徒、景教徒和伊斯兰教徒等等。在长安，人们可以看到身穿皮裘、戴胡帽、辫发、脚穿乌皮六合靴的突厥人，戴耳环、披着肩布的印度人，以及小袖袍、小口裤、皮帽边上绣花纹镶丝网的中亚人。唐代的外国侨民群体数量庞大，活跃在外交、宗教、商业、科学、艺术等许多领域。据估计，当时住在长安的外国人约占长安人口总数的 2%。加上突厥后裔，其数当在 5% 左右。见诸诗文、笔记、小说所称者，有商胡、贾胡、胡奴、胡姬、胡稚、蕃客、蕃儿、昆仑奴等。大量外国人的涌入及其在各个领域的活动和贡献，成为盛唐时代的一个独特的文化风景，成为盛唐文化的一个标志。这些来自世界各地的外国人，亲见盛唐文化的缤纷灿烂，置身于繁荣富庶、欣欣向荣的氛围之中，深深领略中华文化的博大厚重，由衷地钦羡不已。

唐时在中国的外国人，除了日本人、新罗人之外，往往不辨其国籍，概称为“胡”，商人曰“商胡”或“贾胡”，僧曰“胡僧”，还有胡人、胡雏、胡儿、胡兵、胡客等等。也有的称“西国人”。更多的情况下，“胡人”这种称谓是指当时与唐朝交往频繁的入华中亚、西亚人，包括粟特人、波斯人、大食人，乃至来自拜占庭的欧洲罗马人等。（图 9-2、图 9-3）

除了长安，居住在其他城市的外侨也人数众多。如《太平广记》所记载的商胡活跃于唐朝各地城镇，其中有长安、洛阳、番禺、扬州等大都市，还有内陆中小城市，如豫章、洪州、义兴、陈留、魏郡、东郡等。从《太平广记》所载资料可以看出，唐代商胡在中国境内活动的范围很大，不仅沿海的港口城市，还有江河口岸城市和内陆城市。甚至是小县城，都有他们活动的身影。全国三分之一的州郡，都有外国侨民的踪迹。外国侨民在中国受到的限制较少，可以在内地定居，买田置屋，娶妻生子，行旅往来不受限制，生活和营业都很自由。外国商人可以毫无限制地深入中国内地，而

图 9-2　　唐白陶胡人俑头部

图 9-3　　唐三彩胡人俑，陕西历史博物馆藏

不管在内地多么偏僻的山村野店，都可以遇到同行的商胡。760 年，在扬州发生的一次变乱中，遇难的大食、波斯商人有数千人。广州城是外来穆斯林商人的主要聚居地之一。《中国印度见闻录》说，黄巢起义军攻陷广州，大食人、波斯人、拜火教徒、犹太教徒和基督教徒遇难者有 12 万人。还有一说达 20 万人。这些数字虽或有夸张，却仍反映出来华外国人数量之众。（图 9-4）

图 9-4　　唐三彩胡人骑驼俑

来自世界各地的商人、使节、僧侣、旅行者、艺术家和留学生等等，他们住在中国的土地上，或数年，或十数年，甚至二十、三十余年，还有的终生居住，客死中国。在中国生活期间，很多外侨与中国社会融为一体，他们积极关心中国的时政，参与政治活动，还有人在政府为官。唐朝后期，藩镇叛乱相继，不少外侨也加入了维护国家统一、平定叛乱的行列。许多胡人并不讳言他们自己的胡族家世渊源，在家族墓志上镌刻着自己“家世西土”“发源西海”，描述自己“本西域康国人”“西域安息国人”“其先安国大首领”等。

唐朝时有人说到当时社会上“胡风”流行的一个有趣的现象：“胡着汉帽，汉着胡帽”。“胡”和“汉”是身份，是本位；“帽”是文化，是风俗。胡人来到唐朝，见到了“汉帽”，见到了中国文化，

他们羡慕并学习，心向往之，因而“华化”了，戴上了“汉帽”；唐朝人遇到了大批来华的胡人，见到了“胡帽”，接触到他们携带来的胡人文化、外国文化，惊奇而向往，因而“胡化”了，戴上了“胡帽”。不同的文化通过这些远道而来的“胡人”，碰面、接触、交流，进而互相倾慕、相互学习，成为盛唐时代的文化景观。

二 唐代文学对外来物产的奇异想象

由于丝绸之路的交通得到了通畅和发展，西域各国遣使不断，各国商旅络绎不绝、相望于道，促进了物质商品的大交流，使中国的丝绸等产品运到遥远的西方，也给中国带来了丰富的西域物产。

隋唐时，西域各国同中国的经济贸易在很大程度上还带有“朝贡”色彩。各国使节前来长安通好时所携带的珍宝特产，以“朝献”的名义输入，中原的丝绸、瓷器等物产则以“回赐”的形式输出。例如，唐时中亚康国、吐火罗分别数十次遣使长安，先后向唐廷赠送锁子铠、水晶杯、玛瑙瓶、金桃、银桃、胡药、质汗药、骏马、狮子、豹、鸵鸟等，唐政府回赐大量的锦缯彩帛。其他昭武九姓国如安国、曹国、史国、石国、米国及西域其他国家，都与隋唐进行着这种官方经济贸易。

在官方贸易之外，西域各国还进行民间贸易。中亚、西亚各国素以善商贾著称于西域，利之所在，无所不至。当时在长安的外商，以西域各国、波斯和阿拉伯人为最多。他们聚集在长安东、西

图 9-5　唐彩绘胡人牵驼陶俑

两市尤其是西市，开设店铺进行经商贸易。通过这样的官方和民间贸易的多种渠道，中国的瓷器、丝绸等大宗商品被运往西域各国，西域的多种物产也销往中国内地。

输入中原的西域物产，多是奇珍异宝、异兽，品种繁多，五光十色。史书记载，贞观时环王国献驯象、镠锁、五色带、朝霞布、火珠，后又献五色鹦鹉、白鹦鹉。诃陵元和时献鹦鹉、频伽鸟、玳瑁、生犀及异种名宝。堕和罗国贞观间献象牙、火珠。堕婆登国贞观中献古贝、象牙、白檀。天竺在贞观时献火珠、郁金香、菩提树。波斯于天宝间献玛瑙床、火毛绣舞筵、长毛绣舞筵、无孔真珠。如此等等。（图 9-5、图 9-6）

图 9-6　唐三彩胡人牵驼俑，西安大唐西市博物馆藏

通过朝贡、商业渠道输入中国的异域珍奇物品，不仅极大地丰富了人们的生活，也进一步激起了人们对于域外事物的向往和追求，更激发和丰富了那个时代人们的异域想象。这些物品来自遥远的地方，甚至是人们所不知道的地方，因而充满了神秘的色彩，并被赋予了许许多多奇异的功能、神秘的意义。这和早期中国的丝绸传播到罗马的情况是一样的，那个时候的罗马人不知道丝绸是从哪里来的，因而就流传着许多关于丝和丝绸以及其产地的神秘传说。

所以，在唐代的文学作品中，有许多关于来自异域的物品的神异的故事，充满了各种各样的奇妙的想象以及新奇的内容。

在唐代传奇故事中，对于来自远方的奇珍异宝更是充满了奇异的想象。唐代传奇故事有许多都是假托叙说唐玄宗统治时期的故事。据一则故事中记述，在唐朝一位大臣献给唐朝皇帝的“定国宝”中，有两枚“西王母”的白玉环。这种白玉环与其他那些民间传说中非常有名的、具有魔力的玉环很相似。据信，谁要是有了这种玉环，他就能使周边所有的国家臣服。

另一个故事讲的是由交趾国进贡的一枚犀牛角，这枚犀牛角“色黄如金”，放置在皇宫的金盘里。据带来犀角的使臣解释，这种犀牛角具有驱寒的功能——在犀牛角周围也确实“温温然有暖气袭人”。与辟寒犀功能类似的，是被称作“瑞炭”的一百根炭条。据说，这种炭是由西凉国贡献的。瑞炭坚硬如铁，“烧于炉中，无焰而有光。每条可烧十日，其热气迫人而不可近也”。

来自龟兹的一件贡礼是由一块酷似玛瑙的光滑的石头制作的，是一个做工“甚朴素”的枕头。有幸能够枕在这个枕头上睡觉的人，就可以在梦中四处漫游，海洋陆地，无所不至，甚至还能到俗世凡人闻所未闻的仙境中游历。

在唐代的传说中，通常有一类关于神奇宝石的故事，它或者由诡秘的异域人带入唐朝，或者是他们在唐朝境内寻找到的。这些宝石具有澄清污水的妙用，还有寻找埋藏的宝藏的功能，它能够为航海者带来顺风，或者天生就具备了其他一些同样能够满足人们的欲望的属性。

有一个故事说，在玄宗朝中期，唐玄宗对于近年的贡物中没有用五色玉制成的贡品感到惊奇。虽然玄宗的库藏中有一条用美丽的五色玉作为饰物装饰成的腰带和一个用五色玉雕成的玉杯，但这些都是很久以前由西方贡献的。于是唐玄宗命令其主管安西的军将谴责进贡的诸蕃玩忽职守。这里提到的失职的诸蕃可能指于阗人。因为于阗国有无穷无尽的玉石资源。于阗实际上并没有忘记将这种美丽的五彩宝石运往长安，不幸的是，他们派出的商队遭到了小勃律的袭击，货物也被抢劫一空。袭击商队者来自帕米尔雪原边缘的寒冷而狭窄的山谷之中，他们是一群“缠巾、食虱”的强盗。当这坏消息传到宫禁之时，天子大怒，命令 4 万唐军和无数附属的蕃军包围抢劫者的首都，重新夺回珠宝。小勃律王很快就献出了他抢夺的珠宝，并且谦恭地请求得到每年向唐朝进贡的殊荣。他的请求遭到了拒绝。得胜的唐朝将军带着掠夺来的三千人班师还朝。勃律的一位蕃人术者宣称，唐朝将军会遭受毁灭性的厄运。这位术者不幸而言中了。后来这批唐朝的士兵全都在一场暴风雪中丧生，只有一位汉人和一位蕃人幸免于难。于是玄宗最终失去了已经到手的财宝，“即令中使随二人验之。至小海侧，冰犹峥嵘如山，隔冰见兵士尸，立者、坐者，莹彻（澈）可数。中使将返，冰忽消释，众尸亦不复见”[1]。

写作于 9 世纪末叶稍前的《杜阳杂编》，它的内容几乎全部都是反映与外来物品传奇有关的主题。在书中描写的来自域外的奇珍异宝，都具有非凡的神奇功能，看似荒诞不经，却反映了唐代人们对异域事物的向往与想象。比如《杜阳杂编》说有 种神奇的食物，是神秘的南海某国进献的一种有香气的小麦，吃了这种小麦，可以使人身轻御风。此外还有一种紫色的稻米，具有返老还童、延年益寿的功能。《杜阳杂编》记载南海贡献的一个水晶枕，在这种枕头里可以看到由建筑物和人物构成的奇妙景观，与水晶枕一起进

1 （唐）段成式：《酉阳杂俎》，团结出版社 2018 年版，第 285 页。

献来的是一床由“水蚕丝”织成的“神锦衾”，这种织物在濡湿之后即可扩展，而当受热时又能收缩。神奇的“龙角钗”是用一种深酱紫色、类似于翡翠的玉石制作的，“上刻蛟龙之形，精巧奇丽，非人工所制”。代宗皇帝将它赐给了美丽的宠妃独孤氏。有一天，当代宗与独孤氏在龙舟池泛舟时，一团紫云从龙角钗上生成，皇帝将钗放在手掌中，在它上面喷上了水，于是雾霭凝成两条龙，腾身跃入空中，在东方冉冉消失。

《杜阳杂编》还记载一个国家曾贡献过两名舞女，一名“轻凤”、一名“飞鸾”，所谓轻凤飞鸾，是人们所能想到的最为轻盈缥缈的飞禽形象。这两位舞女头戴金冠，金冠上饰有想象中的鸟的形象，她们的得名可能就是因为头上戴的金冠上有这种想象的鸟，或者是因为她们自身具有这种想象的鸟的神韵。二女“每歌声一发，如鸾凤之音，百鸟莫不翔集其上。及观于庭际，舞态艳逸，更非人间所有”。南海某个不知名的国家曾贡献过一位 14 岁的少女。这位少女名叫“卢眉娘”，她能在一尺绢上绣《法华经》7 卷，字之大小如同粟米粒，而点画分明，细于毛发。其品题章句，无有遗阙。

《杜阳杂编》记载的这些带有浓厚的想象色彩的神奇故事中，有些是真实的事物，或者至少是根据实有的东西加工改写而成的。如所记载的新罗王贡献给唐代宗的“五彩氍毹”就属于这个类型。五彩氍毹制作巧丽，冠绝一时，“每方寸之内，即有歌舞伎乐，列国山川之象。忽微风入室，其上复有蜂蝶动摇，燕雀飞舞，俯而视之莫辨真假”[2]。“万佛山”也是新罗国进献的贡礼。万佛山高约十尺，是用印度尼西亚的伽罗木雕刻而成的，并且还镶嵌了宝石作为饰物。

三　“胡音胡骑与胡妆”

在唐代，随着中西交流的扩大，大量的西域物产输入中国，成群结队的外国侨民涌入中国，在中国各大城市里生活活动。胡僧在寺院里传经，胡商在市场上交易，胡姬在酒馆里翩翩起舞，各国的使臣出入官府，登堂入室，从而使西域文明中的一些风俗习惯，如胡服、胡妆、胡戏、胡食成为一种时尚，风行一时，影响了唐人社会生活的各个方面，改变了唐人的生活风貌。

唐代胡化之风弥漫于社会生活的各个领域，涉及饮食服饰等日常起居、音乐舞蹈等娱乐活动以及诗歌绘画。来自外国的各种商品以及它们的仿制品，都成为人们竞相追逐的对象。

诗人元稹曾这样描写唐代“胡化”之风：

自从胡骑起烟尘，毛毳腥膻满咸洛。
女为胡妇学胡妆，伎进胡音务胡乐。
火凤声沉多咽绝，春莺啭罢长萧索。

2　李国豪主编：《建苑拾英——中国古代土木建筑科技史料选编》（第三辑），同济大学出版社 1999 年版，第 388 页。

胡音胡骑与胡妆，五十年来竞纷泊。

在唐代兴起的这种弥漫于社会生活各个领域的“胡风”，来源于中外频繁的人员交往和物质交流，来源于源源不断进入中国的外来物产和商品，也来源于唐朝人对于域外文化的想象，这种对于域外文化的想象成为刺激本土文化发展的一个精神源泉。

唐人大规模地模仿穿戴外国异族服饰，成为当时社会的时尚。从贵族到士庶皆好穿胡服。如唐太宗之子承乾，“常命户奴数十百人专习伎乐，学胡人椎髻，剪彩为舞衣，寻橦跳剑，昼夜不绝……”[3]。隋及唐初，宫人骑马，多着幂篱。永徽以后，皆用帷帽。开元初遂俱用胡帽，民间因之相习成风。

在男子服装中，襴袍和襴衫的出现，便是受了胡服的影响。襴袍与襴衫是一种上衣下裳相连属的服装形式，虽与古时的深衣制相同，但已改大袖为小袖，改斜领为圆领，袖及襟改有缘饰为无缘饰。襴袍和襴衫是唐太宗时由大臣马周等人汲取深衣制上衣下裳连属的形式，结合胡服窄袖、圆领的特点而形成的一种新的服装。此外，缺胯袍衫和裤褶也是胡服流行的具体体现。

男子所戴的胡帽有席帽、浑脱帽、帷帽三种。席帽，本是羌人的帽子，用毡为之，有的涂油用来防雨。浑脱帽亦为一种胡帽，羊皮制成，高顶、尖而圆。帷帽，是一种高顶的大檐帽，因其檐下垂一丝网似“帷”，故名。它是由西域传入中原的一种“胡帽”。帷帽在隋唐五代时期甚为流行，无论男女，宫廷内外，官宦士庶都可

3 （后晋）刘昫等撰，陈焕良、文华点校：《旧唐书·第二册》，岳麓书社 1997 年版，第 1633 页。

以戴帷帽。帷帽的“裙”有一个由长到短的过程，短帽裙曾受到朝廷的干涉，原因是“过为轻率，深失礼容”，然“递相仿效，浸成风俗”，高宗几次下令“禁断”，但收效甚微。帷帽的形状，在唐人《明皇幸蜀图》中有具体描绘。新疆吐鲁番阿斯塔那 187 号唐墓中，也发掘出一件戴帷帽的女俑，帷帽四周垂下的网状帽裙，至今尚完好无损。

从大量传世和出土的唐人画塑来看，唐代妇女所穿的“胡服”，通常由锦绣帽、窄袖袍、条纹裤、软锦靴等组成。衣式为对襟、翻领、窄袖，领子、袖口和衣襟等部位多缘以一道宽阔的锦边，腰间还系有一条革带，革带上还附缀若干条小带，这种革带就是南北朝蹀带的遗形。唐代还流行波斯等国的胡服“卡弗坦”，卡弗坦形制为锦绣浑脱帽、翻领窄袖袍、条纹小口裤和透空软锦鞋。陕西乾县章怀太子墓、永泰公主墓出土壁画及新疆吐鲁番阿斯塔那张礼臣墓出土的绢画中，都绘有穿这种服装的妇女形象。

在出土的大量唐代人俑中，可以看到当年流行的“胡服”的样式。如洛阳龙门安菩墓出土的两件身着圆领窄袖长袍、腰束革带的汉族男俑，身着同样服饰的男俑在孟津西山头唐墓中也有多件。偃师恭陵哀皇后墓中也出土了大量身着翻领窄袖长袍的骑马俑。许多女性也身着翻领窄袖以及圆领窄袖长袍的胡服，如偃师城关唐柳凯墓中出土的头戴胡帽、身着圆领窄袖长袍的女俑，洛阳关林唐墓曾出土身着翻领窄袖长袍的彩绘女俑。尖顶或卷沿的胡帽也非常流行，1985 年偃师后杜楼出土的彩绘牵马俑、褐釉牵马男胡俑以及洛阳关林唐墓出土的三彩牵马男胡俑都头戴尖顶帽，洛阳东北郊唐墓以及偃师前杜楼、北窑、城关等地唐墓也出土了头戴卷沿虚帽的彩绘男胡俑。唐代洛阳的许多妇女出行时还戴着来自西域的帷帽，

图 9-7　　戴帷帽女骑俑，唐代，陕西历史博物馆藏

如偃师杏园李嗣本墓中就出土一件骑马女俑，头戴笠帽，头颈用织物遮掩，双臂间还有一宽沿帷帽，装束与前者相似的帷帽骑马女俑在巩义二电厂 90 号唐墓以及北窑湾 M6 唐墓都有出土。（图 9-7、图 9-8）

唐代妇女在发饰和化妆上也多模仿外国样式，即所谓“胡妆”。早在梁代，徐摛《胡无人行》中就有“刻楹登鲁殿，拥絜拭胡妆”的描写，到了唐代胡妆更为流行。天宝时期的诗人独孤及《送王判官赴福州序》诗中也有相关记述：“椎髻殊俗，覆车畏途。”“圆鬟椎髻”“抛家髻”“胡人椎髻”“椎髻”等，都是典型的胡妆。“椎髻”亦作“椎结”“堆髻”，是将头发结成锥形的髻。白居易《时世妆》一诗专咏来自域外的流行装束，包括“堆髻”：

图 9-8　　唐彩绘戴帽骑马女陶俑

> 时世妆，时世妆，出自城中传四方。
> 时世流行无远近，腮不施朱面无粉。
> 乌膏注唇唇似泥，双眉画作八字低。
> 妍媸黑白失本态，妆成尽似含悲啼。
> 圆鬟无鬓堆髻样，斜红不晕赭面状。
> 昔闻被发伊川中，辛有见之知有戎。
> 元和妆梳君记取，髻堆面赭非华风。

白居易诗中说的“乌膏”是妇女用以涂唇的化妆品，“赭面”即以赤色涂脸，亦指以赤色涂红的脸。赭是红褐色，元和年间，妇女的面妆不施朱粉，而以

乌膏涂唇，眉成八字，发作“堆髻”，面呈赭色。“堆髻”“赭面”虽非中原传统的妆扮，但一流行就长达数十年，可见当时妇女对其的钟爱程度。直至五代时期，“堆髻”还有留存，牛峤《女冠子》说：

绿云高髻，点翠匀红时世。
月如眉，浅笑含双靥，低声唱小词。

白居易诗中对“胡妆”屡有描述：“风流夸堕髻，时世斗啼眉。”诗人自注说：“贞元末，城中复为堕马髻、啼眉妆也。”堕马髻，又称坠马髻，为一种偏垂在一边的发髻；啼眉妆，又称“啼妆”，即“双眉画作八字低”，状似悲啼，让人怜惜。白居易《琵琶行》中有“夜深忽梦少年事，梦啼妆泪红阑干”的描写。作为一种流行时间较长的眉妆，“啼妆”在唐诗中时有描绘：“瘴塞巴山哭鸟悲，红妆少妇敛啼眉。”（元稹《瘴塞》）“弱体鸳鸯荐，啼妆翡翠衾。”（李华《相和歌辞·长门怨》）“殷勤为报梁家妇，休把啼妆赚后人。”（罗虬《比红儿诗》）“戚戚彼何人，明眸利于月。啼妆晓不干，素面凝香雪。”（韦庄《闺怨》）如此等等。

在“啼眉妆”之前，唐代妇女流行的眉妆大约如白居易《上阳白发人》中所描述的那样：

今日宫中年最老，大家遥赐尚书号。
小头鞋履窄衣裳，青黛点眉眉细长。
外人不见见应笑，天宝末年时世妆。

李白《对酒》说：

蒲萄酒，金叵罗，吴姬十五细马驮。
青黛画眉红锦靴，道字不正娇唱歌。
玳瑁筵中怀里醉，芙蓉帐底奈君何！

李白诗中的“青黛画眉”，印证白居易描写的上阳宫女“青黛点眉眉细长”及“窄衣裳”，确实是“胡风”大盛的天宝末年的“时世妆”。

四 “笑入胡姬酒肆中”

当时大量的外国胡商居住在长安、洛阳、广州、扬州等地，“殖资产，开第舍，市肆美利皆归之”。在各种胡人开设的店肆中，有许多是酒肆。

长安的酒肆业十分繁荣，城内酒肆主要分布在东、西两市和东门、华清宫外阙津阳门等交通要道一带。长安城外的灞陵、虾蟆陵、新丰、渭城、冯翊、扶风等地也有众多酒肆。其中，长安西郊的渭城，是通往西域和巴蜀的必经之地，唐人西送故人，多在渭城酒肆中进行，留下了许多渭城酒肆饯别的名句，如王维《渭城曲》：

渭城朝雨浥轻尘，客舍青青柳色新。
劝君更尽一杯酒，西出阳关无故人。

长安以外，洛阳、扬州、益州等通都大邑和州郡治所都有酒肆。大中城市和州郡治所以下的县邑和乡村也有酒肆，只不过规模往往较小。

长安有很多胡人开的酒肆。各家酒楼用葡萄酒招揽各色顾客，用萨珊王朝进口的金杯银盏，或西域特产的琥珀杯、玛瑙杯，祁连山的夜光杯斟满葡萄美酒，又有中亚、西亚那些妙龄舞蹈家在悠扬婉转的胡乐伴奏下翩翩起舞，佐酒助兴，全然一派摄人魂魄的异域文化情调。社会上的文人、政府的官僚、长安两市的商贾，乃至皇室贵族、军旅将士，都成为胡人酒肆的常客。李白《少年行二首·其二》写道：

五陵年少金市东，银鞍白马度春风。
落花踏尽游何处，笑入胡姬酒肆中。

在胡人酒肆中，由年轻美貌的胡姬服侍饮酒，富有异国情调和浪漫色彩，成为一代风尚。“胡姬招素手，延客醉金樽”，所以称为“胡姬酒肆”。（图 9-9）

胡人酒肆常设在城门路边，人们送友远行，常在此饯行。岑参《送宇文南金放后归太原寓居，因呈太原郝主簿》诗云：“送君系马青门口，胡姬垆头劝君酒。”到胡肆里饮酒可以欠账，所以王绩《过酒家》诗说：“有客须教饮，无钱可别沽。来时常道贳，惭愧酒家胡。”酒肆还接受以物换酒，以物品抵押质酒，凭信用赊酒等。以物换酒，唐诗中多有反映，最著名的要数李白《将进酒》所咏：“五花马，千金裘，呼儿将出换美酒，与尔同销万古愁。”据苏鹗《杜阳杂编》所记，公主的步辇夫曾把宫中锦衣质在了广

图 9-9　　唐彩绘胡女俑

化坊的一个酒肆中。酒肆中除了美酒，还有美味佳肴和音乐歌舞。贺朝《赠酒店胡姬》诗生动描写了胡人酒店中的情景：

胡姬春酒店，弦管夜锵锵。
红毾铺新月，貂裘坐薄霜。
玉盘初脍鲤，金鼎正烹羊。
上客无劳散，听歌乐世娘。

王维诗中也有“画楼吹笛妓，金碗酒家胡”的描写。元稹诗有“野诗良辅偏怜假，长借金鞍迓酒胡”“最爱轻欺杏园客，也曾辜负酒家胡”等等，都以“酒家胡”作为酒肆的代称。文人学士们“细雨春风花落时，挥鞭直就胡姬饮”，总喜欢到胡人酒肆中饮酒，欣赏胡姬歌舞。唐诗中有不少诗篇提到这些酒店和胡姬。“酒家胡”与“胡姬”已成为唐代饮食文化的一个重要特征。

与此相关的是唐诗中对胡人酒肆中当垆胡姬的描述，杨巨源《胡姬词》称：

妍艳照江头，春风好客留。
当垆知妾惯，送酒为郎羞。
香渡传蕉扇，妆成上竹楼。
数钱怜皓腕，非是不能留。

这首诗描写了春日江边竹楼酒肆中，胡姬待客饮酒的情形。唐诗中这样的描写还很多，如：李白的“胡姬貌如花，当垆笑春风”“胡姬招素手，延客醉金樽”；岑参的“胡姬酒垆日未午，丝绳玉缸酒如乳”；施肩吾的“胡姬若拟邀他宿，挂却金鞭系紫骝”；温庭筠的“金钗醉就胡姬画，玉管闲留洛客吹”；等等。这些都将胡姬作为描述的对象。

五　唐代艺术中的异域情调

大量外国人涌入，生活在唐朝人中间，从事着商业、艺术等活动；由他们带进中国的“胡风”弥漫在社会生活之中，整个唐朝充满了对于异域情调的想象和欣赏，影响着和改变着人们的生活习惯和社会风俗。

在当时的艺术作品中也表现出了对外来事物的浓厚兴趣，体现着带有时代特征的异域风情。或者说，当时社会弥漫的异域风情，异域的事物和舶来品，激发了人们的艺术想象力。

这种对于异域的想象，这种对异域风情的赞颂、描写和期待，成为许多艺术形式的表现主题。如在音乐舞蹈方面，来自西域的乐舞有龟兹舞、胡旋舞、柘枝舞等，来自西域的舞蹈家和音乐家广泛地活跃在长安以及其他大都市，给人们带来强劲的西域“旋风”。再比如在宗教生活方面，僧人们的俗讲和变文，吸引了大量的听众，成为一种深受大众欢迎的文化形式。

在诗歌创作方面，也表现出这种浓郁的异域风情。唐代胡风的流行，包括胡装、胡食、酒家胡、胡姬、胡舞等，都有许多诗人创作的诗歌来表现，其中充满了绚烂的色彩、奇丽的想象、浪漫的意境。他们的吟咏酬唱，恰是那个时代社会生活的具体反映，是那个时代社会风气和精神情调的诗意书写。此外，在他们的诗歌中，还经常以各种外来事物来表现特有的意境。

在诗人元稹的诗歌中，涉及许多与外来事物有关的主题，如进口的犀牛、大象以及突厥骑手、骠国乐等等。

在绘画方面，也和这个时代的风尚相适合，描绘外来风貌成为许多画家的创作主题。在绘画作品之中，首先是表现域外人的形象。7 世纪时，表现外来人物的画家中名气最大的是阎立德。阎立德是阎立本的哥哥，阎氏兄弟二人齐名。据说在描绘外来题材方面，与阎立德同时或比他更早的画家中，没有一个人能够超过他的成就。史载，贞观三年（629）东蛮谢元深到长安朝觐，阎立德奉诏画《王会图》记其事，以歌颂唐帝国的强大兴盛和与远边民族的友好关系。他还画过《文成公主降番图》，形象地记录了贞观十五年（641）太宗命文成公主赴吐蕃与松赞干布联姻这一重大历史事件。贞观十七年（643），阎立本曾受命描绘太宗朝万国输诚纳贡的场面。

外国人是唐朝大画家喜欢表现的一个主题。如：李渐与他的儿子李仲和画的骑在马上的蕃人弓箭手的形象、张南本创作的《高丽王行香图》、周昉画的《天竺女人图》、张萱画的《日本女骑图》等等，此外还有敦煌壁画中一些面貌古怪、帽子奇特、留着外国发式的中亚民族人物的形象。唐朝画家描绘的这些远国绝域的居民形象，通常都是穿着他们本地的服装，而且这类绘画都尤其突出地表现了异域人奇特的相貌。

在表现外国人的艺术作品中，还有由唐朝工匠创作的赤陶小塑像。在这些塑像中，我们可以发现头戴高顶帽、神态傲慢的回鹘人，浓眉毛、鹰钩鼻的大食人，此外还有一些头发卷曲、启齿微笑的人物形象。辽宁朝阳、河北唐山、湖北武昌、湖南长沙等地的唐墓都出土了深目高鼻的中亚、西亚人面型的陶或瓷的胡俑。西安乾陵陪葬墓和昭陵陪葬墓出土有商贾、文武官吏、狩猎、伎乐、牵驼驭马、骑驼骑马、载物等形象各异、姿态不同的胡俑。洛阳地区的唐墓中出土的大量胡俑，特点非常明显，均深目高鼻，络腮胡或八字胡，身材魁梧，与中原人有着明显区别。其人物形象主要包括文官俑、牵马牵驼俑、骑马俑、侍俑、商俑、乐舞俑等等。这些胡俑造型生动，形象逼真，千姿百态，极具个性。通过对这些胡俑的研究发现，唐代胡人的职业是丰富多彩的，身份亦是多元的，不仅仅是贩运的胡客商贾。他们既有从事畜牧的牵驼养马者，也有耕田扶犁的务农者；既有酿酒酤卖的酒家胡，也有变幻百戏的卖艺者；既有侍候主人的家奴，还有进入中原后为朝廷效力的文臣武将。江苏扬州不仅在遗址中发现了带釉的胡人像，而且还发现了石雕像，在一处手工作坊中还出土了深目高鼻的人头陶范。

唐朝艺术家喜欢表现的外来题材还有外国的神和圣者，尤其是佛教发源地的神与圣人，如瘦削憔悴的印度罗汉，璎珞被体、法相庄严的菩萨，还有表现为佛法的守护神和中国的殿堂门庭里的保护神的古代因陀罗和梵天，以及其他一些已经部分地同化于北方游牧民族文化和汉族文化的守护神。

描绘外国山川形胜的图画，同样也是当时表现异域情调的一个方向。在阎立本的作品中，有两幅《西域图》。活跃在唐朝画坛上的周昉与张萱都曾画过《拂菻图》。诗人王维也根据某个“异域”创作了一幅风景画。

对于唐朝的艺术家来说，异域的野生动物、家畜、植物，特别是唐朝人羡慕和渴望得到的那些家畜，如鹰隼、猎犬、骏马等，也都具有强烈的吸引力。因而在唐代的绘画和诗歌创作中，也有许多作品表现这些充满异域想象的动物和植物，寄托人们无尽的情怀。

中国的玉器有着悠久的传统。到了唐代，玉器的品种和式样出现了许多新的变化。其中包含了许多外来题材，如佛教飞天、胡人歌舞等，形成了胡人风格的玉器。唐代佩饰中数量最多和最富有时代特色的，首推嵌缀在玉带上的玉带板。玉带板多于正面琢饰图纹，其纹饰有写实动物纹、神兽龙凤纹、植物花草纹和人神仙佛纹等。在人物纹中又以所谓“胡人纹”最多和最富特色，有胡人献宝、胡人乐舞、胡人舞狮、胡人驯象、胡人宴饮以及胡人托塔等。

六　唐诗中的丝绸之路风情

唐代是一个国力腾达、文化远播的大开放时代，与国外的经济文化交流达到了空前的高潮，丝绸之路畅通无阻，中西商路盛极一时，杜甫诗说“驼马由来拥国门”,《唐大诏令集》说“伊吾之右，波斯以东，商旅相继，职贡不绝”。这些都是描绘唐朝丝绸之路黄金时代中外贸易繁荣的记载。唐朝也是一个诗情勃发的时代，而在唐诗中，处处显露出大唐盛世的青春气息和英雄气概。诗人们的目光远达域外，把丝绸之路作为他们诗歌创作的一个重要的精神意象，留下了数不胜数的壮丽诗篇。唐诗中涉及西域、塞外、楼兰的诗篇颇多。最奇光异彩的是边塞诗，雄浑磅礴，酣畅淋漓，大气包举，代表着一种边远、征战、瀚海大漠的悲凉和长河落日的壮丽。

在唐诗中，有许多描述丝绸之路、西域风光和风情的诗篇，同时，西域地名往往成为唐诗中的意象出现在诗篇中，这些意象反映了西域在那一代诗人心目中的印象和观念。如李贺是一位想象丰富、奇诡险怪的诗人，他在诗歌创作中自然而然地流露出了奇妙的异域风情。他在《昆仑使者》一诗中写道：

昆仑使者无消息，茂陵烟树生愁色。
金盘玉露自淋漓，元气茫茫收不得。
麒麟背上石文裂，虬龙鳞下红枝折。
何处偏伤万国心，中天夜久高明月。

对远方的奇异想象回荡在诗人的心中和诗作里。西域就是唐代诗人的“远方”，一个寄托情怀、放飞理想的远方。而踏上丝绸之路，走过漫漫荒原、茫茫沙海，渡过大河冰川，走向那遥远的异域，一路上，边城、大雁、飞雪、黄沙、碛口，奇异景象，艰险惊绝，都唤起了诗人的激烈壮怀。背驮白练的驼队，英武强悍的甲兵，往来东西的使臣，走过大碛，踏出满地苍茫，留下一片遐想。“黄河远上白云间，一片孤城万仞山”“劝君更尽一杯酒，西出阳关无故人”……在那无垠的沙漠，浩瀚的戈壁，险阻的山脉，雄奇的边关，阵阵驼铃，悠悠羌笛，都激发了人们的无尽想象，更激励着雄浑激昂的英雄气概。

漫漫丝路，万里边关，寄寓了诗人们的无尽想象，他们用笔描绘出大漠、丝路、边关的万种风情。而关于丝绸之路的诗意描写，首先进入诗人们笔下的，是远方西域那些雄奇壮丽、奇险诡异

图 9-10　　敦煌的汉长城遗址

图 9-11　　唐代的瓜州城遗址，位于今甘肃瓜州县

的独特风光。如王维的“大漠孤烟直，长河落日圆”，李贺的“大漠沙如雪，燕山月似钩”，寥寥几笔，勾画出丝绸之路上的万千风韵，都成为流传久远的名句。

长安是丝绸之路的起点。长安作为煌煌都城，许多商队都是从这里出发，再走向遥远的西域。而来自西域的外交使臣、商旅和其他旅行者，也都把长安作为他们的目的地，作为他们旅途的终点。但是，进入长安，他们已经在汉唐的疆域内行走了很久，真正的边关界线远在甘肃敦煌附近的阳关和玉门关。敦煌是汉唐面向西域的前哨。（图 9-10、图 9-11）

所以，在诗人的作品中，有许多提到阳关和玉门关。特别是阳关被提到得最多。唐诗中的阳关有的是实写，更多的是边塞意象。在诗人笔下，“阳关”作为一个意象，既是进入“绝域”的门户，又是内地与西域联结的枢纽。王维《送刘司直赴安西》说：“绝域阳关道，胡沙与塞尘。”走出阳关和玉门关，才算是真正进入“绝域”，进入属于“胡沙与塞尘”的陌生的地方。关于阳关的描写，最著名的句子就是王维《送元二使安西》中说的“西出阳关无故人”。诗中提到阳关的，还有岑参《寄宇文判官》诗：“二年领公事，两度过阳关。”再如李商隐《饮席戏赠同舍》中的“唱尽阳关无限叠，半杯松叶冻颇黎”，白居易《答苏六》中的“更无别计相宽慰，故遣阳关劝一杯”，骆宾王《畴昔篇》中的“阳关积雾万里昏，剑阁连山千种色”，李昂《从军行》中的“春云不变阳关雪，桑叶先知胡地秋”。

写玉门关的诗，最著名的是王之涣的那句“春风不度玉门关”。这一句和前引那句“西出阳关无故人”的意思是一样的，都是把“阳关”或“玉门关”作为一个明显的边界。一个是自然的边界，那一边天寒地冻，绝域遥远，“春风不度”；另一个是文化上的边界，关外是一片陌生的地方，“无故人”。“无故人”不仅是“无朋友”，而且文化上也是陌生的、异域的，是置身于另一种文化环境之中。

写玉门关的诗句，著名的还有：戴叔伦《塞上曲·其二》中的“愿得此身长报国，何须生入玉门关”，李白《关山月》中的“长风几万里，吹度玉门关”，王昌龄《从军行七首·其四》中的“青海长云暗雪山，孤城遥望玉门关”，岑参《玉门关盖将军歌》中的“玉门关城迥且孤，黄沙万里白草枯”。

出了阳关或玉门关，就进入西域的广大地域，进入了漫漫长路。在丝绸之路的沿线，分布着许多古国和城镇，居住着不同民族的人们。所谓“通西域”，就是与这些古国和民族建立外交，通商往来。此外，这些国家还时常受到强大的草原民族匈奴和突厥的侵扰或控制，因此这里也成为汉唐王朝抵御匈奴和突厥的前哨站。汉的主要防御对象是匈奴，唐的主要对手是突厥。无论是突厥还是匈奴，西域都是他们进攻中原王朝、侵扰内地的跳板。汉唐诗词中的征战，主要是指在西域边关与匈奴、突厥的战争。

在许多诗词中，都有对西域各个古国、各个重要城镇的描写，其中写得最多的是“楼兰”。楼兰名称最早见于《史记》，是西域的一个小国，公元前 77 年，楼兰国更名鄯善国，并迁都扞泥城（在

图 9–12　　楼兰王国“三间房”遗址

今新疆若羌县治），向汉朝称臣，原都城楼兰城则由汉朝派兵屯田。楼兰地处若羌县北境，罗布泊的西北角、孔雀河道南岸，西南通且末、精绝、拘弥、于阗，北通车师，西北通焉耆，东当白龙堆，通敦煌，扼丝绸之路的要冲。由于孔雀河改道，罗布泊水源萎缩，生存环境日益恶劣，约公元 422 年以后，楼兰城民众迫于严重干旱，遗弃楼兰城，逐渐南移。公元 448 年，北魏灭鄯善国。在唐代时，楼兰国已不复存在。（图 9–12）

在唐诗中，“楼兰”常常是一个意象，不是确指，如王昌龄的诗句“不破楼兰终不还”。虽然只是一种意象，但“楼兰”却神奇地活在唐诗中。唐诗中有多处提到楼兰。如岑参在西域从军多年，对于西域多有了解，而且直接参与了许多重大的军事活动，他的诗中写楼兰也最多，比如《乐府杂曲·鼓吹曲辞·凯歌六首》：

汉将承恩西破戎，捷书先奏未央宫。
天子预开麟阁待，只今谁数贰师功。

官军西出过楼兰，营幕傍临月窟寒。
蒲海晓霜凝马尾，葱山夜雪扑旌竿。
鸣笳叠鼓拥回军，破国平蕃昔未闻。
丈夫鹊印摇边月，大将龙旗掣海云。

日落辕门鼓角鸣，千群面缚出蕃城。
洗兵鱼海云迎阵，秣马龙堆月照营。

蕃军遥见汉家营，满谷连山遍哭声。
万箭千刀一夜杀，平明流血浸空城。

暮雨旌旗湿未干，胡烟白草日光寒。
昨夜将军连晓战，蕃军只见马空鞍。

唐诗中经常提到的西域国家还有高昌。高昌是古时西域交通枢纽，地处天山南麓的北道沿线，为东西交通往来的要冲，亦为西域政治、经济、文化的中心地之一。唐太宗贞观年间（627—649），唐军先征服了占领大漠南北的东突厥，接着消灭了依附西突厥的西域高昌国，设置了西州，后又攻灭了焉耆和龟兹，疏勒和于阗则臣服于唐。这样，天山南路全部进入唐之版图。640 年，唐朝廷在西州境内的交河设置了安西都护府，统辖焉耆（后为碎叶）、龟兹、疏勒和于阗四都督府，称为“安西四镇”。安西都护府管辖天山以南直至葱岭以西、阿姆河流域的辽阔地区。由于西州在政治、军事上的地位非常重要，唐诗中实写西州的诗比较多。岑参《初过陇山途中呈宇文判官》提到西州：

前月发安西，路上无停留。
都护犹未到，来时在西州。

西州境内的交河城地势险要，安西大都护府最初就设在这里。

图 9-13　　交河城遗址

交河城建筑在一个高达 30 余米的土台上，台两侧各有一条小河，它们在土台首尾两端交汇，使土台成为一个柳叶状的小岛，并得名为交河。由于河水的冲刷，土台边缘成为陡峭的悬崖，使交河地势险要而易于守卫。（图 9-13）

据有关学者统计，《全唐诗》收录“交河”语汇诗歌共计 40 首。在不少诗人笔下，“交河”成为西域的代名词。如骆宾王有《从军中行路难》诗：

阴山苦雾埋高垒，交河孤月照连营。
连营去去无穷极，拥旆遥遥过绝国。
阵云朝结晦天山，寒沙夕涨迷疏勒。

岑参《火山云歌送别》提到交河：

火山突兀赤亭口，火山五月火云厚。
火云满山凝未开，飞鸟千里不敢来。
平明乍逐胡风断，薄暮浑随塞雨回。
缭绕斜吞铁关树，氛氲半掩交河戍。
迢迢征路火山东，山上孤云随马去。

焉耆西北有大名鼎鼎的铁门关，《新唐书·志》第三十三下记载："自焉耆西五十里过铁门关。"铁门关是西去或东来的必经之地，东晋法显和唐初玄奘西行时都经过此关，当时他们都写到了铁门关两崖壁立、只露一线的险峻。它独特的地理位置和军事上的险要吸引了过往此地的人们的注意，因此"铁门关"常常出现在诗人们的笔下。岑参路过此地时，由于安西四镇的设立，铁门关上已经有唐朝官吏的驻守管理，其《题铁门关楼》诗说：

铁关天西涯，极目少行客。
关门一小吏，终日对石壁。
桥跨千仞危，路盘两崖窄。
试登西楼望，一望头欲白。

从诗中也可见这里在军事上已经失去了战略意义，只是相当于一个驿站，是过往行人歇脚之处。"铁关"作为意象，在唐诗中代表着中外交往的要道。贯休《遇五天僧入五台五首·其二》：

一月行沙碛，三更到铁门。
白头乡思在，回首一销魂。

疏勒位于喀什地区西北部，地处塔里木盆地西缘喀什噶尔绿洲中部，西面是帕米尔高原。"疏勒，在安西府西二千余里"，是西域南道和中道相会之地。从此地西行越葱岭可去往波斯、大食等国家。疏勒是安西四镇之一，唐诗中以此作为绝域之地的象征。如：骆宾王《从军中行路难二首》之一中的"阵云朝结晦天山，寒沙夕涨迷疏勒”，王维《老将行》中的“誓令疏勒出飞泉，不似颍川空使酒”，皇甫冉《和袁郎中破贼后经剡中山水》中的“节比全疏勒，功当雪会稽”，等等。

贞观二十年（646），唐朝军队消灭了西突厥，置庭州。庭州地处天山北麓，东连伊州、沙州，南接西州，西通弓月城、碎叶镇，是唐在天山以北的政治、军事重镇。长安二年（702），武则天为了进一步巩固西北边疆，在庭州设立了北庭都护府，管辖天山以北包括阿尔泰山和巴尔喀什湖以西的广大地区。北庭都护设立后，提携万里，社会安定，农业、牧业、商业、手工业都得到空前发展，成为西北地区中心。唐玄宗时，又在北庭设立节度使，统领瀚海、天山、伊吾三军，有镇兵万余人，其中瀚海军一万二千人就屯在北庭。安西和北庭两个都护府作为唐朝设在西域的最高行政和军事机构，使唐朝在西域有效地行使政治、军事权力。

因为设立了大都护府，此地经常会有使节来往，杜甫《近闻》一诗说：“崆峒五原亦无事，北庭数有关中使。”辖天山北路的北庭都护府在唐人心目中是遥远寒苦之地。杜甫《秦州杂诗二十首·其十九》云：“风连西极动，月过北庭寒。”高适《东平留赠狄司马》说：“马蹄经月窟，剑术指楼兰。地出北庭尽，城临西海寒。”

岑参第二次出塞是天宝十三载（754）夏秋间至至德二年（757）春，在北庭任安西、北庭节度使封常清幕僚。也正是因为这里的边远寒苦和独特的景致，他写下了大量关于北庭都护府的诗，如《寄韩樽》：

> 夫子素多疾，别来未得书。
> 北庭苦寒地，体内今何如。

《北庭作》：

> 雁塞通盐泽，龙堆接醋沟。
> 孤城天北畔，绝域海西头。
> 秋雪春仍下，朝风夜不休。
> 可知年四十，犹自未封侯。

岑参的诗作有不少篇幅反映北庭的风貌。他凭借自己的经历与闻见，用第一手材料，真实地描绘、记叙了北庭风物及军旅生活，从多方面展现了这个军事重镇的自然与人文环境特色，使后世读者由此获得对于北庭真切的感性认识。

岑参的诗作还反映了当时从北庭入长安所取的道路。《天山雪歌送萧治归京》写道：

> 天山雪云常不开，千峰万岭雪崔嵬。
> 北风夜卷赤亭口，一夜天山雪更厚。
> 能兼汉月照银山，复逐胡风过铁关。
> 交河城边鸟飞绝，轮台路上马蹄滑。
> 晻霭寒氛万里凝，阑干阴崖千丈冰。
> 将军狐裘卧不暖，都护宝刀冻欲断。
> 正是天山雪下时，送君走马归京师。
> 雪中何以赠君别，惟有青青松树枝。

诗中“交河”“轮台”二句，说明了萧治归京所取的路线，即由北庭至交河，进入丝绸之路的中道，而后东行。“轮台路”

即他地道，“晻霭寒氛万里凝，阑干阴崖千丈冰”二句写的正是经他地道翻越天山的情景。结尾四句写赠别，亦贴切地描绘了天山风物。

唐诗中多次提到“轮台”。历史上有两个轮台，一为汉轮台，一为唐轮台。汉轮台在天山之南，唐轮台在天山之北。但出现在唐人诗文中的轮台，在许多情况下，并不指轮台县，而是沿用汉轮台的历史典故，以“轮台”代称西北或西部边地。骆宾王于咸亨元年（670）从军西域，临行作《西行别东台详正学士》诗，写道：

塞荒行辨玉，台远尚名轮。
泄井怀边将，寻源重汉臣。

沈佺期有乐府诗《横吹曲辞·梅花落》：

铁骑几时回，金闺怨早梅。
雪中花已落，风暖叶应开。
夕逐新春管，香迎小岁杯。
感时何足贵，书里报轮台。

这首闺怨诗中，“轮台”作为历史典故，意义更为泛化，成了边地的一般代称。直至中、晚唐，诗人仍从用典的角度，将轮台作为西北边地的代称。

第十章

远方传来西洋画

一 传教士带来的天主教绘画

14 世纪后期以后，中西之间传统的丝绸之路贸易路线受到了严重的阻碍。首先是 14 世纪中叶，帖木儿在中亚地区建立的帝国隔绝了中西交通。继而是 1453 年奥斯曼土耳其人攻陷君士坦丁堡，吞并了东罗马帝国的大部分领土，奥斯曼帝国成为地跨亚、非、欧三洲的大帝国，是当时世界上最强大的国家之一。奥斯曼帝国的舰队称霸地中海、红海和波斯湾，控制了红海、波斯湾和黑海通往地中海的交通线，向过境的各国商人勒索大量捐税，垄断了欧洲同东方的贸易。此外，欧洲和东方在陆路的商贸往来，长期受制于埃及卡拉米商人和阿拉伯骆驼商队。陆上运输速度的迟缓、运费的昂贵和安全保证的缺失，也已越来越不能适应欧洲市场的需要了。

由于传统的丝绸之路交通贸易路线受到阻隔，欧洲人开始寻找通往东方的新途径。于是，有了一系列寻找新航路的海上探险活动。大航海时代的来临，就是对海上丝绸之路的新航路的探索，就是要寻找更为便捷的沟通东西方的新航线。大航海正是丝绸之路在新的技术条件下、新的时代要求的激励下的延伸和发展。最后，欧洲的大帆船直接航行到中国的沿海港口，开始了中国与欧洲直接的面对面的交流。从 16 世纪末期开始，又有许多天主教传教士乘着大帆船来到中国。他们不仅传播宗教，而且充当了中国与欧洲文化交流的桥梁。

传教士们在中国宣传和传播欧洲发展起来的科学技术和思想，也传播艺术文化，他们带来了西洋画风，给中国美术带来一定的影响。

在传教士中，最早来华且影响最大的是意大利传教士利玛窦（Matteo Ricci，1552—1610）。他也是最早向中国介绍欧洲绘画艺术的人。

利玛窦于万历十一年（1583）到广东肇庆传教时，便以西洋绘画作为传教的辅助手段。他在寓所的中央祭台上悬挂圣母玛利亚的画像，当时的中国人对这幅惟妙惟肖的画像印象十分深刻。由于当地的肇庆人误认为玛利亚为天主的夫人之一，利玛窦不久将其换作天主的图像。后来，在韶州和南昌，利玛窦多次向人们出示天主和圣母的图像。这些“彩绘圣像画”应是最早传入中国的西方宗教油画。

万历二十九年（1601）利玛窦来到北京，他带着一批西洋方物进贡朝廷，希冀在北京居留传教。他向万历皇帝进呈的礼品中，两幅圣母像均有一尺半高，一幅天主像较小一些。天主像是从罗马寄来的古画，仿圣路加所画之圣母抱耶稣像，另外两幅则是当时人的作品。万历皇帝和太后瞻仰以后将其锁入内库。

对于利玛窦进呈的西洋画，当时的中国人即有记载，据姜绍闻《无声诗史》说：“利玛窦携来西域天主像，乃女人抱一婴儿，眉目衣纹，如明镜涵影，踽踽欲动。其端严娟秀，中国画工，无由措手。”这里所述之天主像，实为圣母像。同时代的顾起元著《客座赘语》卷六，也述及利玛窦所携之圣母抱耶稣像，还记述了关于利玛窦从中西画法差异的角度向中国人介绍西洋画的评论。利玛窦将西画投影原理解释得十分清楚，认为西画注重光线明暗，立体感强，时人称“凹凸画”。顾起元还谈到了印在西书上的西洋铜版画：“携其国所印书册甚多，皆以白纸一面反复印之，字皆旁行……其间有图画，人物屋宇，细若丝发。”铜版画于15—16世纪开始在欧洲流行，以腐蚀法制作。先在铜板上涂上一层防腐蜡，用刀刻图画以后，用酸性溶液腐蚀，刻处即成凹面。再将油墨填入凹处，通过滚筒印到纸上，形成凸起线条，具有独特细腻的艺术效果。

为了便于万历皇帝了解欧洲君王们的穿戴，利玛窦和传教士们还向宫中进呈了一幅油画，上有欧洲各国的君王、教宗、公爵等人物，他们的面貌和服饰都很清楚。皇帝命宫廷画师绘制一幅尺寸更大、色彩更浓的画，神父们在宫中待了3天，专门指导他们工作。当万历皇帝提出要了解西方皇帝的丧葬礼仪时，与利玛窦同来的传教士庞迪我（Diego de Pantoja，1571—1618）当即将刚刚收到的西班牙国王费利佩二世的殡葬图呈示给太监，并让他们转示万历皇帝。

万历三十三年（1605），利玛窦将4幅雕版画赠予当时制墨名家之一程大约（又名君房），被程氏收入其编纂的《程氏墨苑》中。《程氏墨苑》是一部版画杰作。该图谱原稿大多由明代著名画家丁云鹏所绘，他运用精湛的技巧把繁复的内容纳于画面之中，再请名刻工以出色的刀笔、有力的线条，生动地表达出各种物象的神态，制成木制墨模。《程氏墨苑》就是这些木刻版印制出来的，实际是一部明代版画著作。《程氏墨苑》带有商业广告性质，于明万历年间出版，在我国版画史上占有重要地位。《程氏墨苑》将利玛窦所赠4幅西画放于书末。《程氏墨苑》所收的这4幅画为：

（1）《信而步海，疑而即沉》

画彼得在海上遇耶稣的故事，题目是利玛窦据《新约·马太福音》第十四章“耶稣在海面上行走”所加。

（2）《二徒闻实，即舍空虚》

画耶稣受难，二徒生疑，经耶稣化身教育而改变思想的故事。这个情节是通过耶稣复活后在前往以马忤斯途中与两个弟子相遇的

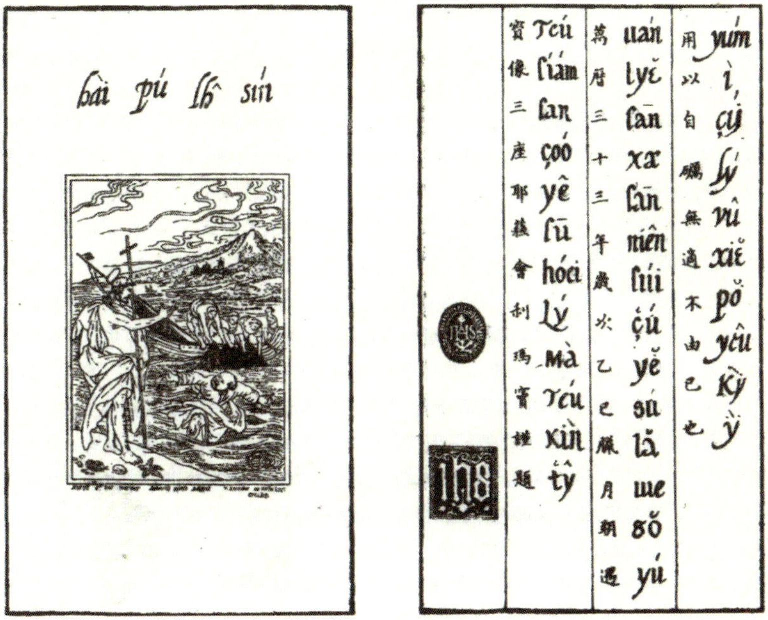

图 10-1　　《程氏墨苑》万历三十三年刻本

情景来表现的。事见《新约·路加福音》第二十四章“在以马忤斯的路上”。

（3）《淫色秽气，自速天火》

索多玛城人全溺于淫色而遭天主弃绝，顷刻间罪恶之城的人们皆双目失明，唯罗得（亚伯拉罕之侄）持节而免于天火的故事。事见《旧约·创世纪》第十九章“索多玛、蛾摩拉的毁灭”。

（4）《圣母怀抱圣婴耶稣之像》

这 4 幅画中的前 3 幅，附有罗马字注音解释，利玛窦称为“宝像三座”。原画见于纳达尔（Jerome Nadal，1507—1580）神父于 1595 年在比利时安特卫普出版的宗教书籍《福音书故事图像》（*Evangelicae Historiae Imagines*），绘图者为马丁·德·沃斯（MartinusdeVos），刻图者为安东·威里克斯（AntoniusWierix），均为当时著名艺术家。该书问世不久后即传入中国。至于第 4 幅《圣母怀抱圣婴耶稣之像》，据考证，圣母像下面拉丁字作 in Sem Japo 1597，Sem 即长崎耶稣会画院（Séminare de speintures），Japo 即日本，作者系耶稣会尼各老（John Nicolao）修士。1597 年时尼各老尚在日本，利玛窦得此画后赠予程大约。（图 10-1）

《程氏墨苑》中的这 4 幅木版画所依据的原稿大体可以代表同时期欧洲铜版画水平，刊辑者又精心选择了中国的艺苑高手予以移植复制，这成为中西美术交流初始阶段的重要事例。这一组木版画灌注了中国艺术家力求忠实于原铜版画的热情和匠心，不仅表现

图 10-2　　利玛窦《野墅平林图》，辽宁省博物馆藏

在“细如毫发”地对铜版线条的精细描摹与刻制的把握上，而且表现于对西方造型艺术法则的各种因素——人物形象、动态的写实特征，人体结构、比例以及明暗和焦点透视处理等的权衡上。

利玛窦本人很可能也精于绘事，1986 年的《人民画报》以及 1990 年第二期的《世界美术》杂志，刊载了利氏所绘的《野墅平林图》(273.2 厘米 ×218.2 厘米)，以及意大利人伊拉里奥·菲奥雷(Hilario Fiore) 所作《画家利玛窦》专文。此画分四屏裱在画轴上，很可能是用来装饰北京教堂祭坛的。画面上，杂草丛生的湖边矗立着一棵大树，掩映着中景的树林和远景的建筑——那很可能是达官贵人的楼阁。一座小桥在平滑如镜的湖面最狭处连接着小湖的两岸，远处重峦叠嶂，近景是两株漂亮的大树——松树或杉树。中景还有芦苇和黄栌。画作描绘的是北京郊外秋天的景色。《野墅平林图》是绘于绢素上的写实油画，以石绿、赭石为主，浅蓝的湖水与平静的树林融为一体，中景的小桥和远景的房屋的几何构图基本上属于欧洲技法。(图 10-2)

在利玛窦进呈朝廷的画中，也有宗教题材以外的绘画，其中有一幅西班牙圣·洛伦佐宫的铜版画。圣·洛伦佐宫是一组大型建筑，始建于 1563 年，1584 年完成。整个建筑呈巨大的长方形，四个角上分别设有塔楼，主立面由三个门庭组成，中门最为宽大；下半部是多立克柱式，上部是爱奥尼亚风格。中门顶部有一个“人”

字形的矮山墙，上面雕有费利佩二世的王室徽记和倚靠在两个炙烤刑具旁的圣·洛伦佐形象。圣·洛伦佐宫气势雄伟，是那个时代的代表性建筑。此外，利玛窦还向皇帝呈上一幅绘有威尼斯圣马可教堂广场和威尼斯共和国的一些旗幡的铜版画。

1911年，美国芝加哥裴尔特（Field）人类学博物馆主任劳费尔（Berthold Laufer，1874—1934）在西安发现圣母抱耶稣像一帧，画中的圣母似西方妇女，耶稣则是中国儿童的形象，该画署唐寅作，显系伪托。据分析，此画与罗马圣母大殿卜吉尔小堂现存的圣像极为相似。据考证，教宗庇护五世曾以此像之模仿作品5幅赠予方济各会士玻尔日亚（Fr. de Borgia），玻氏与利玛窦同时代，且曾同会修道，很可能转赠利氏一二幅，而西安的圣母像很可能由该像临摹而来。

崇祯十三年（1640），传教士汤若望进呈崇祯皇帝《耶稣行迹》1册，其描绘耶稣事迹，由45幅版画组成。汤若望进呈的画，后曾以《进呈书像》名刊印于世。此书共由48幅木刻版画组成，每幅画都附有简短的说明。

康熙初年，南怀仁在介绍世界地理的《坤舆全图》中对两卷图表做了注释，其中临摹了《世界七大名胜》中海姆斯坎克（Heemskerck）版画——巨人雕塑罗兹的欢乐画面。高士奇《蓬山密记》中记载：康熙朝初年，南怀仁还曾用西洋透视画法作画3幅，其副本挂在畅春苑观剧处。康熙十七年，即1678年，利类思也曾作3幅西洋画呈献给康熙皇帝。利类思还在北京耶稣会公园举办西洋画展，一些清廷官员出于好奇前去观看了这个展览，结果大吃一惊，他们不能想象在一张普通的纸上竟能如此逼真地画出亭台楼阁、曲径小路，乍看上去以为自己的眼睛受骗了。由于受到这种新奇艺术的诱惑，康熙帝曾要求耶稣会给他派一名透视学专家，连同珐琅术技师一起来华。

康熙三十九年（1700），教会雇佣的法籍世俗画家杰凡尼·热拉蒂尼 (Giovanni Gheradini) 到达北京。他在北京的任务是装饰耶稣会北堂，在北堂会客室里，挂有法国国王及诸王子像、西班牙与英国等国国王像，还展示了从法国名著中收集的优秀铜版画。热拉蒂尼用典型的巴洛克风格装饰北京耶稣会教堂的墙壁与天花板，当时参观教堂的人们看到他描绘的长方形的柱子，似乎真的从一边的墙延续到桌几后面东边的墙，其给人的印象是一组逐渐缩小的等距离的柱子，具有纵深感觉。传教士诙谐地描述：参观的中国人用手去摸墙，他们不能相信那柱子是画出来的。当他们抬起头看天花板时，那些按照透视方法描绘出来的巨大空间，那些似乎在天国中飘浮的人物，令他们惊叹不已。

二　游文辉与倪雅谷：中国最早的油画家

利玛窦东来的时候，与他同来的还有一位意大利耶稣会士乔瓦尼。他和利玛窦、巴范济等 8 名传教士到达中国澳门，开始学习中文并传授西洋油画技法。1583 年，他应毕方济之邀，为澳门的教堂绘制油画《救世者》，这是西方传教士在中国绘制的第一幅油画。此后不久，乔瓦尼被派赴日本从事宗教绘画教育，先后在长崎、有马开设绘画学校，传授西方油画技法。1614 年，日本德川家康下令禁教，乔瓦尼带着他的学生重回澳门，在圣保禄修院设立绘画学校，教授西方油画技法。这是中国历史上第一所传授西方绘画技法的美术学校，现存澳门的不少明末天主教油画，多出自乔瓦尼及其弟子之手。

第一个为耶稣会服务的中国画家是游文辉（1575—1633）。游文辉，西名 Manuel Pereira Yeou，在 1605 年加入了耶稣会。他是广东人，生于澳门一个基督教信徒的家庭。他 18 岁开始学艺，1593 年至 1598 年间在乔瓦尼所办的美术学校学习，课程内容包括宗教画技法，5 年间他掌握了不少西洋绘画技巧。在 1598 年，游文辉与郭居静神父、钟鸣仁一起由澳门进入内地。至迟于当年 6 月，他已经来到南昌，并在该月的 25 日陪伴利玛窦、郭居静神父出发前往北京。但那次上京没有成功，他与郭居静、钟鸣仁返回南京。万历二十八年（1600）游文辉再次跟随利玛窦、庞迪我神父北上，他们于济宁受到漕运总督刘心同及其好友李卓吾的热情欢迎。总督回家后，向夫人讲述在利玛窦船上见了一张圣像，画的是圣母抱耶稣。总督夫人因此做了个梦，她觉得此梦非同寻常，便想派该城的一位画家到船上临摹一张圣像。利玛窦担心不易画好，而且时间也来不及，便把游文辉复制的一张送给了夫人。总督非常高兴，不胜感激，说要将此画供奉在家里。

万历三十八年（1610）利玛窦逝世时，游文辉也在北京。此外在京的还有熊三拔（Sabatino de Ursis，1575—1620）与费奇观神父、修士钟鸣仁。大家都恳求游文辉，让他画一幅利玛窦神父的肖像，以抚慰众人。这幅《利玛窦像》后来由金尼阁在 1614 年带回罗马，至今保存在罗马梵蒂冈耶稣会总部。从这幅肖像画的风格来看，它显然受到“圣像画”的影响，说明游文辉已经掌握了源于中世纪宗教画家的油画技法。（图 10-3）

图 10–3　　游文辉绘《利玛窦像》，梵蒂冈耶稣会总部藏

当时的中国修道士中还有石宏基、徐必登、丘良禀等人亦学习过西洋画法，只不过游文辉曾因为利玛窦画过肖像而更知名。

倪雅谷是利玛窦身边的另一位重要的绘画助手。但是，与游文辉长期伴随利氏的情况有所区别，倪雅谷来到中国以后的主要任务是南北奔走，绘制中国的教堂壁画。

倪雅谷，字一诚，西名 Jacpues Niva，1579 年生于日本，其父亲是中国人，母亲是日本人。他早年在日本的耶稣会美术学校跟乔瓦尼接受教育。1600 年澳门教堂失火，次年他作为传教区的画师而到达澳门，但实际上澳门教堂的工事才开始，因此，在那里他仅作过两幅大画，就于 1602 年与李玛诺同来北京。他带来了此后利玛窦送给程大约的那张铜版画《圣母怀抱圣婴耶稣之像》。他来华的目的即是帮助利玛窦装饰北京新建的教堂。

倪雅谷不负众望，他为北京小型教堂所绘制的《圣母抱耶稣像》得到了众人的称赞。利玛窦赞扬说：“他画得惟妙惟肖，绝不会次于原画。”1606 年，倪雅谷受命再赴澳门，为新建的大三巴教堂作《升天图》。同年圣母升天节（8 月 15 日），利玛窦根据几位青年修士的表现，决定收倪雅谷等 4 人为初学生。万历三十五年（1607），倪雅谷到南昌，制作过中国式的彩色木刻“门神”，这类画既通俗又便宜，十分利于传教。他还为南昌新建的两个教堂画了耶稣、圣母像。万历三十八年（1610）之后他第二次来到北京，为利玛窦的墓室作内部装饰，壁画上“耶稣坐在一个很华丽的宝座上，天使在上方四周护卫，宗徒站在两旁静听耶稣讲道”。他还帮助李应试制作《两仪玄览图》，可能也为利玛窦负责设计、熊三拔负责施工、刚刚建造完毕的新教堂作了壁画。当时接替利玛窦中国传教区会长职务的龙华民（Niccolò Longobardi，1559—1654）称赞他是一位“无论平时还是战时都能严守纪律，有非常大的勇气坚持自己的职守”的青年。

倪雅谷来中国后将主要精力放在装饰教堂上。他第一次北上时，便利用在南京停留的短暂时间，为那里一座新建的小教堂装修了圣母祭台后部，饰以小圆柱和遮檐，非常美观。以后他往来于北京、南昌、澳门等地，也均为教堂做装饰。据说即使在南京教案发生之前，倪雅谷与两名中国徒弟的行动也比较神秘，因为如果让皇帝知道他们的绘画工作，他就可能干不了别的，只会被拉去为皇帝或宫廷中的显贵大官们画画。

中国人对西方绘画的深刻印象，主要得自一些规模宏大，并装饰有制作精细的大型壁画的教堂。倪雅谷曾在多处仿照西方样式绘制过天顶藻井以及飞翔的天使，正是这些“诡异”之物，使得涌入教堂的中国信徒被深深打动。因此，倪雅谷来华不仅帮助利玛窦提升了教堂艺术，而且也为西方美术在中国的传播起到了普及作用。

三 《天主降生出像经解》

艾儒略（Giulio Aleni，1582—1649）的《天主降生出像经解》是晚明一部极具影响力的宣教书，其内容来自四福音书的耶稣生平事迹，形式为晚明流行的版画连环画。此书以中国人喜闻乐见的图像和语言，以中国人所熟悉的传播媒介，向来自各个阶层的教徒和教外人士直接传教，这不仅使耶稣会的“本地化”原则进一步深化，也体现了天主教传播走向通俗化、大众化的全新尝试。

《天主降生出像经解》是一部木刻版画本福音书故事。这些木刻版画的蓝本就是前文提到的著名的铜版画册、纳达尔神父的《福音书故事图像》，书中有153幅图，每幅图都以福音故事为题，有依据福音书而写的说明。这本画册使《圣经》故事就像一幕幕的画面在舞台上展示出来。这本画册是16世纪晚期和17世纪在耶稣会享有盛誉的一部作品，被视为“耶稣会灵性上和传教事业上的里程碑”，在欧洲的影响非常大，并且传到了亚洲甚至南美洲，不少国家都有在本地使用这些图片的书。纳达尔本人曾是耶稣会创建者依纳爵·罗耀拉（Ignacio de Loyola，1491—1556）的主要合作者之一，耶稣会的副会长。前面曾经提到，这本画册至迟在万历三十三年（1605）前已传到中国，利玛窦将此画册中的3幅画赠予程大约并被后者刊印在《程氏墨苑》上。万历四十八年（1620），传教士罗儒望委托中国画家董其昌或他的一位学生，以《福音书故事图像》为底本，制作了《玫瑰经》中的15个神秘故事的木版画，作为他的《诵念珠规程》一书的插图。罗儒望出版的版画表现出令人目眩的强烈的艺术性，尤其令人惊叹的是版画所作的再诠释的原创性。

中国读者对这些艺术品的风格易感熟悉，尽管这些作品的内容是十分新鲜的。插图很好地再现了董其昌的风格。

艾儒略选取了《福音书故事图像》中的 63 幅图画，将它们改造为 57 幅中国式的木刻版画，并于崇祯八年（1635）将这个画集以《天主降生出像经解》为名出版。全书的每幅画上方均有标题、下方有中文注解，大小为 25 厘米 ×16 厘米。卷头另有单幅大图《天主降生圣像》，底端有明末著名教徒许乐善（1548—1627）赠耶稣会士王丰肃的六言诗一首。此书与艾氏的另一部文字本福音书故事《天主降生言行纪略》（以下简称《言行纪略》）大致同时出版。虽然它们是两种不同的著作，但在内容上明显互补，在《天主降生出像经解》的每一幅图的文字最后，都会注明该故事在《言行纪略》中的相应位置。

作为一本宣教画册，《天主降生出像经解》极具故事性。50 多幅版画，每一幅都是一个小故事，加上卷头单幅大图《天主降生圣像》，连起来又成为一部完整的连环画作品，全书以图为主，辅以解说，生动形象地描绘了福音书中耶稣诞生、传道和死后复活的故事，跟明末涌现的众多演义小说连环画宛然相类。作为一部木刻版画集，它在形式上采用了顶题上图下文的版式，这种版式在明末逐渐式微，但在稍早的通俗小说戏剧插图中曾颇为流行。艾儒略选择这样的版画样式，既充分考虑了受众的接受能力，也体现了他本人对中国版画、连环画的充分理解和喜爱。

在对《天主降生出像经解》的画面处理上，艾儒略一方面尊重和仿照了纳达尔的铜版画原作，另一方面也做了许多中国化的加工。卷头中国版画中的耶稣半身像姿势亦站亦坐，右手半张，微屈拇指、中指和食指，颇似佛教手姿中的“说法印”；其左臂拢一十字架，手抱一日月星辰大球，也令人联想到佛教图像中常见的“法轮”或“法珠”；画中的耶稣雍容高贵，神情淡定超脱，双手富有肉感，明显有佛教造像的特征；耶稣的衣着华贵，有内外两层，皆饰有花边，质地轻柔。图的背景部分也富有中国风格。如《圣母端冕居诸神圣之上》，画面为圣父圣子为圣母加冕，其下各色人等向云端仰望礼拜。图中三神皆站于大团云雾之上，圣父手持权杖象征威严，圣子手抱日月星辰法珠，衣饰华丽，与卷头大图《天主降生圣像》完全一致。云端之下是“诸国帝王士民祈望圣母为万世主保恩母”的画面，各色人等向云端仰望礼拜，亦颇似道教“入登仙籍”一类内容的绘画。在向圣母欢呼的各色人等之中，有的看起来像西方人，还有一些却明显具有中国人的特征。这些中国人有戴儒士帽的文士，有兵士，还有小孩；画面背景的建筑中有西式的教堂，也有中国式的牌坊。在其他一些图中，艾儒略也加入了中国元素。如《耶稣十二龄讲道》中，台阶上有中国庭院化纹饰。又如《濯足垂训》中，原图中阴森的墙壁变成了一个优美的中国屏风，上面绘着明朗的山水，风格与原画迥异。再如《立圣体大礼》中，耶稣背后有大幅帏幔垂下，两边都挂有装饰画。

《天主降生出像经解》以版画连环画的方式来诠释四福音书，这是艾儒略的一个创举。这不仅是对利玛窦“学术传教”策略的深化和发展，也体现了利氏以后的在华耶稣会士们对晚明士人的文化生活的理解和融入。耶稣会对“本土化”的认识已经从“穿儒服、读儒书”，进一步发展到“了解中国人的文化社会符号系统，找到彼此交汇的契合点”。这种契合，是对利玛窦时期“合儒”思想的继承，但艾儒略不再满足于拿基督教的奥义诉诸儒家经典，以此去寻求普遍意义上的理解，而把“合儒”具体地贯彻到现实生活之中，寻求与晚明福建本土儒士阶层活动的“契合”，这种“当时当地”的求同，无疑是耶稣会传播策略上的一次重大进步。

《天主降生出像经解》完整地描述了一个亦人亦神、既平实又神异的耶稣形象：虽然自圣母受孕起就有诸多灵迹发生，但耶稣却出生于一个贫苦的犹太家庭，艾氏毫不隐瞒地描述了“降生马棚”“被钉十字架”等事迹，甚至将“未婚而孕”“行割礼”“为宗徒濯足”等可能会引起习俗上的反感的事迹也一一介绍，同时按中国人的传统特别强调了诸如母慈子孝等伦理习惯。此外，艾氏也非常强调耶稣所行的各种灵迹，不断地凸显耶稣神性的一面，清楚地表明了其宗教内容。可能正是出于表明立场和免遭反感的双重目的，艾氏在改造纳达尔的原作时，显得非常谨慎，从画面到文字都尽量地保持了原貌，只是有意地糅入了一些中国元素。《天主降生出像经解》中的文字部分虽然字数不多，但文风简明清新，接近白话，极为通俗，加上图画，市井百姓只要粗通文字，就都能轻易地读懂其中的耶稣故事。

这表明了耶稣会在其传播对象上，开始把关注点从精英儒士阶层延伸到了普通士人，甚至广大草根阶层。这样的文风与画风，体现了耶稣会在传教对象上的政策转变。在已经得到了高层地方官员保护的前提下，艾氏开始立足于中下层，面向民间社会，试图将耶稣基督的福音渗透到中国社会的每个角落。此后数年中，艾氏还出版了多部通俗著作，如《口铎日抄》和《四字经》。其中《四字经》是面向儿童的启蒙宗教书，仿照中国三字经的形式，内容包括天主教主要教义，通俗简洁，几个世纪以来在福建民间流传极广。

《天主降生出像经解》是耶稣会使用艺术和艺术品作为传教手段的一个经典范例。由于西方绘画技法在透视、阴影与色彩等方面与中国传统绘画有很大区别，尤长于表现立体感，因此当时中国人见到传教士展示的宗教画时，往往震惊于其栩栩如生的效果。光绪十三年（1887），耶稣会江南主教倪怀纶将艾儒略的一些作品汇集成 8 卷本《道原精萃》在上海慈母堂出版，内附大量木版画插图。

四　马国贤在宫廷的绘画活动

当时，在中国绘画领域，一批西方传教士画家进入清宫，他们接受中国传统绘画技艺而将其融入西洋绘画之中，使这一时期清朝宫廷绘画之风格有所改变，形成新的画体和画风。大约从清康熙后期起，那些擅长绘画的传教士凭借他们的绘画技艺，成为中国宫廷画家，影响了中国绘画艺术的发展。这批具有专业素质的传教士画家就成为这一时期西洋绘画艺术在中国的主要传播者。其中主要代表人物有意大利传教士马国贤、意大利耶稣会士聂云龙、意大利耶稣会士郎世宁、法国耶稣会士王致诚等。

康熙初年即在宫廷活动的南怀仁兼长绘画，他在传播西洋绘画方面也起到一定的作用。此外，他还主持刻印了《七奇图说》，即刻画世界七大奇迹的画册，此书曾经广为流传。

马国贤（Matteo Ripa，1692—1745）是在“礼仪之争”中，罗马教廷的传信部为抑制耶稣会在华势力而直接派到中国的传教士。马国贤出生于那不勒斯南部的爱波里小镇，其父亲是萨来诺地区一位富裕的中产阶级医生。他 4 岁即不幸丧母，15 岁时被送往那不勒斯求学。18 岁那年，他下决心要传播福音，希望能得到赴东方传教的任务。1707 年马国贤和另外 5 位传教士受教皇的直接派遣，为因“礼仪之争”被羁押在澳门的多罗主教送来册封枢机主教的小红帽。他们一行于当年 10 月 13 日开始东方之旅，从荷兰鹿特丹出海，先到伦敦，后经南非好望角，最后于 1710 年 1 月抵达澳门。

此时，多罗主教回忆康熙帝曾托其代请教皇物色长于艺术与科学的教士供职宫廷，欲借此挽回康熙的感情，因函告康熙自己已升任红衣主教，并有教士 6 人新近来华，里面有 3 个是深谙数学、音乐、绘画的。此 3 人即指山遥瞻、德里格和马国贤。康熙接到多罗主教的信函后，立即谕令两广总督赵弘灿处理此事。两广总督赵弘灿安排马国贤在广州一方面学习汉话，一方面接受绘画方面的水平测试，绘制山水画和人物画。马国贤共绘制了 10 幅画，赵弘灿见后大为欣赏，敦请他为自己临摹了一幅，并让马国贤画了一幅真人肖像，招徕“很多人来围观马国贤画画，以致引起哄闹”。赵弘灿派人将马国贤的画作急速送京，康熙见后对其十分满意，下令准其一行入京。

康熙五十年（1711），马国贤到达北京，觐见康熙后，随即开始了他的“宫廷画师”工作。他在回忆录中说：“根据陛下的旨意，2 月 7 日我进宫，被带到了一个油画家的画室。他们都是最早把油画艺术引进中国的耶稣会士年神父的学生。一番礼貌的接待之后，这些先生给了我一些画笔、颜料和画布，让我可以开始画画。”

马国贤为清廷服务了十三年，正是他开创了中西绘画结合之路。马国贤在清廷的身份实际上是御用画师，他的绘画并不完全是自由的，他必须考虑自己的绘画是否能令康熙满意，这就使他必须面对如何处理西方绘画和中国绘画两大传统的问题。马国贤早期创作的一些人物和风景画作品，如《桐荫仕女图屏》《各国人物屏》《通景山水屏》等，都在一定程度上借鉴了中国画的手法。马国贤精于雕、琢、绘、塑，深为康熙所重。

马国贤将西方的铜版画制作技术介绍到中国。马国贤来华前并未制作过铜版画，只是有些基本的了解。到中国后，他自己动手制作了相关设备，多次试验后成功掌握了镌刻铜版的技术。康熙五十二年（1713），康熙让马国贤主持印制铜版画《御制避暑山庄三十六景诗图》，马国贤因而成为中国镌刻铜版画的创始人。马国贤在镌刻铜版时糅进了西洋绘画的手法，他的铜版图是中国绘画艺术与西方版画雕造艺术的一次完美结合。同时，他也积极培养了一批中国神职学员，并辅导他们学习宗教画，这些学生以殷若望、谷文耀、黄巴桐、吴露爵等最有名。

五　宫廷洋画家郎世宁

康熙朝以后，为清王朝服务的西方传教士画家有郎世宁（Giuseppe Castiglione，1688—1766）、王致诚（Jean Denis Attiret，1702—1768）、艾启蒙（Jgnatius Sickeltart，1708—1780）、潘廷璋（Joseph Panzi，1734—1812），安德义（Joannes Damascenus Salusti，？—1781）、贺清泰（Louis Antoine de Poirot，1735—1813），被称为“六大宫廷洋画家”。

在这些人中，郎世宁是自晚明西洋绘画传入中国以来最有影响的传教士画家。郎世宁1707年加入耶稣会，年轻时受过较为系统的绘画技法训练，为教堂画过耶稣像和圣母像等宗教题材画。

1714 年 4 月 11 日，郎世宁搭乘圣母希望号从葡萄牙里斯本出发前来中国，同行者还有擅长医药及外科医术的意大利耶稣会士罗怀中。他们经过印度，于康熙五十四年（1715）7 月抵达澳门。依照当时传教士来中国的惯例，他们在澳门学习中文及生活礼节。同年 8 月郎世宁抵达广州，11 月与罗怀中一起北上京师。12 月 22 日，经马国贤引荐，郎世宁觐见康熙皇帝，这一年他 27 岁。郎世宁在乾隆三十一年（1766）病逝，在中国生活时间长达 51 年，历经康雍乾三朝，创作了近百件反映清中前期社会文化生活的作品。

从雍正元年（1723）开始，郎世宁便以绘画为雍正服务。档案记载这年“七月三日，西洋人郎世宁画得桂花玉兔月光画一轴，怡亲王呈进”。同年九月，郎世宁又绘了一幅《聚瑞图》。当时，雍正借所谓“麦谷两歧双穗”“莲花同茎分蒂”等现象，大谈祥瑞与天人感应。郎世宁在这幅图上写道：“皇上御极元年，符瑞叠呈，分歧合颖之谷实于原野，同心并蒂之莲开于禁池。臣郎世宁拜观之下，谨汇写瓶花，以记祥应。雍正元年九月十五日，海西臣郎世宁恭画。”这幅画从思想内容上看，描绘了祥瑞之物，预示了太平盛世，迎合了雍正帝的政治意图；从画面上看，采用了写实的手法，带有西方静物画的特点，但减弱了画面的明暗光差，亦中亦西，迎合了雍正的艺术趣味，显示了郎世宁来华之后绘画技巧与艺术风格的变化和转折。画上的题款为“海西臣郎世宁恭画”，表明他已经正式以“臣”属的身份供奉朝廷。（图 10–4、图 10–5）

雍正三年（1725）九月十四日，郎世宁又奉命绘《瑞谷图》。其所绘之瑞谷是根据内阁典籍厅送来的河南省进瑞谷 15 本、陕西省进瑞谷 21 本、先农坛进瑞谷 16 本。《清世宗诗文集》中收有一篇《瑞谷图跋》，其中写道：“朕览各种瑞谷，硕大坚实，迥异寻常，不但

图 10-4　　郎世宁《百骏图》(局部)，台北故宫博物院藏

目所未见，实亦耳所未闻。若但见图画而未见谷本，则人且疑而不信矣。”可见雍正对这幅画是很满意的。

圆明园扩建工程基本完工之后，雍正帝开始驻跸圆明园，御园听政。为了对园内的殿堂进行装饰，他命郎世宁绘制了大量的室内装饰画。档案记载：五年（1727）“传旨万字房南一路着郎世宁画格扇”；六年（1728）“传旨圆明园耕织轩着郎世宁起稿呈览”“圆明园内新添平头案，着郎世宁放大样画西洋画”“西洋人郎世宁画得年例山水画一幅奉旨送往圆明园”；七年（1729）“传旨圆明园含韵斋，着西洋人郎世宁画画”“传旨西峰秀色殿内，着郎世宁画山水”“奉旨九州清晏东暖阁，着郎世宁等画画”。

早在乾隆登基之前，郎世宁便与他有了联系，为他绘制过精美的图画。乾隆继位之初，郎世宁又为他绘制了多幅图画。其中最重要的一幅画，是他与唐岱、沈源合笔绘制的《圆明园图》。这幅图充分展示了圆明园的美丽景色，深得乾隆欢心。乾隆元年（1736）三月，乾隆下令：“赏郎世宁、唐岱每人人参二斤，纱二匹。赏郎世宁徒弟每人官用缎二匹。”同年九月，他再次下令：“赏西洋人郎世宁上用缎二匹、貂皮二张，郎世宁徒弟四人每人官用缎一匹。”乾隆二

图 10-5　　郎世宁《羚羊图》，沈阳故宫博物院藏

年（1737），郎世宁继续为圆明园绘制室内装饰画。清代档案记载，乾隆十一月二十二日传旨：着郎世宁将圆明园各处油画画完时，再往畅春园寿萱春永处作画。繁重的工作，使年近半百的郎世宁疲惫不堪。乾隆三年（1738）年初，郎世宁身患疾病。乾隆极为关切。二月二十七日，他赏银一百两供郎世宁养病之用。四月初，郎世宁病情好转，乾隆特许他在家工作，不必出门奔波，明确指出："郎世宁之病如好了，着伊在家将保合太和围屏上画画，得时送进。"

在长达数十年的清宫内廷的艺术生涯中，郎世宁既作油画，也使用中国画工具，按照西洋画法作中国画。所画人物、花鸟、走兽，均重视明暗、透视，注意解剖、结构，形成精细逼真的画面效果，受到皇帝的重视和赞许，被乾隆誉为"写真无过其右者"。郎世宁的早期画作保留了典型的西洋画风，后来为了适应中国皇帝的欣赏品味，逐渐糅入一些中国画技法，具有中西合璧的特色。郎世宁创作的油画有《香妃画像》《太师少师图》《乾隆抚琴图》等。其中最著名的是《香妃画像》，画的是乾隆皇帝的宠妃香妃穿着欧式盔甲。画法细腻准确，富于立体感，显示了作者具有较为深厚的素描功底及解剖知识。画像在使用欧洲古典油画材料与技法的基础上，又受到了中国传统绘画的某

图 10-6　郎世宁向康熙皇帝展示自己刚画完的《康熙皇帝朝服像》

些影响，特别是在光线的处理上，为避免侧面光照在人物面部造成强烈明暗对比效果，而采用了正面光照，人物面部显得清晰柔和，比较符合中国人尤其是皇帝的审美趣味和欣赏习惯。此幅作品没有落款，但从画风和油画技巧上分析，很有可能是郎世宁的作品。《太师少师图》纵 301 厘米，横 492 厘米，在画面的左下角有“臣郎世宁恭画”6 字一行，以楷书书写，款下钤二印。该画表现的内容是：大小狮子若干出没于树林山石之间。画作形象生动，造型准确，构图明暗较强烈，富于立体感。狮子及树木的画法完全是用西洋画的手法表现，画面上笔触清晰可辨，部分地方用油色较厚重，高出纸面；假山石虽用油绘，但却有中国传统绘画山石的造型。该画是郎世宁油画中“融会中西画法，自成一格”的典范之作。

清朝档案记载，郎世宁曾多次为皇帝、皇后及嫔妃画像，如《康熙皇帝朝服像》《乾隆朝服像》《弘历岁朝行乐图》《弘历射猎聚餐图》等（图 10-6）。他绘制的乾隆皇帝，皮肤白皙柔润，眼睛晶亮有神。他画了弘历从阿哥时期至 45 岁一系列“御容”肖像，以精妙的艺术手法表现了一个端庄、安详、威严的英主形象。他绘制的皇后、嫔妃脂粉浓丽，但不妖艳。

图 10-7　　　郎世宁绘《乾隆戎装大阅图》，故宫博物院藏

在美国博物馆中，藏有一张郎世宁绘制的乾隆皇帝、皇后与11位妃子的肖像，画名是《太平之治，存乎一心》。在这幅画的背后，还隐藏着一个有趣的故事。由于郎世宁经常绘制宫廷帝后生活的图画，因此可以接近皇帝的各位嫔妃，有一天，乾隆皇帝突然问他："汝看她们谁最美？"郎世宁回答："天子所幸皆美。"皇帝又问："昨日你见到的妃子当中谁称汝意？"郎世宁答："我没有看她们，我在数陛下殿内的花瓷砖呢。""多少块？""30块。"于是皇帝命太监去数，结果证明郎世宁说对了。后来，皇帝命他画一幅横卷，画上皇帝、皇后和受宠爱的11位嫔妃。这幅画共被"御览"3次，一次是刚画完之后，第二次是乾隆皇帝70寿辰时，最后一次是乾隆归政那天。乾隆最后一次览毕，命太监把画封存在匣内，并告谕：谁敢看它，碎尸万段。

乾隆时期宫廷绘画艺术发展的一大盛事，是制作反映乾隆战功的系列铜版画。乾隆为表现自己历年来南征北战、平定边疆的"十全武功"，采取以画记史的方法，让宫中画家制作了8套共98幅铜版画。这些铜版画是传教士画家和中国画家的集体之作，郎世宁、王致诚、艾启蒙、潘廷璋、安德义等都参加了创作。（图

10-7）西洋铜版画在中国的传播由此达到了高潮。

乾隆对郎世宁的作品和艺术造诣十分欣赏。乾隆登基伊始，每日必去画室观看郎世宁作画。而身为宫廷画师的郎世宁，则将乾隆一生中的大事都一一入画，笔触挥洒自如，景色生动逼真，他的画曾长期悬挂于乾隆皇帝的私人书房“三希堂”。由此可见乾隆皇帝对其之喜爱。

郎世宁是一位非常忙碌的宫廷画师，而且越到后来越忙碌，因为乾隆皇帝很喜欢他的作品。乾隆未登基之前，做长春居士时，就非常欣赏郎世宁的作品。郎世宁辛苦地画了大量美妙的作品，用画歌颂造物者，把西方绘画的光影、立体感带入中国山水画平面的世界，把西洋处理阴影的技法融进中国绘画里。他的创作东西交融。这种西洋技法对当时的清宫绘画有很深的影响。

乾隆二十二年（1757），郎世宁虚岁70岁，乾隆特意为年已古稀的郎世宁举办祝寿活动，赏赐极厚。乾隆三十一年六月初十（1766年7月16日），郎世宁在北京病逝，终年78岁，丧礼备极哀荣。乾隆皇帝特下谕旨，追赐侍郎衔，并赏银300两为其料理后事。

郎世宁的遗骸安葬在北京城西阜成门外的欧洲传教士墓地内，墓碑的正中下方为汉字“耶稣会士郎公之墓”，左边为拉丁文的墓志。

由于郎世宁的绘画融贯中西、自成一格，加之后乏传人，所以其作品均弥足珍贵，历来备受艺术家和收藏家的青睐，学者对其作品也多有赞誉。

六 “郎世宁画风”兴盛一时

康乾时期西方传教士画家在宫廷从事绘画活动，一批中国宫廷画家跟随他们学习西方绘画技法，使西方绘画艺术传播到中国，对中国的绘画艺术的发展产生了很大的影响，并形成了中西绘画艺术交融汇合的趋势。

明末清初以来，在官方画坛上逐渐占据主导地位的是以董其昌为代表的“松江画派”及后续以王原祁为代表的“娄东画派”。尤其是康熙朝，“娄东画派”代表王原祁以翰林学士、户部侍郎和《佩文斋书画谱》总裁等官职在南书房侍奉皇帝；乾隆朝，承继“四王”衣钵的董邦达曾任翰林院编修、侍读学士，还被擢任为工部尚书、礼部尚书等官职，且也在清廷南书房以其书画侍奉皇帝，董邦达的官阶比王原祁还高，他还兼任《石渠宝笈》修撰，可谓其时书画艺术界官职最显之人。也许是对当时画坛到处充斥“四王”这个单一的艺术趣味的厌倦，康熙皇帝开始命宫廷画师焦秉贞、冷枚师徒跟随西洋传教士南怀仁学习西洋画法，下谕旨召入西洋画家效命清廷，等等。但康熙在艺术方面的根本价值取向还是没有游离“四王”的艺术思想范畴。从雍乾年间起，或许对日益泛滥的“四王”艺术有了更多的视觉疲劳，清朝皇帝开始对西洋绘画予以更多的关注。乾隆时，西方绘画艺术尤其是油画更是备受青睐，被广泛地用作宫廷装饰艺术。

郎世宁、王致诚等人来到中国后，面对中西两种截然不同的绘画，为将两种不同的绘画形式融合在一起而进行了长期的探索，创造出了一种融合中西的“郎世宁海西新体”绘画。这是一种中西画

图 10-8　　郎世宁《竹荫西狺图》，沈阳故宫博物院藏

法相结合的折中主义新形式，是以郎世宁、王致诚为代表的西方画家为适应中国人的欣赏习惯和宫廷的需要，接触中国的纸、绢、笔、墨和砚，综合了中西绘画不同的观察方法和表现方法的绘画风格。在作品中，常常是人物用西法，背景用中法或干脆由中国画家来画。面部塑造采用正面光源，以减轻明暗度的差别，使光线和体积原则有所减弱。总之，中国新体画以变通透视和明暗画法来适应清宫“古格”和“雅赏”的需要，是用西洋画法画中国画。雍正元年，郎世宁画《聚瑞图》，标志着郎世宁绘画技巧与艺术风格的转变，也标志着中国新体画的初步形成。郎世宁画的《八骏图》等作品，用西方的透视学原理，将画面视角诸线汇集于一点，在二维平面上绘出真实的空间，画中的八匹骏马在三维的景色中，显得格外生动。他画的册页《仙萼长春图册》中的16幅作品，如《谷花稷穗图》《桃花图》《牡丹图》《紫白丁香图》《菊花图》等，把中国工笔花鸟画的技巧与西方强调光线明暗的写实主义结合在一起，突出了花卉的立体感，使之显得层次分明、娇嫩可爱；画中的鸟雀如真实的活物，于画面上跳跃鸣叫。郎世宁的绘画被尊称为“清画院的新体”，成为清朝画院主要画派之一。（图 10-8）

郎世宁新体画的酝酿、形成和发展，都是在中国皇帝的倡导、

庇护和推动之下完成的，郎体在内廷的推广和发展也正反映了清朝皇帝的绘画观、审美观。王致诚在一封信中说到皇帝对他们绘画创作的要求和影响时写道：

> 我可以说，我必须忘记自己过去所学的技艺，我还必须学会一种新技艺以符合该民族的情趣。这样一来，我必须用四分之三的时间，在玻璃上作油画，或者是在丝绸上作水墨画，也画树木、水果、飞鸟、游鱼、各种动物，很少画人物肖像画。皇帝与皇后的图像画都是在我到来之前，由我们的一位叫作郎世宁的意大利画师所画。此人技艺高超，我现在每天都与他在一起。我们所画的一切，都是奉皇帝旨意而作。我们首先绘制草图，他御览后，再令人对此修改和重新造型，一直到他觉得满意为止。

在乾隆皇帝的授意之下，郎世宁运用大量西洋透视法绘制作品来装饰宫殿。郎世宁新体画中数量最大的则是室内装饰画，如西洋画、通景画、油画、线法画、水画、夜景画、天顶画等。从雍正九年（1731）开始直到乾隆三十一年（1766），清廷关于装饰绘画活动的详细记录有160项之多，其中部分作品是郎世宁与中国画家合作完成的。

郎世宁不仅自己勤奋作画，创作了数量众多、题材广泛的绘画名品，而且向中国画家传授西画技艺，为清廷培养了一批兼通中西画艺，又各有专长的宫廷画家。例如清宫廷档案记载，雍正元年（1723）九月二十八日怡亲王传旨："班达里沙、八十、孙威凤、王玠、葛曙、永泰等六人，归在郎世宁处学画。"在清朝内务府的档案中，有丁观鹏、王幼学、张为邦、伊兰泰等画油画的记录。他们后来都颇有成就，伊兰泰是其中较为优秀的一位。郎世宁培养的这些弟子的作品往往都具有明显的西洋画风格，其中丁观鹏的《十八罗汉图》、陈枚的《耕织图》等都是流传于世的名画。乾隆皇帝于1751年下令“着再将包衣下秀气些小孩挑六个跟随郎世宁等学画油画”。可以说，中国皇帝的艺术赞助促进了油画在中国的进一步发展传播。当宫中御用的最后一名传教士油画家贺清泰在1814年故去之后，清代宫廷油画的发展就主要靠传教士画家训导出来的“包衣”来传续薪火了。

在清宫画家中，郎世宁始终处于备受尊崇的核心地位，很多大型绘画都是先由郎氏起草画稿，经皇帝允准之后，再分给他的同事和弟子们绘画；或是以郎氏之画为中心，配以中国画家的山水、花鸟。郎世宁在中国绘画史上的贡献可概括为两点：其一，郎世宁是清朝内廷“线法画”的创始人，他将西方绘画中的透视学引入了中国绘画。其二，郎世宁是融合中西画法的新体绘画的创始人和推动者。他将西方绘画理论结合中国的画笔、颜色、纸绢等东方材料，去表现静物、花鸟、人物肖像。他“以西法为主，适当参酌中法”的画法，与明清之际受西画影响的曾鲸、焦秉贞、冷枚等中国画家的那种“以中法为主、西法为用”的画法完全不同，从而形成了独特的“郎世宁新体绘画”，即风靡清廷的“郎世宁画风”。（图10-9）

随着雍正、乾隆时期的院画发展，郎世宁的这种“折中主义”新画体影响日益增加，并逐渐形成了清宫院画的主要格调之一。从“郎世宁画风”的产生、形成直至最终衰落的整个过程来看，其几乎伴随清朝的“康雍乾盛世”，在清宫画苑独领风骚达60余年之

图 10-9　　郎世宁、唐岱合绘《松鹤图》，沈阳故宫博物院藏

久；从明清之际西画东渐的整个历史来看，没有哪个时候能像“郎世宁画风”时代云集那么多的西洋画家，拥有那么多受西洋绘画艺术影响的“西画学生”或言“新型画家”，创作出那么多的中西合璧的绘画艺术品。

传教士宫廷画家们进行了广泛的艺术创作，并影响了一批本土宫廷画家，形成了独具特色的画风和画派，这与清朝皇帝的欣赏和支持是分不开的。前面提到，正是康熙时代将西方传教士画家引进宫廷。而乾隆皇帝更是对这些画家的创作给予了很大的支持和鼓励。不仅如此，他还创作了许多涉及西洋画的御制诗，表达了他对这些画作的欣赏，其中也有自己对中西绘画方法和技巧的一些看法。郎世宁的绘画成就，离不开清朝乾隆皇帝的肯定与支持。离开这一条件，郎世宁风格的绘画就不可能诞生。据考，乾隆皇帝非常欣赏郎世宁绘画的写实与逼真，其御制诗中多次表达了这种赏识，如“凹凸丹青法，流传自海西”“我知其理不能写，爰命世宁神笔传”“写真世宁传，绘我少年时”等等，可见乾隆对郎世宁绘画的喜爱。但是，乾隆对于郎世宁的绘画也并不是一味地赞美，反而经常提出要求，令其改进。如他一针见血地指出“似则似矣逊古格”，就是明确道破了郎世宁绘画神韵风采上的不足。郎世宁的“海西新体”绘画在宫廷风靡一时，与乾隆的喜好密不可分。

七　受西洋绘画影响的“史贝霖画风”

明清之际西洋绘画艺术向中国的传播，除了传教士带来的天主教绘画和进入宫廷的传教士画家的绘画活动外，还有一个重要的渠道，就是从作为通商口岸的广州传入了西洋绘画和西洋绘画艺术。从16世纪末开始，一直到18世纪，西方各国的大批商船直航广州等口岸，进行商贸活动，中西贸易发展达到了一个高涨的时期。特别是乾隆以后广州的“一口通商”，使大批欧洲商人在广州活动，他们也把西方的绘画作品带入内地，使许多中国人有机会见到各种西洋绘画。据《粤海关志》记载，在康熙到道光年间从广州进口的货物中，有许多“油画”“推公洋屏油画”“洋画”“玻璃镜镶玻璃油画”等项。

洋画的新奇面貌引起当地文人的关注，他们创作了不少以“洋画”为主题的诗作。如康熙三十二年（1693），江南名儒朱彝尊携子朱昆田游历岭南，与岭南名儒陈恭尹、梁佩兰等相聚于广州镇海楼，朱昆田作了《题洋画二绝句》，描述了他在广州看到的西洋风景画，其中一首云：

桦皮盖屋岛中间，水面鸬鹚挂小镮。
蔗酒满螺人醉后，蹋歌骑膊竞登山。

乾隆三十三年（1768），翁方纲作《洋画歌》和《后洋画歌》，描写了他在岭南所观赏到的西洋玻璃画。《洋画歌》写道：

阴晴远近同一川，桦皮屋子无市廛。
七道三岛想接连，人牛羊兕丈尺前。
人或坐立羊牛牵，青黄宛转高低田。
蹋歌镰耳争鲜妍，罽毛染衣光映渊。
白脉始知寻瀑泉，渐引渐深微绿穿。
一线淡入迢迢天，腾涌四起云绵绵。
大洋万里规影圆，此皆笔踪细盘旋。
有若发鬘丝丝缠，面势每在肤寸边。
初非组织非丹铅，远方市易用物全。
鹿毛之笔松花烟，技巧何止秋毫巅。
屏风竞说端拱年，金银莳贡自奝然。
拂菻女儿诧龙眠，亦不尽贵粉墨填。
红罗褾轴援古编，蝙蝠扇子螺钿筵。
海波不扬海估骈，晴风听泊黄埔船。

大量传入中国的西洋画不仅引起文人学士们的关注，也对广州等地的绘画艺术产生了一定的影响。在这些西洋画风的影响下，出现了中国最早的西洋画家。

玻璃画在欧洲式微的18世纪，在中国却异军突起，成为一个新型的外销艺术画种。史贝霖是清代广州西洋画画家中迄今所知最早的一个。他一开始是靠在玻璃上绘制油画肖像而崭露头角的。其现存最早的一幅玻璃肖像画上有用英文写的标签，画的是英国船长托马斯·弗瑞（Thomas Fry），署名“史贝霖于1774年10月画于中国广州”。由此推断他的艺术生涯可以上溯到18世纪60年代晚期。继此之后现存有他题签的油画人物写生肖像画达十几幅，风格上接

图 10–10　　史贝霖作品《广州商馆区一角》(1807)，香港艺术馆藏

近英国艺术家阿瑟·戴维斯(Arthur Devis)的样式。18 世纪 70 年代至 90 年代，许多由中国人绘制的各种西洋画被归附于史贝霖的名下，被称为“史贝霖画风”。(图 10–10)

除此之外，他还作有许多布面油画，是清代由玻璃画转向布面油画的重要代表性西洋画家。他的最早的一件此类作品是描绘一位身份不明的英国人，此画画在一个椭圆形画框内，画的背面标签保存完好，上面题写道：“广州史贝霖之作，1786 年 12 月 1 日。”类似的一件作品是英国马丁·格里高里画廊收藏的《约翰·怀特船长肖像》(*Portrait of Captain John Watts*)。

史贝霖现存作品大体上以 18 世纪 90 年代为分界线分为两个阶段。早期的肖像画与其作玻璃肖像画有关，画面用笔比较拘谨，笔触磨得很平，人物脸部结构块面效果不明显，衣饰及背景基本上是作色彩的深浅退晕变化，装饰味很浓，色彩之间缺乏环境色调的统

一和谐，画面比较刻板。大约从1786年起，由于改为在布面上作画和技艺的提高，人物饰中开始有微妙的色彩变化，整个画面色调也变得柔和统一起来，人物面部结构感和明暗对比也表现出来了，背景也有了深浅变化，人物的体积和空间感得到加强，神态气质得以展现，肖像已呈现新古典主义的风格。此种表现风格一直持续到他晚年，并且在表现技巧上显得十分纯熟老练。有学者评论说，史贝霖的转变意味着清代中国南方油画由玻璃油画迈入架上油画阶段，从而大大加速了清代广州油画发展兴旺的历史进程，为19世纪广州架上绘画及其画家群的出现，起了开拓先行的作用。史贝霖晚年的作品，已经摆脱了东方人单纯以线造型来塑造人物肖像的痕迹，达到了与西方画家之作媲美、难分难辨的境地，如他的画作《哈斯堪的画像》在他的日记被发现之前被普遍以为是18世纪晚期美国画家的作品。

《乔治·华盛顿》是史贝霖根据美国画家约翰·特鲁布尔所绘油画的彩色铜版画复制而成的。无论是细节、比例、透视，还是整体的色彩效果，都十分逼真，可见中国外销画家掌握西洋绘画技法的纯熟程度。除了复制西洋油画作品外，史贝霖也自己创作写生。《广州法庭内景》描绘了中国地方官员在广州开庭审讯英国“海王星号”水手的场景，事件的背景是：英国“海王星号”商船的水手酗酒打死一名中国人，中国官方对其控罪审讯。法庭设在十三行的商馆中，画家采用强烈的光影对比，造成舞台般的戏剧效果。画面中出现了几百人，烘托出审讯场面的庄重威严。

“史贝霖画风”一直延续到19世纪20年代。他的一些追随者所创作的作品，如奎呱作的《伯内阿·费奇像》、小东呱作的《美国人像》、兴呱作的《海员像》、林呱作的《外国男子肖像》等，表现方法均不出史贝霖左右，带有明显的史贝霖肖像画风格烙印。

乾隆后期，当西画东渐之风在北京逐渐衰退之际，其在广州民间却日益风靡，正在替代北京成为乾嘉时期西画东渐的重心。虽然临仿是清代南方通商口岸油画发展的早期方式，但在此基础上发展而来的油画创作，则奠定了油画在中国南方盛起的基础。

八　钱纳利在广东的绘画活动

在广东沿海的一些商埠如广州、澳门等地，也陆续来了一些西方画家在这里从事艺术创作活动。18 世纪下半叶到 19 世纪中叶，先后有一批来自英国、法国、葡萄牙、美国等国的职业画家和业余画家来广州旅游作画。如 1785 年和 1793 年，英国著名海景画家威廉·丹尼尔（William Daniell）及其叔父托马斯·丹尼尔（Thomas Daniell）先后到广州作画，威廉·丹尼尔于 1786 年创作了大幅油画《广州商馆区》。1811 年至 1812 年间到过广州的英国画家詹姆斯·华生（James Wathen）曾留下很多关于广州、黄埔风光以及商行花园的图画。1838—1839 年间，法国画家奥古斯特·博尔热（Auguste Borget，1808—1877）在华南地区作画达十个月之久，是最早描绘中国香港风物的艺术家之一，回国后出版了《中国和中国人》大型画册。他的画被广州的外销画画家们大量地仿制，影响很大。

19 世纪上半叶，英国的专业画家乔治·钱纳利（George Chinnery，1774—1852）来到广东，后在澳门居住了 27 年。他在这里

图 10-11　　《钱纳利自画像》

的绘画艺术活动给广东的西画创作带来了很大影响。（图 10-11）

乔治·钱纳利生于伦敦，祖父是位颇具名气的文化人，父亲是业余画家，所以钱纳利自幼便受到艺术的熏陶。17 岁时他有一幅肖像画在英国皇家美术学院的周年展览中展出，一年后又有 3 幅细密肖像画参加了学院年展。18 岁时他进入英国皇家美术学院习画。钱纳利非常崇拜该院创办者、英国著名肖像画家雷诺兹（Joshua Reynolds，1723—1792），经常对人声称他是雷诺兹的学生，尽管他已没有机会听到雷诺兹的课（因为在他进校前 5 个月雷诺兹已去世），但他在皇家美术学院受到了雷诺兹潜移默化的影响。他深受以英国画家托马斯·劳伦斯（Thomas Lawrence，1769—1830）和威廉·比奇（William Beechey，1753—1839）等为代表的"华丽风格"的影响。"华丽风格"是英国当时流行的绘画风格，以奔放的笔触、明亮的色彩、强烈的对比为主要特征。20 岁时（1794），钱纳利在学院年展中展出的肖像画竟达 12 张之多。由于那时英国皇家美术学院组织的年度展览会是当时的有社会影响力的事件、上流社会谈论的话题，也是树立个人声誉的媒介，因此，他的艺术才华受到传媒界的关注。1794 年，约翰·威廉姆斯（John Williams）在一篇题为《皇家美术学院是次展览的自由评论》中说："他（钱纳利）的作品强烈地感染着我，在一大批崛起的画家中，他的才华是非常高的，进步堪称楷模，他汲取了流行的绘画技法。"钱纳利在伦敦开始崭露头角。翌年（1795）他又创作了一组姣美动人的女肖像和两幅男性肖像，其中的代表作是伊丽莎白·史丹利女士的肖像。

1802 年，钱纳利从伦敦启程到印度。他在印度生活了 23 年，为在加尔各答的英国殖民地社会（东印度公司）上层绘制大量流行的肖像。1825 年，钱纳利为躲债离开印度，前往澳门。此后，他在澳门旅居 27 年，以鬻画度日，直到 1852 年病逝。

钱纳利曾在广州居住过几年，在广州“成为一个受到普遍欢迎的人”，与广东从事贸易的外商有密切的交往。其中“怡和洋行”的渣甸（William Jardine，1784—1843）和马地臣（James Matheson，1796—1878）都是他的艺术赞助人，常常订购他的画作。来华的商人、各洋行的大班以至广州十三行的行商，都是他的主顾。其中他为怡和行主伍秉鉴所画的画像，曾被送往英国皇家美术学院展览，被视为其杰作之一，模仿作品极多。他绘制了大量描绘濠江风物的写生素描及水彩画，大多技巧纯熟，生动感人。在他的笔下，我们可以看到百年前濠江淳朴的疍家渔民生活、闹哄哄的街头食档、流动的街头理发师、浑身是劲的打铁匠、摩肩接踵的市集、瑰丽璀璨的妈阁庙、醉人的南湾夕照、古老的教堂……这些作品，不仅仅是优秀的画作，还是述说历史的极其珍贵的图像文献，“有其特殊的价值”。

钱纳利在澳门、广州、香港等地创作了大量水彩、油画和速写。他所绘制创作的作品，可以分为三大类：第一类是以表现澳门的社会生活，尤其是华人平民生活为主的速写与写生稿；第二类主要是以澳门、广州、香港的地志风景、名胜古迹等为主题的油画、水彩创作；第三类是中外商人、旅行家和濠江渔女的油画肖像等创作。

钱纳利的艺术成就突出地表现在他绘制了数以万计的速写和写生稿。这些即时性、原创性的作品犹如 19 世纪前期澳门社会生活的百科全书，生动地记录了那个时代澳门千姿百态的社会生活。钱纳利经常回到画室用钢笔和乌贼液修改和重画他从室外带回来的速写草稿。这些在大量速写和写生稿基础上画成的“完整画幅”，成了他众多的水彩、油画的创作初稿和素材，其中不少情景、人物形象及地志景物多次出现于他后来的油画及水彩画创作之中。

钱纳利开拓了以粤、港、澳三地名胜古迹、地志风景为主题的风景画创作，尤其是创作了大量以澳门的名胜古迹、地志风景等为主题的油画、水彩画，为现在澳门文化遗产的保护提供了真实而宝贵的历史图像资料。

乔治·钱纳利是继郎世宁之后对中西绘画交流产生了巨大深远影响的另一位西方画家，同时也是19世纪在中国华南沿海居留时间最长、在东方最有影响力的西方画家。钱纳利对中国油画的发展具有举足轻重的促进作用，他将19世纪英国画风带入中国，并在华南一带广为传播，影响了许多中国本土油画家。一批中国西画家和澳门土生葡人、西方侨民在钱纳利的亲授或直接、间接影响下得以提高并成长起来，珠江三角洲地区的西画风格因此大变，流行钱氏传来的英国学院派画风，被称为“钱纳利画派”。有人在英文《广东邮报》上著文说：“一个在广州的现代绘画流派，是钱纳利建立起来的，他的学生包括林呱及其他一些中国画家都画艺不凡。”（图10–12）

图 10-12　　林呱模仿钱纳利作品画的《渔民烧火图》

九　天主堂体现的西方建筑艺术

早期西方建筑艺术，是附着于天主教，以天主堂的建设为中心而传入中国的。随着来华欧洲人的数量增多，西方建筑的其他形式，如住宅、会堂、剧场等也都在中国各地出现，并且有一些传教士还进入宫廷，参与宫廷园林的建设，如参与圆明园的设计和建设工作。但是在本章所论述的这个时期，西方建筑艺术主要是以天主堂的形式出现的。或者说，中国人最早是通过传教士们建造的天主堂来了解西方建筑艺术的。（图 10-13、图 10-14）

圣母望德堂、圣安东尼堂、风顺堂是澳门3所最古老的教堂。圣安东尼堂建于1565年，因圣安多尼是天主教徒所奉的“婚姻主保”之神，以往葡人婚礼多在此举行，华人因此将之称为“花王堂”。在澳门的天主教堂中，圣保禄教堂最著名。该教堂是1594年罗马教耶稣会意大利神父发起筹建的，1637年落成，曾经是澳门最为宏伟的建筑。圣保禄教堂后来屡次被焚，又屡次得到修建，直到1835年最后一次被火焚毁，只剩下教堂的前壁，即现在澳门最著名的景点“大三巴”。此外还有圣母雪地殿教堂、圣约瑟教堂和圣约瑟修道院、西望洋圣母堂等。《牡丹亭》中有一句“香山岙里巴”，大概就是指澳门的教堂。

随着传教士前往中国内地传教，西洋式的教堂也开始在内地出现。

利玛窦初到北京时，居无定所，一直是租赁房子住。到1605年，他在今宣武门一带买了一处宅院，才有了一处长久的居所。这是北京第一座天主教堂——南堂的雏形。这是一座中国传统建筑，仅在醒目位置安放了一座十字架，以表示其天主教堂的身份。1610年，由李之藻出资，南堂进行了第一次扩建，在利玛窦去世一年后投入使用。这座教堂虽然规模不大，但却是按照西方建筑样式建造的。1650年，汤若望对南堂进行了进一步的改建和扩建，使之成为一座典型的西式教堂建筑，体现了当时欧洲的巴洛克（Baroque）风格。南堂落成后，顺治皇帝曾御笔亲书“钦崇天道”匾额。当时的方济各会神父利安当来到北京看到此堂后说：“此一建筑物使北京居民无不惊奇不已，前来瞻仰者势如潮涌。”

康熙时期天主教在中国得到较大发展，各地纷纷建立教堂。康熙三十八年（1699），法国耶稣会士张诚、洪若翰、刘应奏请在

图 10-13　广州圣心大教堂修建时的建筑模型

图 10-14　广州圣心大教堂

皇城西安门内所建小堂基础上另赏隙地建盖大堂。康熙四十二年（1703），“救世堂”（即北堂的前身）在中海西畔蚕池口落成。蚕池口教堂建成后曾有记载：这座教堂一进门是一个四十法尺宽（十法尺为一丈）、五十法尺长的院子。院底为圣堂，长七十五法尺，宽三十三法尺，高三十法尺。中国史料记载：（北堂）长七丈五尺，宽三丈三尺，高三丈。南堂在救世堂落成之时开始重修，康熙五十一年（1712）完成，历时 10 年，“徐日升与闵明我予以改造，成为欧洲区”。

康熙五十九年（1720）京师地震，南堂、东堂均被毁。康熙六十年（1721），费隐以葡王斐迪南三世之款第二次重建南堂，利博明修士（Fr. F. Maggi）为建筑师。此堂系当时欧洲盛行之巴洛克式。全部地基作十字形，长八十尺，宽四十五尺。教堂内部，赖立柱行列，分教堂顶格为三部，各部作穹隆形，若三艘下覆之船身。

利博明同时为东堂重建进行了设计。雍正元年（1723）德理格于京师西直门内大街南建西堂。

雍正八年（1730）京师地震，南、北二天主堂亦被损伤。南堂第三次重建，“堂之为屋圆而穹，如城门洞，而明爽异常”。乾隆四十年（1775），南堂堂内火发，建筑尽毁，又进行第四次重建。重建后的新南堂仍为巴洛克式。

此时最宏伟的是卫匡国在杭州建造的天主堂，其“造作制度，一如大西”。这座天主教堂的整个建筑金碧辉煌，各种鲜艳的色彩互相调配。堂内三座祭台，正祭台供救世主像。圣体龛子仿西式雕琢，围以中国式绣幔。当年法国耶稣会士李明路经杭州时，对此堂赞不绝口，他说：“杭堂之美，未能以笔墨形容。堂中所有，悉镀以金；壁画挂图，无不装潢精致，秩然有序。堂内盖以红黑色好漆饰成，华人最善用此。陈饰物中有金花及其他贵重品，为世界之大观。”另一位传教士郭碧恩则说：“这座教堂不可否认是全中国最精美、维持得最好的一座，……它的造型取西欧教堂样式，隔成中间正殿和两旁侧殿，靠边两行柱子，砌在砖墙之内，中间两行柱子顶上，各镶嵌一块榫木，左右架横梁，前后搁行梁……”

十　圆明园中的西洋楼

最辉煌和经典的西洋建筑，是圆明园中的西洋楼。西洋楼是欧洲建筑文化传入中国后的第一个完整作品，也是欧洲与中国两大建筑、园林体系首次结合的创造性尝试。

历史上的圆明园由圆明园、长春园、绮春园三园组成，占地5200余亩，有著名景群上百处，规模宏大，是清代康熙四十八年（1709）起，历经150余年所建造和经营的一座大型皇家宫苑，与故宫共同构成当时的封建统治中心，被皇帝特称为“御园”。圆明园是中国皇家园林的辉煌杰作，在中国和世界园林史上占有极其重要的地位。其盛名传至欧洲，被誉为“万园之园”“世界园林的典范”。

在圆明园之前，中国的园林还没有出现过效仿欧洲园林的倾向。乾隆十二年（1747），乾隆皇帝从郎世宁进呈的西洋画中看到西方园林中的喷泉图样，很感兴趣，便征召西洋传教士修建，最后由郎世宁推荐传教士蒋友仁在长春园的北侧建成了第一座大型喷泉。喷泉在欧洲始见于希腊罗马，文艺复兴时期开始发展，到17世纪达到最盛阶段，以法国、意大利的品类为多而美。传教士们建造的喷泉令乾隆见而大悦。根据蒋友仁的记述，当第一座面向湖泽的西洋建筑“谐奇趣”建造出来时，乾隆非常满意。他特别喜欢巴洛克风格建筑那种具有动力和震撼的外观，他可以在两边任何一幢建筑内，观赏位于中央大楼前的喷水池，在附建筑内，则可以欣赏来自蒙古和回疆等地的音乐。于是乾隆皇帝命郎世宁、王致诚、艾启蒙和蒋友仁等在圆明园的北端长春园修造西洋楼，并由汤执中主持绿化。

圆明园西洋楼修建期间，正是欧洲建筑及装饰艺术经历了繁盛的17世纪巴洛克风格，向洛可可风格发展的时期。西洋楼建筑群的设计风格主要源于法国勒·诺特尔式造园风格。勒·诺特尔（André Le Nôtre，1613—1700）是法国著名造园艺术家、路易十四的首席园林师。令其垂名青史的是路易十四的凡尔赛宫苑，其代表了法国古典园林的最高水平。勒·诺特尔一生设计并改造了大量的府邸花园，并形成了风靡欧洲长达一个世纪的“勒·诺特尔样式”（Style Le Nôtre）。

西洋楼始建于乾隆十二年（1747），于乾隆四十八年（1783）最终完工。西洋楼景区内欧式建筑、喷泉、迷宫、雕塑、绿篱、水池等西方园林要素一应俱全，从平面布局到各造园要素的具体形象均接近于法国古典主义造园风格。全园共有7组欧式建筑，从西向东依次为：谐奇趣、蓄水楼、养雀笼、方外观、海晏堂、远瀛观、观水法。平面布局体现轴线对称特点，景区的主要道路均为直线，主要景点的人工水池也都是规则的几何形状。建筑采用西洋建筑风格，高大的大理石建筑、跌落的台阶、华丽的装饰，充分体现了巴洛克和洛可可的建筑风格。建筑的平面布置、立面柱式、玻璃门窗、栏杆扶手等，都是西洋做法，细部装饰为西洋雕刻中夹杂着中式花饰。在绿化方面同样采用西方园林方法，如修剪整齐的草木、花草铺成的花坛，还修建了西方花园内常用的迷阵（Maze）景观——“万花阵”。

海晏堂建筑物是仅次于远瀛观的圆明园标志性建筑物。现今圆明园内兀立的几根精雕的异国情调的方石柱，是原“方外观”遗址。由“方外观”东望，三合土高台前有一个3块巨石刻做的蚌壳，是“海晏堂”的西门。这座洋楼坐东朝西，门外平台左右对称地修了石阶和扶梯式的流水下坡石槽，槽壁就是扶手墙；墙边的水流分级下泻，形成折叠瀑布，直入下面的水池；水池内有12只铜铸的动物（动物头部即著名的“十二兽首”），按中国地支顺序，代表12时辰。每到一个时辰，相应的动物口中就喷出水来，到午时则12只动物一齐喷水。“海晏堂”的中心建筑是一座11开间的“工”字楼，楼南楼北也各有小型喷泉池。此楼即是附近各喷泉群

图 10-15　　铜版画《圆明园西洋楼海晏堂》

的供水楼。楼东西两头为提水用的水车房，中段平台楼下边是海墁高台，台上砌蓄水池，俗称锡海，一次可蓄水 160 余立方米。贮水是用“龙尾车”向上输送至“锡海”，再利用地心引力使水经过铜管流向喷泉的。（图 10-15）

据内务府造办处档案记载，在西洋楼建成后，乾隆为了给西洋楼配备与之风格一致的内部装饰，多次指示当时广州粤海关采办西洋奇异陈设，并指出“皆可不必惜费”。乾隆时期，广东洋货贡品数量之庞大和质量之上乘达到巅峰。

“西洋楼”是西方园林在中国第一次较全面、较完整的引进，代表着 18 世纪东西建筑文化和造园艺术交流的成就，在东西方文化交流史上占有重要地位。西洋楼完工后，乾隆就委派宫廷艺术家郎世宁、唐岱和沈源绘制巨型的《圆明园图》。

乾隆五十一年（1786）《圆明园图》成图。由宫廷满族画师伊兰泰起稿，造办处工匠雕版，绘制了长春园西洋楼铜版画 20 图。这套铜版画采用全景式构图，每幅图幅面宽 93 厘米，高 58 厘米。画面从多个方位描绘了长春园里的西洋楼 10 景，分别为：谐奇趣南面、北面，蓄水楼东面，花园门北面、花园正面，养雀笼的西面、东面，方外观正面，竹亭北面，海晏堂西面、北面、东面和南面，远瀛观正面，大水法正面，观水法正面，线法山三幅（山门正面、正面和东面），湖东线法画等。该画场面壮阔，构图精密。这是历史上第一次在中国本土由中国人自己制作成功的铜版画。从《平定准噶尔回部得胜图》在海外的制作出版到《圆明园图》铜版画在中国本土的制作成功，标志着明清之际西画东渐达到了鼎盛阶段。

第十一章

吹拂欧洲的中国风

一　中国商品带来的异域风情

在大航海的浪潮中，数以千百计的大帆船舟舶相继，行驶在海上丝绸之路上，将巨量的中国商品运往欧洲各国。这时运到欧洲的中国商品，不仅数量巨大，而且种类繁多。特别是丝绸、瓷器、茶叶畅销数世纪，风行欧洲各国，号称中国贸易的“三大支柱”，是这一时期全球贸易体系中的突出内容。除了丝绸、瓷器、茶叶这“三大物产”之外，中国出口的商品还有服装衣物、食品香料、家具漆器、珠宝首饰、生活日用品、工艺美术品、药品和中草药等，几乎涵盖了日常生活领域的各个方面。这些商品都是具有古老传统的产品或手工艺品，不但是人们生活的必需品，而且凝聚着数千年的文化积淀，既体现着复杂的工艺技术，又具有丰富的文化内涵。

那时候，中国丰饶的、数量巨大的商品支撑着整个中西贸易网络。广东的“十三行”是当时世界上最大的贸易集散地之一。

来自遥远中国的、充满异国情调的、新颖奇特的各类物产，大大地开阔了人们的眼界，丰富了人们的知识，满足了人们极大的好奇心。所以，在那个时代里，痴迷地追逐新奇的中国物品，在生活的各个领域、各个方面拥有、收藏、使用、品评鉴赏中国的东西，成为西方社会普遍流行的时尚。

大量的中国商品涌进欧洲后，在当时的欧洲人看来，这些东西是先进的、高品质的、高档次的、精致的、充满异域风情的，因而也就是时髦的、时尚的、流行的，在那个时候，拥有和享用来自中国的商品，是一种身份的标志，是跟上时代的象征。在当时的欧

图 11-1　　油画《静物写生》，画中有中国织锦和瓷器

洲社会，人们以拥有中国物品为时尚和荣耀。皇室、贵族以及上流社会的富人阶层，大量地搜罗来自中国的东西，引领社会的消费时尚，即使是普通百姓，也希望拥有一两件中国的丝绸服装、几件中国瓷器和漆器，甚至是一把扇子、一件小饰品等等，以跟上社会的潮流。大家对中国物品的追求热情高涨。（图 11-1）

在巴黎、伦敦等许多城市里，都有专门出售中国商品的商店。葡萄牙是最早开展东方贸易的国家，由于中国瓷器和其他物品的输入，葡萄牙首都里斯本很快成为欧洲专门销售中国古董和中国手工艺品的中心，不少专门经营中国瓷器和手工艺品的商店也蓬勃兴起。1580 年，里斯本大街上已经有 6 家专门出售中国瓷器的商店。最吸引人的是里斯本的格尔明街（Germain），那里以销售中国瓷器著名。此外，还有许多出售中国商品的售货亭和货摊。

早在 17 世纪初，在巴黎就有一些专门贩卖中国商品的商人和店铺。巴黎的圣日耳曼大街和圣罗兰大街的大型集市上，有大量的中国瓷器和古玩出售。路易十四的首席大臣马萨林主教（Jules Mazarin）的中国收藏品部分即来自圣日耳曼集市。所以，在当时

买到和拥有来自中国的物品并不是很难。

英国也早就设立了专卖中国商品的商店。据说早在1609年，伦敦就有了第一家瓷器店。1774年的《伦敦指南》中记载，在伦敦至少有这种专门出售瓷器、漆器和其他中国工艺品的商号52家。这些商家兼有商贾和艺术家的双重身份，他们根据雇主和市场的需要，设计造型和装饰图案，委托东印度公司的商人带到中国制造他们需要的瓷器等艺术品。到18世纪英国的乔治时代，即使是在偏僻的乡村杂货店里，也能买到东方缎带等一些时髦的奢侈品。

在那个年代里，品种多样、制作精美、丰富多彩的中国商品走进了欧洲人的日常生活，丰富了他们的生活内容，提高了他们的生活品质，改变了他们的审美趣味，甚至在一定程度上改变着他们的生活方式和生活态度，使他们的日常生活丰富起来、精致起来、美化起来。所以，这些中国商品成为一种时尚、时髦，成为一种风向标，同时也成为个人的品位、地位和身份的象征。不仅如此，他们也通过这些看得见、摸得着而且每天就在生活中存在的物质化的东西，获得了一定有关中国的知识，激发了他们对于中国的想象。

二　中国艺术品的收藏热

流入欧洲的中国物品，除了通过商业渠道进入欧洲人日常生活中的之外，还有少量的经由到过中国的传教士、旅行家等带回去的礼品。这些传教士和旅行家有的在中国居住多年，还有一些人可能没有到过中国，但在东方活动，比如在菲律宾、印度、日本等地进行传教或旅行，也会收集到不少各类的中国物品。1980 年，西班牙奥古斯丁修道会建立了一座“东方博物馆”（Museo Oriental），将该会曾在东方进行传教活动的传教士们 400 年间带回西班牙的中国物品和菲律宾艺术品进行展出。这些展品中的绝大多数都是中国的历代文物，其中有：周代青铜器、汉代铜镜、唐俑、宋瓷、明清山水画卷等。此外还有许多与民间风俗、民间信仰相关的文物，如老子的雕像、八仙和玉皇大帝的画像、观音菩萨的泥塑等，牧童回乡、河畔停舟、雅士抚琴、文人挥毫、福禄寿合欢等题材的画卷。此外还有皇帝的龙袍、官服、印章、刺绣等等。除了奥古斯丁修道会之外，其他修会的传教士们所带回的中国物品分别珍藏在各地的教堂或修道院中。

在那个时代的欧洲，收藏是一种社会风尚，而收藏的重点则是来自东方的奇珍异物。欧洲的富人热衷于搜集包括中国的瓷器和漆器在内的物品。许多贵族和社会名流都在家里专门开辟了“中国工艺品陈列室”。

荷兰有一位收藏家帕鲁达斯（Paludanus），共拥有 87 只收藏柜，藏品范围很广，有地理学、植物学、动物学等方面的标本，也有各种人工制品，如瓷器、漆器、服装等工艺品，这些东西大部分来自中国和印度、日本。1633 年，帕鲁达斯去世后，他的部分藏品捐给了荷兰的莱顿大学，莱顿大学专门建造了一栋楼，用来收藏和陈列他捐赠的藏品。这种形式便成为近代欧洲博物馆的前身。

许多皇室和贵族以及上流社会的人都有收藏中国物品的雅好，或多或少都要收集一些中国的工艺品，以显示自己的文化和时尚品位。法国国王亨利四世从东方购进了许多瓷器和纺织品，还从中国购买了大量的生丝，在里昂创办皇家丝织工场，以满足宫廷的需要。亨利四世的王后玛丽·德·美第奇指示廷臣为她提供中国式的漆釉书桌和柜橱，还特许一名经营中国商品的商人出入卢浮宫。路易十三的首席大臣黎塞留主教 (Armand—Jean du Plessis de Richelieu，1585—1642) 是爱好艺术的收藏家，曾在他的官邸里展示他丰富的收藏，包括中国的漆屏风、漆床以及 400 多件中国瓷器。马扎林主教的中国文物收藏也十分丰富，他在 1649 年的收藏清册摘要中记载："两件中国方式制的箱柜，黑底上满饰螺钿。4 件瓷瓶及丝绣的中国床罩。"1653 年的清册记载："一系列中国家具、织品、中国纱，15 件中国锦缎以及 10 件完整的巴黎制的中国式哔叽。"

17 世纪的英国作家伊夫林在日记中记载了他在一些贵族家里看到的来自中国的东西。1682 年，他在一位名为伯恩的博士家里看到了一箱子珍贵的东西，在走廊里不仅有一个日本式的屏风，还有另外的一个屏风，上面画的是中国的风景和中国人的生活场面。1683 年，在朴茨茅斯公爵夫人（Duchess of Portsmouth）的家里，他看到了日本的柜子和屏风。1684 年 6 月 22 日，伊夫林在日记中写道："一名叫汤生的耶稣会士"让他看了一些"由日本及中国耶稣会士寄来的珍品"，这是由英国东印度公司转运到巴黎的货物，暂在伦敦停留。伊夫林说，他这辈子还没见过类似的东西，他的珍品清单如下："最醒目的是巨大的犀牛角以及金碧辉煌的背心。那背心以金线编织刺绣，颜色鲜活，既优雅又活泼，欧洲压根儿见不到。还有一条镶着各式珍贵宝石的腰带和锐利到不能碰的匕首，刀刃的金属光泽也不是我们常见的，偏淡偏青。至于扇子，倒像是此地女士们惯用的样式，只是大得多，有个雕琢精美的长柄，扇面上则布满了汉字。"伊夫林说，这些物品几乎让人误以为直接来自弗兰西斯·培根的乌托邦小说《新大西岛》。1693 年，伊夫林还在玛

图 11-2　　法国扇面图案《中国陶瓷店》

丽王后的宫殿里见到稀有的箱子和珍贵的瓷器，以及镜子、架子、立轴、半浮雕的东西和人像。安妮女王的陈设中也有大量来自东方的物品，有二三百个瓷质的杯子、瓶子、盘子等。（图 11-2）

到了 18 世纪，这种风潮仍然持续不衰。法国大臣贝尔丹是一个中国物品的迷恋者，他有一个完整的陈列馆，这个陈列馆就在他位于巴黎林荫大道的府邸中。他通过各种渠道搜集的中国物品，包括中国素描画、绘画和艺术品等，成为他的珍异品陈列馆中最富有特色的部分，馆中还珍藏着钱德明神父从中国为他收集来的各种中国乐器。当时一个大量印刷的广告说："贝尔丹先生非常乐于让人参观其陈列馆，甚至将其中的各种物品，都通报给那些希望能从对它们的研究中，获得某种收获的学者和艺术家。"实际上，这个珍异品陈列馆向当时的所有学者开放，变成了一座真正的中国博物馆。

法国有一位贵族肖恩公爵，是文学艺术的热情资助者，他拥有关于自然历史、古代文化和中国古玩的大量收藏，据说这些藏品装满了他府邸的好几个房间。这位贵族的中国物品收藏是极为丰富的，有服饰衣帽、首饰，瓷器、漆器、象牙、木器等工艺品，有床、家具、茶壶、刀具、衣帽架、灯笼等家庭用品，有各种游戏器具和图书等，甚至还有北京地图、绘画作品，可谓蔚为大观，令人目不暇接。

三　日常生活中的中国情趣

在日常生活中的其他领域，也随处可见中国风的余韵和影响。一切广告、书籍插图、舞台布景、演员化妆，都以中国风尚为引人注意、争尚新奇的创造。例如中国折扇在17、18世纪的法国特别流行，法国宫廷贵妇不论冬夏，都一定手持中国式绢制聚头扇，即折叠扇，以代替16世纪时流行的羽毛扇。英国诗人盖伊在一首诗中说到流传到英国的中国扇子：扇子上画着各种人物。其中有女子，有的细眉细眼、莲步姗姗，有的吹笛击钹、自得其乐；有老者踞坐而餐，神态俨然；也有彩车上的兵勇，好像是七颠八倒。

欧洲人把中国情调引进到他们的娱乐游戏中。中国服装舞会和化装舞会首先在巴黎、维也纳出现，后来又在其他宫廷举行。舞会上最早出现中国人装扮是在1655年，不久后戴着锥形帽、垂着八字胡的中国人成为舞会的基本造型之一。1685年凡尔赛宫举办的一次假面舞会上，路易十四的弟弟勃艮第公爵一晚上便换了好几套装扮，最后出场时，他变成了一个“中国人”，给人留下深刻的印象。这种娱乐在18世纪变得非常风行，甚至法兰西学院的学生也经常携带化装面具。1700年元旦，法国宫廷采用中国节日庆祝形式来迎接18世纪的第一个新年，参加者身着中国式丝绸刺绣服

图 11-3　　一个洛可可风格的房间

图 11-4　　意大利雷亚莱宫的中式房间

装，皇家乐队用笙、笛、锣等中国乐器演奏音乐，似乎已经成了即将到来的这个世纪的情调。

这是一个“以中国风为时髦之风气的鼎盛时代”。（图 11-3、图 11-4）

那时候出版了许多有关中国的书籍，其中有旅行家的游记和报道，传教士们的书信、报告、著作和翻译的中国文献，欧洲的专家学者、作家撰写的有关中国的评论，还有一些剧作家、作家以中国为题材或由头撰写的剧本或小说等文学作品。这些书籍都广为流传。总之，“中国”是当时出版界和新闻界的热门题材，有关中国的一切，都是报刊专栏作家们热衷的选题，似乎不谈论中国，就赶不上时代的潮流，就显得落伍，显得不时尚。比如创刊于 1717 年的英国杂志《旁观者》（*The Spectator*），就曾连续刊登一系列有关中国的文章，内容涉及瓷器、茶叶、长城、园林艺术、孝道、封赠制度等诸多方面。翻阅一下 18 世纪那些日益大众化的杂志、小报，就会为英国人对于中国的兴趣和了解程度感到吃惊。

这种追求中国趣味、模仿中国样式的风尚广泛流行于各个艺术领域，一切来自中国的工艺品，如瓷器、漆器、丝绸、餐具、陈设、家具、小摆件、小手工艺品等等，都成为人们热烈追求的对象，同时出现了许许多多体现中国趣味、中国风格的仿制品。中国风格的造园艺术风靡欧洲，到处都出现了中国式的或“英－中”式的花园和园林，“中国风”的装修设计也大为风行，出现了许多所谓“中国房间”，其铺中国地毯、墙面贴中国壁纸、陈设中国漆绘家具、使用中国餐具、摆放中国瓷器。“中国风”深入欧洲人日常生活的各个层面。

法国有一位包考克博士（Dr. Pocock）在1757年游历英国，一周之内似乎处处都见到中国的东西：中国鸭、中国鸡、中国鱼、中国画、中国船、中国建筑等等。而英国作家霍勒斯·沃尔波尔（Horace Walpole，1717—1797）到法国后，却说：“在巴黎，人们更新潮流就像他们更换情人一样频繁。”

“中国风”流行于社会的各个阶层，上至宫廷国王王后、贵族政客，下至黎民百姓，都以自己的方式和能力追逐这股时尚潮流。有一位法国学者研究了18世纪法国“中国热”的社会基础和地理范围，认为参与“中国热”的人主要是王室、贵族、官吏、律师、医师、艺术家、学者和富商，还有军人、神职人员、金融家和中产阶级等。“总而言之，法国18世纪‘中国热’的特征是：法国的重农派学者具有理想和神秘的中国之形象，他们把中国视为‘最智慧的国家’；商人们是具有‘遍布珍异物和财富’的中国之理想，他们将中国以及整个东方视为财富之源；自由职业者们怀有崇尚‘以深厚情趣和雅致而生活’的中国之信念，形成了浪漫中国之形象；学者们却形成了一种有关‘文化高度发达’的中国之观点，将这个（国家）视为礼仪和文明之邦。”

总之，在18世纪，中国成为最炫目的魅力之源。在那个时代，迷恋中国的物品与风情，成为普遍流行的社会时尚，成为一种大众流行文化。而这种大众流行文化，首先是从物质文化、从对中国的商品的追捧和迷恋开始的。

四　风靡欧洲的丝绸艺术

号称中国古代对外贸易“三大支柱产品”的丝绸、瓷器、茶叶畅销数世纪，风行欧洲各国，在大航海时代的东西方贸易中扮演了重要角色。

绚丽多彩、风情万种的中国丝绸在罗马帝国大为风行，这种热潮并没有随着罗马帝国的崩溃而烟消云散。恰恰相反，在中世纪，欧洲并没有减少对于丝绸的进口，而是继承了罗马时代将丝绸作为豪华奢侈品的遗风。

16 世纪以后，由于葡萄牙、西班牙、荷兰的商船直航，中国丝绸直接销售到欧洲市场，不再通过陆路和海路上的各种中间商环节。所以，从这个时期开始的一直持续了 3 个世纪的中欧直航贸易，输入欧洲的丝绸总量大大超过了以往的任何时代。直到 19 世纪以前，中国丝绸一直是主要的出口商品。

近代运往欧洲的中国丝绸数量是巨大的。澳门是西方人的主要贸易基地，澳门输出的商品种类繁多，有生丝、丝线、面纱、花边、花缎、线绢等。当时的外国资料记载，葡萄牙人在澳门、广州之贸易输出品以绢为大宗，每年由葡萄牙人输出之绢约计 5300 箱。每箱装繻缎百卷、薄织物 150 卷。《葡属亚洲》一书断言，他们每年的出口物达 5300 箱精制丝绸，每箱包括 100 匹丝绸、锦缎和 150 匹较轻的织物。1608 年，澳门输往马尼拉一地的货物总值有 20 万比索，其

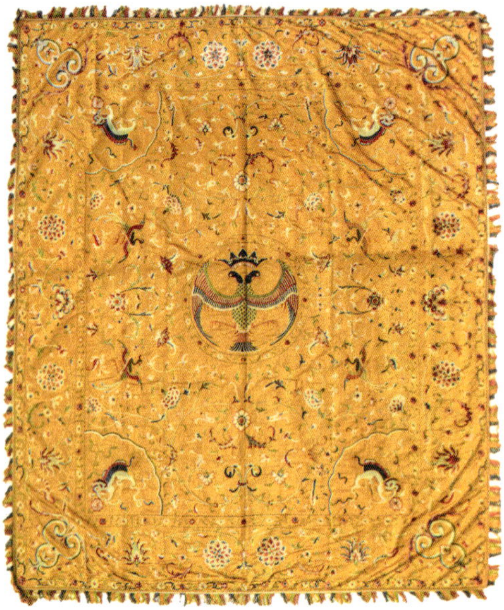

图 11-5　外销黄缎地彩绣双头鹰花鸟纹幔帐，清代，中国丝绸博物馆藏

图 11-6　外销蓝缎地五彩花卉绣帘，清代，中国丝绸博物馆藏

中丝织物达 19 万比索，占总值的 95%。1619 年以后，葡萄牙人几乎垄断了从广州经澳门到马尼拉的丝货贸易，1619—1631 年，葡萄牙人从澳门贩运生丝和绸缎到菲律宾的年贸易额达 150 万比索。出口到马尼拉的生丝，集中到马尼拉城的东北角、人们称之为“生丝市场”的地方进行交易。（图 11-5、图 11-6）

外国商人非常喜欢中国的丝货，有人说，从中国运来的各种丝货，以白色最受欢迎，其白如雪。欧洲没有一种产品能比得上中国的丝货。

乾隆二十九年（1764），两广总督苏昌等奏《为请准粤省出洋船只酌令配带丝斤事折》说，每年准许英国商人“每船准带土丝五千斤、二蚕湖丝三千斤。嗣又仰蒙惠泽，准其配带绸缎二千斤”。乾隆年间，中国平均每年出口生丝和绸缎 20 万 ~ 30 万斤，道光十年（1830），仅广州出口的生丝就达到 70.53 万斤，其中南京丝 33.73 万斤、广东丝 36.8 万斤。

在这一时期，欧洲的丝织业也发展起来了。但是，欧洲的丝绸在质量上无法与中国丝绸相比。虽然欧洲现在已经生产了自己的生丝，但丝绸贸易一如古代那样重要。中国丝绸以其价廉、特殊工艺质量和装饰魅力在欧洲市场极具竞争力。中国的丝绸依然在中西

图 11-7　　法国里昂出产的菠萝纹图案仿中国锦缎

贸易中占据着不可替代的主角地位。

中国丝绸的大量涌入，给欧洲的丝绸产业造成很大冲击。在英国，中国丝绸的大量进口使英国丝织业面临崩溃的危险，英国于 1701 年因此而封闭了丝绸的进口。在法国也出现了同样的情况。法国从 17 世纪 80 年代开始限制或禁止中国丝绸进口，以扶植法国本地丝织工业。1691 年，又有禁止输入丝绢的法令。但是，这些法令似乎并没有得到严厉的执行。因为，当地的丝绸产品包括对中国丝绸的仿制品，一来价格要比中国货高出许多，二来因为消费者偏爱外国货，本地产品远远比不了中国丝绸的诱惑力。所以，来自中国的精美的丝绸制品仍然通过各种渠道，包括走私的渠道，源源不断地输入欧洲各国。（图 11-7）

这种情况在美洲也出现过。在 16 世纪大帆船贸易中，运往美洲的最主要的货物就是中国的生丝和丝绸。由中国经马尼拉开往墨西哥的船只所载的丝织品，有时一次竟达 1200 箱；每次所运送的中国丝袜达 2 万双。其获利往往高达 8 倍，最高时则可达 10 倍。中国的衣物和丝织品，在墨西哥的进口总额中有时占到一半以上。中国丝绸质地优良，价格低廉，式样新颖，工艺精美，成为远销

图 11-8　外销白缎地彩绣人物伞，清代，中国丝绸博物馆藏

美洲获利最大的货物，在殖民地美洲市场上极为畅销。到 18 世纪末，中国丝绸商品已占墨西哥进口总值的 63% 以上。其他如秘鲁、巴拿马、智利等地，中国丝织品的销售情况基本上也是如此。可以说，“沿南美洲海岸，无处不有中国丝绸的踪迹”。

16—18 世纪，欧洲对于中国丝绸的需求远远超过以前的时代，各种丝织品，比如服装、地毯、挂毯、窗帘、床罩等一起输入欧洲。（图 11-8）莎士比亚在《驯悍记》中写道：

> 室内的帷幕都是用古代的锦绣制成，
> 象牙的箱子里满是金币；
> 杉木的橱里堆垒着锦毡绣帐、绸缎绫罗、美衣华服，
> 珍珠镶嵌的绒垫、金线织成的流苏
> 以及铜锡用具……

中国丝织品因其明亮的色彩、异国情调的纹样和相对低廉的价格，受到欧洲上层社会妇女们的欢迎，成为她们的主要服饰之一，并成为某种社会身份的标志。在路易十四时代的法国，宫廷男女服饰都以刺绣、折裥、蝴蝶结装饰，贵妇人的高跟鞋面有些也是以中国丝绸、织锦为面料，上面绣有各种精美的图案。伦敦的贵妇人以中国丝绸服装为时髦。这些服装往往绣着象征吉祥如意的麒麟、龙凤等图案，古典华贵，深得贵妇们的欢心。有些妇女喜欢穿

图 11-9　外销黄地双面绣亭台楼阁披肩，清代，中国丝绸博物馆藏

着中国刺绣的服装，披着中国刺绣的披肩、围巾，口袋里装着有中国刺绣的手帕，甚至请中国刺绣工匠绣制丝绸名片。中国丝绸有一个独特的地方，即行走时衣裙摩擦会发出轻轻的丝鸣。在当时欧洲的社交场合，这种丝鸣声是上流社会妇女展示魅力的一个重要手段。18 世纪中期以后，中国的丝绸披肩风靡欧洲，色彩以白色和艳色为主，每年进口量高达 8 万多条，其中法国就占了 1/4 的份额。在西班牙还流行一种被称为“马尼拉大披肩”（Montones de Manila）的丝巾，是经过“马尼拉大帆船”贸易通过墨西哥转运到西班牙的。这种丝巾是当时妇女们用来增加魅力的重要服饰，流行一时。这些“马尼拉大披肩”原产地是广州，所以应该称之为“广州大披肩”（Montones de Canton）。在这些丝巾上，往往都绘有穿着中国民间服装的人物形象，有具有浓郁中国特色的花园、院落、居室等，还有“武松打虎”等中国传统故事的图案。（图 11-9）

18 世纪晚期，中国的手绘丝织品成为欧洲社会最为流行的样式。到 1673 年，中国花样渐趋“平民化”，已经有了印花丝织品，以代替高价的手绘丝织品。《优雅信使报》说：“最近又有了印成的材料，几乎同手绘的一样美丽；最初的印花品只作为花边装饰之用。他们又做印成的绸，但今人多用缎来代替它。它非常美妙，使人难于一眼辨认出究竟是绘制的还是印花的。”鉴于这种绘制或印花的丝织品的消费越来越广，法国的一些丝织厂纷纷仿效，专造各

款绘花或印花的丝织品，再加上中国的商标，以满足人们的嗜好。

五　被茶叶改变的生活美学

中国是世界上最早发现茶树和利用茶树的国家，是世界茶文化的发祥地。“茶通六艺”，是我国传统文化艺术的载体。人们从饮茶中与山水自然结为一体，茶的自然属性与中国古老文化的精华渗透和融合，使得茶的精神内涵为众人接受。中国悠久的制茶历史和饮茶传统形成了灿烂的茶文化。

在欧洲，最早提到茶这种饮料的是1559年在威尼斯出版的一本名叫《航海与旅行》的书。这本书的作者乔万尼·巴尔迪斯塔·赖麦锡（Giambattista Ramùsio，1485—1557）是马可·波罗时代的一位传记作家，据说他还曾担任过《马可·波罗行纪》一书的编辑。他曾与许多旅行家有过交往，其中有一个叫哈只·穆罕默德（Hajji Maḥomed）的波斯商人，他告诉了赖麦锡有关“Chai Catai”（中国茶）的故事。相传西方最初关于茶叶的知识，就是由他传入欧洲的。

但真正了解茶的还是随着大航海商船来中国的欧洲人。他们注意到已经在中国普遍流行的饮茶习俗。最初欧洲人在有关茶叶的介绍中，首先注意到的是中国人以及日本人的这种生活习惯，其中包括饮茶的方式和以茶待客的生活习俗，同时也注意到饮茶时所使用的茶具和其他器具的精美和实用，总之还是将茶作为一种“异国情调”、一种“东方风情”来介绍的。与此同时，许多人都特别注意到了饮茶在治病、保健和养生方面的功能，强调茶叶是一种有益

图 11-10　清广彩开窗西洋人物茶壶，广州博物馆藏

图 11-11　外销画《中国的茶叶贸易》

于健康的饮料，饮茶是一种健康的生活习俗。还有人以亲身体验说："每餐之后，饮茶少许，感觉对身体非常有益。"如此等等。

这些早期到中国或日本的欧洲人，亲见中国人或日本人的饮茶习惯，并且也亲自品尝过香茗的味道，印象十分深刻。但他们还没有想到把这种神奇的饮料带回去，让自己欧洲的同胞一起品尝。这种情况最后被一位荷兰人改变了。1595 年，荷兰航海家扬·哈伊根·范·林斯霍滕（Jan Huygen van Linschoten，1563—1611）出版了《旅行杂谈》一书，其中描述了位于东方的一个辽阔的葡萄牙殖民帝国，提供了详细的地图，并介绍了那里各种令人惊奇的东西。其中有一种在中国和日本被称为"朝那"（chaona）的东西。

据说，正是《旅行杂谈》这本书引起了荷兰人对于饮茶这种奇异的东方习俗的浓厚兴趣，最早激发了人们将茶叶运到欧洲的想法。于是，他们乘商船来到东方，第一次把茶叶带回欧洲，由此揭开了近代欧洲持续 3 个多世纪的大规模茶叶贸易的序幕。（图 11-10、图 11-11）

在整个 17 世纪和 18 世纪初，荷兰是欧洲国家中最大的茶叶贩运国和茶叶经销商，几乎独占长达 80 年的茶叶贸易。欧洲饮茶风在 18 世纪已很盛行。茶叶贸易的巨大利润吸引欧洲国家竞相加入茶叶贸易的行列。在 1790—1800 年这 10 年间，荷兰、丹麦、瑞典、法国等国从中国进口的茶叶总量为 38506646 磅。专门运输茶叶的船队逐渐建立起来，数量越来越多的茶叶箱在设有"东印度公司"码头的世界各大港口卸货，这些港口包括里斯本、洛里昂、伦敦、奥斯坦德、阿姆斯特丹、哥德堡等。在 18 世纪上半叶，西欧各国

图 11-12　瑞典哥德堡号沉船茶样，中国茶叶博物馆藏

对华贸易形成了以茶叶为大宗进口商品的结构，反映了18世纪欧亚通商的主要特点，人们将这一世纪称为欧亚贸易的“茶叶世纪”。

持续了3个多世纪的茶叶贸易，把数量巨大的中国茶叶运抵欧洲，为那些从事这种远程贸易的欧洲各国东印度公司以及其他商人创造了超额的巨大利润，积累了前所未有的财富，为以后近代资本主义的发展奠定了雄厚的基础。（图 11-12）

近代西方大规模的茶叶贸易，是以在欧洲人中普遍流行饮茶为基础的。饮茶，不仅仅是消费一种饮料，而且成为一种生活方式，成为一种普遍被接受和流行的民间文化。

在欧洲最早开始饮茶的是荷兰人，时间大约是在17世纪初。茶叶在欧洲最初不是被当作饮料，而是被视为药物放在药店出售，药师会在茶叶中加上药材，例如糖、姜、香料等，制成当时的成药。茶的价格也相当昂贵，被视为一种极为稀缺和昂贵的奢侈品，一般人消费不起。饮茶的荷兰人主要是来往东方的商人、水手及达官贵人。在英国开始出现饮茶文化的最初50年，茶叶的价格相当昂贵，通常是每磅16先令（20先令=1英镑）到50先令之间。当时一个仆人一年的工资约为6英镑，相比之下茶叶消费显得异常奢侈。

在欧洲最为流行饮茶的是英国。从事茶叶贸易最突出的是英国的东印度公司，他们控制了全球的茶叶贸易，从中获取了空前的高额利润。也正是因为东印度公司的大力宣传和推广，饮茶习俗在英国广泛流行开来，甚至形成了“下午茶”这种独特的英国茶文化。

英国流行饮茶与查理二世国王的凯瑟琳王妃有很大关系。凯瑟琳（Catherine of Braganza）是西班牙国王胡安四世的女儿，1662年，她嫁给了查理二世。在她带来的嫁妆中，有一箱茶叶。她在宫廷里举行茶会，使饮茶成为英国宫廷的时尚，不久饮茶习惯又从宫廷传播到了整个英国上流社会。

17 世纪后期以后，饮茶习俗已经在英国社会各阶层中普遍流行了。英国最早的茶叶零售是在咖啡馆里。1657 年，在伦敦的交易巷（Exchange Alley），有一家托马斯·格韦（Thomas Garway）咖啡馆开始卖茶叶，这是英国首次公开出售茶叶。店主托马斯·格韦是当时著名的贸易商和烟商，他以冲泡的方式出售茶叶。首次卖茶的招贴海报和价目表，现仍保存在伦敦博物馆中。这个海报突出强调茶叶的保健功能，可以说是英国第一份“茶叶宣言”。

继托马斯·格韦咖啡馆之后不久，伦敦陆续有一些咖啡馆开始经营茶叶零售业务和提供饮茶服务。苏丹王妃咖啡馆是首先给顾客提供饮茶服务的。1658 年 9 月 23 日在伦敦《政治快报》上刊登了一则广告，这是英国最早标明日期的有关茶的公开报道。

到了 18 世纪，伦敦的咖啡馆实际上成了茶馆。据说到 1700 年的时候，伦敦就有超过 500 家的咖啡店卖茶。在 18 世纪上半叶，伦敦大约有 2500 家咖啡馆卖茶和提供饮茶服务。1706 年，在伦敦建立了首家红茶专卖店“汤姆咖啡馆”。除此之外，伦敦的药房也贩卖茶叶作为治疗伤风感冒的新药，接着玻璃行、绸缎店、陶瓷商、杂货店也都开始卖茶。到了 18 世纪中叶出现了茶叶专卖店。1783 年，英国共有 33778 个获得许可的茶叶经销商；1801 年，共有 62055 个茶叶经销商。也就是说，在英国每 174 个人就有一个茶叶经销商。茶叶成为英国全民共饮的大众饮料。

饮茶习俗的形成也带动了中国瓷器的流行。当饮茶成为一种时尚的时候，饮茶所用的瓷器也就成了一种时尚的必需品。当时的一位英国作家描绘说，中国的瓷制茶具成了“每一位时髦女士的必需之收藏”。“下午茶”的出现更促进了人们在茶具上的追求和爱好。无论是穷人还是富人，他们都想要至少一套精美的瓷器茶具。据说正统英式维多利亚下午茶标准配备器具包括：瓷器茶壶（两人壶、4人壶或6人壶，视招待客人的数量而定），滤匙及放筛检程式的小碟子，杯具组，糖罐，奶盅瓶，3层点心盘，茶匙（茶匙正确的摆法是与杯子成45度角），7英寸个人点心盘，茶刀（涂奶油及果酱用），吃蛋糕的叉子，放茶渣的碗，餐巾，一盆鲜花，保温罩，木头托盘（端茶品用）。另外蕾丝手工刺绣桌巾或托盘垫是维多利亚下午茶很重要的配备，是维多利亚时代贵族生活的重要饰物。

饮茶在17世纪后期到18世纪成为英国上层贵族和文人学子们中流行的雅好。女王安妮（Anne，1702—1714年在位）也爱饮茶，诗人蒲柏说，女王陛下常在肯辛顿宫园内闲坐饮茶。玛丽·沃特利·蒙塔古夫人（Lady Mary Wortley Montagu）是当时社交界贵妇名媛中的首要人物，她说：因为饮茶，社交活动更有生气了；年老的变得年轻，年轻的更年轻了。蒙塔古夫人写信给她的亲戚，请他们给她购买两磅上好的走私茶，带到伦敦来。她说她只要付了钱，就可以心安理得地喝走私茶了。像艾迪生（Joseph Addison，1672—1719）和斯梯尔（Richard Steele，1672—1729）这些沉湎于饮茶的才子更是时常流连于茶馆之中。艾迪生曾在他主办的《旁观者》报上撰文说，时髦女子在上午10点至11点之间要喝一杯武夷山茶，到了晚上10点到11点之间，又坐在茶桌旁了。他在另一篇文章中还提到，老茶客能分辨各种名茶；如果有两种茶叶合在一起，他在品

图 11-13　　英国油画《正在喝茶的英国家庭》，约 1727 年

尝时也能分辨，并能说出合在一起的是哪两种茶。

不仅文人们如此，在英国的任何家庭，无论是在家里还是在家外，茶叶都已成为英国人生活方式的一部分。饮茶成为英国社会中最根深蒂固的一种生活习惯。饮茶已经不仅仅是上层社会的雅好，而且成为普通百姓日常生活的一部分。（图 11-13）

英国还发展出“下午茶”这种特有的茶文化。17 世纪时，英国上流社会的早餐都很丰盛，午餐较为简便，而社交晚餐则一直到晚上 8 时左右才开始，人们便习惯在下午 4 时左右吃些点心、喝杯茶。而品茶也成为当时人们待客的一种重要形式，并且发展出茶会这种社交形式。19 世纪中叶，有一位名叫安娜·玛丽亚的女公爵（Anna Maria 7th Duchess of Bedford），每天下午她都会差遣女仆为她准备一壶红茶和一些点心，她觉得这种感觉很好，便邀请友人共享。很快，下午茶便在英国上流社会流行起来。下午茶成为维多利亚时代社会生活的重要组成部分。这个时期是英国中产阶级崛起的时期，他们想通过模仿上层社会的活动来显示自己的富有，所以中产阶级的女士像贵族一样用下午茶。下午茶是完美的午后娱乐活动。

英国贵族赋予茶以优雅的形象及丰富华美的品饮方式，下午茶更被视为社交的入门、时尚的象征，是英国人招待朋友开办沙龙的最佳形式。特别是对于女士来说，更是她们日常生活中不可缺少的部分。在每天的这段时间里，她们可以打探各种小道消息，互相展示新款帽子和连衣裙。这时也出现了专门为参加下午茶活动而设计的“茶礼服”。茶礼服不仅舒适，还兼顾高雅和从容，逐渐发展成为一种奢华的服装。

下午茶的发展也受到了英国传统文化的影响，在以严谨的礼仪要求著称的英国，下午茶逐渐产生了各式各样的礼节要求与习惯，并成为英国上流社会中每日必不可少的环节之一。实际上英国下午茶已发展成为一种类似日本茶道的仪式，并成为民族生活习惯和文化不可分割的一部分。

六　被狂热追捧的瓷器

中国的饮茶风尚一直与瓷器茶具有不解之缘。中国饮茶之道对茶具有多样的要求，尤其注重茶具的艺术性。饮用与欣赏、茶香与茶具融为一体，相得益彰。而在欧洲，当饮茶成为一种时尚生活方式的时候，饮茶所用的瓷器也就成了时尚的标配。在大航海时代的中欧贸易中，瓷器也占有相当大的份额，与丝绸、茶并称为中国“三大物产”。

瓷器是一种综合表现中华文化的特殊物品。因此，当瓷器大量外销，传播到世界各地的时候，其不仅给各国人民提供了一种方便适宜的生活用具，而且也向他们展示了中华文化的风采和光辉。（图 11—14）

瓷器的外销大约是从唐代开始的。最迟从 9 世纪下半期，我国的瓷器就已输出国外。起初也许还不是有意识地向海外开拓市

图 11-14　　清广彩开窗希腊神话图碗，广州博物馆藏

场，也有可能是作为唐王朝赠送给各国的礼品，但却为以后中国瓷器的大量外销开了先河。

中国瓷器从唐代开始就作为外贸商品销往国外，很快就受到世界各地人们的喜爱和欢迎，所以瓷器外销数量越来越大，中国也出现了以生产外销瓷为主的瓷器窑口。明代以前，生产外销瓷的窑厂集中在东南沿海各地，到了明代，景德镇一枝独秀，成为主要的外销瓷生产基地。到明嘉靖元年（1522），景德镇的窑口达到900多座，陶工达到10万多人，此后有“四时雷电镇”之称，形成“工匠来八方，器成天下走”的局面。

从16世纪初开始，欧洲各国掀起了大规模的远洋贸易，使中国瓷器在欧洲的销售量达到历史上的高峰。从16世纪开始，欧洲各国商船直接到中国港口进行瓷器贸易。欧洲人在大量采购中国瓷器的过程中，又对瓷器的购买提出了进一步的要求，他们希望瓷器的造型、纹饰风格和画面内容能够按照自己的意愿去设计。他们把欧洲流行的器皿造型、纹样介绍到中国来，使景德镇生产的日用陶瓷更符合欧洲人的审美习惯和要求。后来，有些艺术家、画家直接参与瓷器的图样设计，委托东印度公司到中国来定做。瑞典东印度公司还拥有自己的设计师，专门为自己的公司在中国定制瓷器设计图稿。西方人所喜欢的金银器、玻璃器和陶瓷的造型与式样，很多都直接被景德镇所采用。

针对欧洲市场，景德镇的工匠们制作了一批图案性、装饰性强的青花瓷器，除了传统的花鸟、瑞兽及人物等纹饰图案外，还常见有西方国家的族徽、文字、罗盘、经书、喷水图及西洋风景画，边饰开光或镂雕，内绘枝花或硕果。造型有深壁花口大碗、壶、折沿花口盘等。这些瓷器制作得非常精细，胎体薄而讲究，令欧洲人非常喜欢。这种按照西洋风格装饰的瓷器被称为“克拉克瓷”。

从乾隆时期开始，为了适应外销需要，国内出现了洋彩瓷器，在瓷器装饰方面仿照西洋画法。欧洲人对瓷器的要求是，既要保留一定的中国特色，又要适应西方人的审美习惯。中国工匠们就是按照这样的标准生产外销瓷的。

瓷器初入欧洲时，人们把它看得十分神秘，并产生了许多神奇的传说。在中世纪，中国瓷器被认为可以保护人免受毒药的侵害，认为青瓷器碰到毒药马上会变黑，可以防毒。有人认为瓷器有一种魔力，用它吃饭喝水，可以使身体强壮。文学家的这种富有浪漫色彩的幻想，更增加了瓷器的神秘感。

16 世纪初开始中国瓷器大量销往欧洲。由于瓷器在各地都有着广泛的市场需求，因而具有巨大的利润空间，这种巨大的商业利润激发着人们不辞劳苦不畏风险去从事贩运瓷器的远程贸易活动。在接下来的 3 个世纪中，中国瓷器销售到欧洲的数量达到 3 亿件之巨，另外还有巨量的瓷器销往东亚及东南亚各地。300 年间，中国瓷器外销欧亚每年合计高达 300 万件。

瓷器传到欧洲后，引起了人们狂热的追捧，特别是在宫廷王室贵族社会中，出现了一大批瓷器爱好者。作为非西方文化的艺术品，中国陶瓷在世界上获得的广泛认同和青睐是独一无二的，它的价值和品位已经可以比肩于西方任何一个门类的艺术品，以及西方历史上那些声名显赫的艺术大师的作品。特别是在 17—18 世纪，收藏和展示东方瓷器，成为欧洲王室和贵族奢华生活的重要形式之一。有人说，雄积瓷器，一如占有宫殿和貂袍，其实是在宣示所有者的实力和气势。瓷器成为各国王室相互仿效、彼此较劲的身价通货，还有人说：“皇家或贵族是否占有东方瓷器或者后来的欧洲瓷器，关系到他们的声望。瓷器增加宫廷的光彩。”

达·伽马（Vasco da Gama，约 1469—1524）在完成东方航行之后，将一件从亚洲带回来的中国瓷器作为礼物送给葡萄牙国王曼努埃尔一世（Manuel Ⅰ，1495—1521 年在位）。曼努埃尔一世是一位东方文物的狂热爱好者。他的财产目录中所记载的物品，有的被确定为来自摩洛哥、土耳其、波斯、印度或者中国，其中包括“4 件外部带有银饰和柳条的中国瓷器”。在 1512 年，国王送给里斯本的哲罗姆修道院 12 件瓷器和一套 20 件的瓷器。一年以后，他又送给他的妻子卡斯蒂里的玛丽王后另外一套瓷器。从 1511 年 2 月到 1514 年 4 月，里斯本印度库房的香料司库若奥·达萨（Joao da Sa）记录了皇家库房一共进了 692 件瓷器和数千件稀有的东方物品。国王的母亲比阿特丽兹同样拥有一些瓷器，并将其珍藏在一个佛兰德斯箱子里。其王后伊莎贝拉去世后公布的财产目录中曾提到一位葡萄牙亲戚，他在 1504 年 4 月 26 日向王后的侍女维奥兰特·德·奥比昂移交了一件大青花盆，这是卡斯蒂里的玛丽赠送的礼物。4 天后，她又从一位威尼斯大使那里得到了一件小一点的装饰着紫罗兰花的八角形盆。

在葡萄牙的桑托斯宫（Santos Palace）有一个“瓷器屋顶”，天花板上覆盖着 260 余件青花瓷盘，大多是 16—17 世纪的克拉克瓷。桑托斯宫从 1501 年开始作为葡萄牙国王曼努埃尔一世的住所，1589 年以后为兰卡斯特雷（Lancastre）家族所有。这个青花瓷装饰的天花板是 17 世纪后 25 年建造的，上面的瓷器曾是国王曼努埃尔

图 11-15　　里斯本桑托斯宫中的“瓷室”之天花板

一世的收藏。（图 11-15）

西班牙国王卡洛斯一世曾通过有关从事东方贸易的商人向中国订购了印有王族徽记和花押字的瓷器，纹章瓷由此在欧洲盛行起来。西班牙国王腓力二世（Felipe Ⅱ，1527—1598）是欧洲最著名的艺术赞助人，他收藏了 1500 幅画，无数手稿、锦帷、钟表、珠宝，以及各种奇珍异兽标本。他非常喜好中国瓷器，长期以来经常进行采购。腓力二世去世时，已拥有全欧洲最多的中国瓷器。一份 1598 年的清单显示，其收藏有总数共达 3000 件的中国瓷器，多数为餐具，包括上菜盘、水酒瓶、酱汁碗、大口罐等。

在荷兰，收藏瓷器也是很受王室贵族追捧的风潮。18 世纪初荷兰威廉四世国王的王后玛丽莲·露易丝就是一个狂热的瓷器爱好者。1730 年，玛丽莲王后移居荷兰北部城市吕伐登（Leeuwarden），住在普林西霍夫宫殿。晚年的玛丽莲王后开始大规模收藏东方的瓷器，并设想将普林西霍夫宫殿建成荷兰最大的远东瓷器博物馆。1731 年，荷兰吕伐登普林西霍夫博物馆（Princesseh of Museum）正式成立，来自中国和日本的精美瓷器被源源不断地送到博物馆。1765 年玛丽莲王后去世前，普林西霍夫博物馆已经拥有上千件中国瓷器。之后，普林西霍夫博物馆逐渐发展成为荷兰乃至整个欧洲知名的瓷器收藏中心，多年来不断收到收藏家捐赠的瓷器。到 20 世纪 70 年代，普

图 11-16　　荷兰吕伐登普林西霍夫博物馆的漳州窑瓷器墙

林西霍夫博物馆成为荷兰公共陶瓷艺术研究中心，馆内藏有中国明清时期各大窑口的精美瓷器 18 万件。（图 11-16）

德国的德累斯顿茨温格宫是欧洲最大的瓷器艺术博物馆，其前身是奥古斯特大力王收藏的茨温格宫瓷器走廊。弗里德里希·奥古斯特一世（Friedrich August I），是罗马帝国萨克森选帝侯，也称“奥古斯特大力王”，1697 年担任波兰国王。1715 年前后，奥古斯特开始系统收藏中国瓷器。1717 年，他得知北部普鲁士摄政王威尔·汉姆一世收藏了一批体量巨大的中国青花瓷。为了获得这批青花瓷，奥古斯特决定以波兰·萨克森部队的一个兵团（约 600 名龙骑兵）来换取威尔·汉姆一世的 151 件大型青花瓷。这批瓷器后来被称为“近卫花瓷”或“龙骑兵瓷”，也有人称之为“萨克森国王的血罐”。这一年，他还将自己的波兰行宫改造成为“瓷器宫殿”，把来自中国、日本的瓷器和刚刚问世的德国迈森瓷器一同展示出来。1727 年，奥古斯特又在易北河畔建造“日本宫”，将他的部分瓷器精品转至日本宫，用于装饰富丽堂皇的“瓷器塔”。

奥古斯特通过多种渠道来满足他的收藏欲。其瓷器既有国与国之间的购买，也有大臣们的呈送，更多的是在莱比锡城购买的。

当地的瓷器商人从荷兰购得中国瓷器，再转手卖给奥古斯特。当时最著名的瓷器商人是伊丽莎白·巴斯塔切夫人（Madame Elisabeth Bassetouché），茨温格宫中的瓷器走廊装饰的很多花瓶组合都是由她代为购买的。之后，她一度居住在德累斯顿，成为国王身边的瓷器顾问。在奥古斯特收藏的顶峰时期，茨温格宫共有东方瓷器 24100 件，其中中国瓷器约 17000 件，日本瓷器和朝鲜瓷器 7100 件。

对于中国瓷器的爱好和收藏不仅在上层社会的皇室和贵族之间流行，这种风气也流传到民间。英国作家斯威夫特（Jonathan Swift，1667—1745）说，他有一段时间爱上了瓷器，简直像是疯了，不管它多么贵重都要购入。英国诗人盖伊（John Gay，1685—1732）在一首诗中提到一个爱好古瓷的夫人：

古瓷是她心中的爱好所在
一个杯子、一只盘、一个碟子、一只碗
能够促动她肠中的火焰
给她欢乐
或叫她不得安闲。

1712 年，英国的《旁观者》杂志发表了一位瓷器店服务员的来信，其中谈到了一位古瓷爱好者，信上说，那位女子每天都要到他的店里光顾两三次，一会儿说要买屏风，服务员就把屏风搬出来让她看；一会儿又说要买茶和一套茶杯、盘子和钵子，服务员又去把这些东西搬出来，让她看看摸摸。到后来她又说不买了。她走后，服务员把散落一地的货物整理上架，可是还没整理完，她又回来了。

意大利艺术家们把中国的或中国样式的瓷器表现在他们的作品里，最早的例证似乎出现在来自维罗纳的弗朗西斯科·本纳里奥（Francesco Benaglio）的作品中。在一件创作于1460—1470年的圣母子绘画中可以看到一只莲蓬状的碗，并带有一种可以在15世纪初期的中国瓷器中见到的简单的青花装饰。曼泰尼亚（Andrea Mantegna，1431—1506）在他的《博士来拜》中描绘了一件青花瓷来强调三位国王的东方起源。第一次对陶瓷的准确描绘，可以在一幅巨大的由乔凡尼·贝里尼（Giovanni Bellini，约1430—1516）和提香创作的作品中看到，那就是《诸神之宴》，作于1514年，画面里有两个青花碗和一个带有镀银托架的盘子。碗是明代15世纪晚期和16世纪早期最典型的器物。在碗外侧的双层口沿之间，是由六朵莲花组成的饰带，内部有由五朵牡丹在一个起伏的花茎上组成的图案，边上是较小的繁盛的花和叶子。这种碗被广泛出口到东南亚和中东地区，并被葡萄牙人带到欧洲。据有的学者考证，画中瓷器的实物可能是1498—1508年曼努克·苏尔坦家族（the Mamluke Sultans）的外交礼品。画家是应痴迷中国瓷器的阿方索一世公爵（Duke Alfonso I d' Este）请求而创作的。16世纪的许多欧洲画家，都喜欢在自己的作品的背景中画几件中国瓷器，有的画家还在作品中画上几个汉字。（图11-17）

在17世纪，瓷器被视为一种新奇的珍玩，只有少数大宫廷才拥有大量的瓷器，但到18世纪，特别是在饮茶成为社会流行风尚后，瓷器逐渐成为普通家庭用品。精美绝伦的各种瓷器，深入社会的各个阶层，走进人们的日常生活，给欧洲人的日常生活带来很大的方便。

据说，在14世纪的法国上层社会，餐具还是金、木、陶制器

图 11–17　　乔凡尼 · 贝里尼和提香所作《诸神之宴》，美国华盛顿国家美术馆藏
位于画面后排中心位置的女神和男神手上和头上的是中国明代样式的瓷器

皿并用。16 世纪的时候，瓷器已经开始进入欧洲，但还是很稀罕之物。1607 年，法国王子用一只瓷碗喝肉汤，已经是很了不起的事情，因为当时只有国王和贵族才买得起瓷器。到了 18 世纪，欧洲人才开始以瓷器代替金银器作为餐具。法国国王路易十五命下人将宫廷中所用的金银餐具熔化，充作他用，而以瓷器代替，自此上下效仿。大量瓷器的引进改变了人们的餐桌用具。餐具和饮具由笨重的银器变为精美轻便的瓷器，从而改变了人们的就餐方式乃至整个生活方式。

瓷器在日常生活领域的广泛影响，不仅仅局限在餐桌上，不

图 11-18　　清五彩花卉纹觚，巴黎卢浮宫藏

仅仅是改变了人们的餐具、茶具等日常用品，还作为居室的陈设、装饰，美化着人们的生活环境。当时欧洲上流社会，都以设置“瓷器室”（Porcelain room）、陈列中国瓷器为时尚。如法国国王路易十四有专门收藏瓷器的凡尔赛镜厅，还特地建筑了“瓷宫”。波兰国王约翰三世在维拉努哈宫侧殿有专门陈列瓷器的“中国厅”。德国大选帝侯（Grand Elector）的夫人露易丝·亨利埃蒂（Louise Henriette）在柏林南部的奥拉宁堡（Oranineburg）宫殿，设有带护壁板的大厅，专门陈列她在1652—1667年间收集的中国瓷器。他的儿子腓特烈（Frederick，1701年为普鲁士国王）在夏洛滕堡（Charlottenburg）为其妻子索菲·夏洛特（Sophie Charlotte）建造的宫殿中，也设有瓷器厅，陈列了400余件中国瓷器。（图 11-18）

后来，以瓷器装饰房间的风尚，由欧洲大陆传到英国。玛丽二世女王在荷兰居住时，曾购买了大量的瓷器来装饰房间。玛丽二世与其丈夫威廉三世继承了英国王位之后，把这种时尚带到了英国宫廷。1689年2月，他们察看了汉普顿（Hampton）王宫，决定对其进行全面整修。1720年出版的一本《大不列颠岛游记》记载，汉普顿宫陈列着大量精美的中国瓷器，这些瓷器在别的地方从未出现过。不但室内的陈列柜、壁炉上摆满了瓷器，有的甚至摆放到天花板那样高。就是宫中的长廊，也随处摆放着瓷器。在这个时候，

欧洲还涌现了一批室内装饰设计大师，从事“瓷器室”的设计。其中最有名的一个是荷兰建筑师丹尼尔·马洛特（Daniel Marot），他是法国人，1685年流亡到荷兰，后来跟随威廉三世到了英国，参与了汉普顿宫“瓷器室”的设计。

到18世纪初，这种以瓷器装饰房间的风尚，从上层社会传到了民间。许多普通家庭也把中国瓷器作为重要的家庭居室的陈设。18世纪英国经济学家亚当·斯密就曾提到，他在爱丁堡和巴黎的人家中看到大量白色的中国瓷器。而瑞典人凭自己的想象在自己的家里布置了一个“中国厨房”，厨房的墙壁和餐桌都是用中国瓷器装饰的，他们称之为“瓷器厨房”。

出口到欧洲的瓷器，大部分以中国传统纹样装饰，装饰的主题和形式都是中国传统的，如传统人物、山水、鸟兽、花草、典故、传说、乡俗、物产等，内容相当丰富，体现了中国传统瓷绘装饰艺术的特色和中国文化中深厚的人文精神，几乎展现了一部有关中国的百科全书。在照相技法尚未问世的18世纪，西方国家对中国形象的了解，是通过写实的绘画作品，而瓷器也是主要的信息来源。这些充满异国情调的东方图画，让欧洲人领会到另外一种审美情趣，一时间成为他们追捧的对象，以至于在欧洲形成了持续一个多世纪的“中国风”和“洛可可艺术风格”。

七　制瓷工艺在欧洲的传播

中国瓷器在欧洲的销路随着社会经济的发展不断增长，与此同时，中国的制瓷工艺技术也传播到欧洲各国，从而刺激和推动了欧洲仿效中国建立自己的制瓷业。

早在《马可·波罗行纪》中就已有对中国制瓷技术的介绍。但是，马可·波罗的记述过于简略，语焉不详，并且瓷器在当时还属稀罕之物，所以并没有引起充分的重视。

瓷器这个名称本身，在古代法语“porcelaine”中有不同的含义，不仅指中国瓷器，也指贝壳。同名异义的原因可能是因为白色陶瓷闪光的表面让欧洲人想起了贝壳(cypraea)，并导致他们得出结论，认为这些瓷器一定是用这些贝壳做出来的。瓷器的制作技术在当时的欧洲还鲜为人知。《论世界的知识》这本书中重新提及马可·波罗的看法，其中写道:“泥土在制成容器前要放40年，以使其成熟。父亲准备泥土而由儿子来完成，并制作出各种容器。”文章中还认为如果瓷器破了，“它需要用山羊奶煮沸泥土来修理”。葡萄牙人杜瓦特·巴博萨（Duarte Barbosa）曾长期生活在印度，他对亚洲包括对中国的了解远远超出同时代的欧洲人，但他在1516年完成的《东方纪事》手稿中说到瓷器的制作时，则坚持说:“（中国人）在这块土地上生产大批的瓷器，瓷器在所有地方都是大商品。制作瓷器要把海螺和鸡蛋壳磨成粉末，加蛋清及其他原料揉成一团，放在地下藏一段时间。这种泥团被当作遗产和财富，因为到时间后可做成各种各样的普通或精美的瓷器。瓷器胎做好后再上釉、绘画。”英国哲学家培根在《新工具》中也认为，天然物质若埋入土中可改变其性质，并特别引用中国人的“瓷土做法”。“据说他们把这类物质大量埋入地下，长达四五十年，当作一种人造矿藏传供子孙之用。”可见，直至此时欧洲人对瓷器的制造仍然知之甚少。

16世纪葡萄牙传教士克路士（Gaspar da Cruz）也曾介绍过中

国制瓷技术，这或许对欧洲人有所启发。他在1569年出版的介绍中国情况的著作《中国志》中，专门介绍了中国生产瓷器的原料和制作方法。但是，克路士的介绍还是十分简单，语焉不详，读到的人也不甚了然。西班牙人门多萨根据克路士的记述，在《中华大帝国史》中也记载了有关瓷器制作的方法。

17世纪时，随着传教士进入中国内地，他们对于瓷器的制作已经有了一些比较深入的了解。法国传教士李明在《中国近事报道》中有对瓷器的制作过程十分详细的介绍，其中说到瓷器的成型、上釉、图案以及不同的造型和用途等等。特别是他针对当时流行的一些关于制瓷材料的神秘说法，详细描述了瓷器的烧制过程，并宣称自己所说的“就是欧洲长期以来一直寻求的瓷器的奥秘”。

真正对中国制瓷技术和工艺的西传起到直接作用的是18世纪初的法国传教士殷弘绪（Père Francois Xavier D' Entrecolles）。殷弘绪是法国耶稣会派来中国的传教士。他在江西设立了一座教堂，于1699—1719年的20年间，一直在此传教。在此期间，他曾多次在景德镇了解瓷器生产情况。1712年，他写信给法国耶稣会的奥里神父（Louis-François Orry），报告有关景德镇和瓷器生产的情况。他说自己有机会了解这种备受推崇并被运往世界各地的华丽的瓷器在此地的生产工艺。他除了到窑厂现场观察外，还听取当地许多教友的介绍，其中有从事瓷器生产的，也有做瓷器生意的人。此外，他还阅读了有关瓷器的一些中国古代文献。殷弘绪生动、具体地介绍了景德镇有关人口、城镇、物价、地理、治安等情况以及胎土、釉料、成型、彩绘、色料、匣钵制造、装器入窑、烧成等瓷器生产制作情况，使欧洲人第一次读到有关神秘的景德镇及其瓷器制作技术的真实的第一手材料。殷弘绪的报告书简《中国陶瓷见闻录》，刊登在该会出版的《耶稣会传教士写作的珍贵书简集》第 12 期上。

殷弘绪的《中国陶瓷见闻录》发表后，在欧洲引起很大反响，同时，欧洲的瓷器制造商和匠师们纷纷托人来信询问更详细的技术细节。当时，法国、荷兰、意大利、英国等国有不少仿造中国瓷器的陶瓷工场，这些工场在生产中都遇到了一系列技术上的疑难问题。1720 年，殷弘绪从江西升调到北京。为了回答欧洲制瓷业人士提出的问题，他于 1721 年底再度来到景德镇，对当地的瓷业生产情况作了为时一个多月的考察和研究。他在深入调查的基础上，写成了《中国陶瓷见闻录补遗》，对景德镇制瓷技法作了更为具体的介绍。这篇报告刊登在《耶稣会传教士写作的珍贵书简集》第 16 期上。殷弘绪的这两篇关于中国瓷器生产技术的考察报告，对当时欧洲正在蓬勃发展的陶瓷工场来说，是极为宝贵的技术资料。

殷弘绪的景德镇书简，又称《饶州书简》，为西方世界首度提供了瓷器及制瓷技术和生产的既正确又全面的文献。这份资料后来被收入杜赫德编的《中华帝国全志》。狄德罗编《百科全书》，写到瓷器部分时坦诚地说，自己再怎么写，都不如直接引用殷弘绪的文章。法国学者博西埃尔（Yves de Thomsz de Bossière）在《殷弘绪和中国对 18 世纪欧洲的贡献》中指出：殷弘绪首次使欧洲人系统地了解到中国瓷器制造的全过程，甚至还掀起了一股寻找高岭土和仿制瓷器的热潮。这是他对法国做出的巨大贡献，也使他在自然科学方面获得了名望。

1856 年，法国汉学家儒莲出版了一部有关制作中国瓷器的指南，题为《中国瓷器的制造及其历史》。这使得在一个世纪以前由殷弘绪带回法国的有关这方面的知识得到更新，并且被运用到塞弗尔的制瓷手工业工场中去。

图 11-19　彩绘贴塑神话人物执壶，意大利，上海历史博物馆藏

欧洲最早开始试图揭开瓷器制造的奥秘，并进行制瓷试验的国家是意大利。据说早在 1470 年，威尼斯人安东尼奥（Antoin di San Simeone）就用波隆那（Bologna）的黏土制出了一批类似瓷器的东西。16 世纪初，另一位威尼斯人伦纳德·佩灵格（Leonardo Peringer）试图用制造玻璃的方法来制作瓷器。不过，这些试验只是仿制瓷器。佛罗伦萨在弗朗切斯科一世·德·美第奇（Francesco I de' Medici）大公爵统治时代（1574—1587），建立了一个陶器工场，试行仿造中国硬胎瓷器，并生产了一些据说是在欧洲制成的第一批原始瓷器，这是一种有玻璃质的石胎瓷器，被称为“美第奇”瓷。最后他们制成一种类似威尼斯人制品的陶器，在素地或淡青地上涂以深蓝色。这种有色陶器与当时流行的中国瓷器颇为相似。（图 11-19）

1584 年，荷兰的陶器匠师们通过东印度公司，直接从中国采购白色釉料和青花颜料，仿造中国青花瓷器生产，获得成功。在 17 世纪，邻近海牙的德尔费特借鉴佛罗伦萨的有色陶器制法，以生产专门模仿中国青花瓷器的白釉蓝彩陶器而闻名。中国瓷器的纹样，如龙、凤、麒麟、虎、蝴蝶、蝙蝠等动物纹样，梅兰竹菊、荷花、“岁寒三友”、牡丹、芭蕉等植物纹样，山水园林、风俗故事、仕女婴戏、刀马人物等风景人物纹样，以及云纹、水波纹等，都出现在德尔费特的釉陶产品上。德尔费特生产的瓷器行销欧洲，受到热烈欢迎。当时，欧洲人把这种白釉蓝彩陶器直接称为“德尔费特”（Delft）并一直沿袭至今。17 世纪，中国风壁纸在欧洲流行

一时，1630 年，德尔费特开始生产模仿中国糊墙纸的建筑装饰陶砖，适应了欧洲各国帝王大兴土木、修建宏伟华丽的宫殿的需要。这种建筑装饰陶砖大约也受了“南京瓷塔”的启发，把整个画面分割为 36 块（横行 4 块，竖行 9 块），上面绘有长尾鸟（中国凤凰的变形）、梅花、牡丹、狮子等图案，充满了中国艺术的情调，然后拼凑、组合为整体，粘贴在墙面上。此外，还描绘了柳树、小桥流水、亭台楼阁等中国青花瓷器上的图画。

在欧洲瓷器发展的历史上，德国的 J. F. 伯特格尔（Johann Friedrich Böttger, 1682—1719）是一个十分重要的人物，他在制瓷技术方面取得了决定性的成功。J. F. 伯特格尔是一位炼金术家，据称掌握了“点石成金”的秘密。他的实验不仅引起了德国著名哲学家莱布尼茨的注意，而且传到了普鲁士国王弗里德里希一世（Frederick I）的耳中。J. F. 伯特格尔受到警告，于 1707 年逃到萨克森，受到萨克森选帝侯奥古斯特二世的保护，开始试制瓷器。1708 年，伯特格尔制造出一种红色瓷器，1709 年制成无釉的硬质瓷器和有釉的瓷器，烧制出欧洲第一件“真正的瓷器”，成为欧洲硬瓷生产的开端。对此，奥古斯特二世十分兴奋，他在德累斯顿的每个教堂的门上都贴出了告示，自豪地宣称萨克森艺术家已经能够制造真正的瓷器了。1710 年，皇室在迈森建立了一所瓷厂，任命伯特格尔为瓷厂的“管理人”，出产彩瓷。1713 年，迈森瓷场烧制出高品质的白瓷，再一次轰动欧洲。（图 11–20）

1714 年，迈森的第一批瓷器在莱比锡博览会上展出，自此名声大噪，生意兴隆，瓷器业不久就成为萨克森最重要的工业部门。到 1733 年，迈森的瓷器工场已经拥有 700 名员工，成为他最丰富的收入来源之一。“七年战争”（1756—1763）时期，普鲁士国王弗

图 11-20　蓝白釉贴花开光人物双耳扁壶，德国，上海历史博物馆藏

里德里希二世（Friedrich Ⅱ）占领萨克森，就利用迈森的瓷器作为清偿战争债款的物品。弗里德里希二世从迈森瓷业的获利和普鲁士财政的困难中受到“启发”和“激励”，以 22.5 万塔勒从商人哥茨可夫斯基（Kozkowski）那里买下他的瓷场，后来成为著名的“皇家瓷器工场”（Royal Saxon Porcelain Manufactory）。

伯特格尔参与创办的迈森瓷场在发展欧洲的陶瓷工艺中起了重要的作用，而且至今仍然是世界上最著名的瓷场之一。迈森瓷场生产的瓷器，从器形来说，大多采用中国样式，例如麦森瓷的“蒜头模式”同中国瓷的“石榴模式”之间存在着影响关系。至于花纹装饰，则仿效中国在白瓷上做人物花卉鸟兽的浮雕，乃至用金色绘制中国人物，称之为“金色的中国人”，颇为新奇有趣。瓷器上绘作龙形，也是中国的传统装饰。维也纳出身的画师哈洛尔德（Johann Gregor Höroldt）为迈森瓷器装饰艺术的发展做出了很大贡献。哈洛尔德最拿手的，是用极为富丽的色彩，如红色、蓝色、土耳其青、明亮的黄色等，在瓷器上绘画充满异国情调的中国风景人物，流光溢彩，美艳动人。哈洛尔德的彩绘，决定了迈森瓷器头十年的特点和风格，同时形成了欧洲瓷器装饰的传统。他的风格是使器皿具有一种统一的构图，器皿背景、装饰、画面和结构聚集成一个完整的统一体。在手法和色彩方面，哈洛尔德仿效东方模式，他的某些作品，特别是在绘制印度花卉和具有中国艺术风格方面达到极其精通的地步。雕塑家坎德勒设计制作了一系列中国人物雕塑，其中以布袋和尚以及变形的宝塔造型最有特点。迈森的瓷器色彩艳丽，造型独特，精雕细刻，表现出了德国工艺家非常高超的艺术水平。

1719年，在维也纳实权人物杜帕基（Du Paquier）的促成下，迈森瓷场的工艺师和画匠凡格尔（Hunger）与斯特茨埃尔（Stolzel）前往维也纳，帮助杜帕基创办维也纳瓷场，这是继迈森之后欧洲的第二家瓷器场。1720年，凡格尔去了威尼斯，向意大利人介绍了制瓷的信息和技术。此后，他又到丹麦和俄罗斯的圣彼得堡，帮助那里开办瓷场。此后，欧洲的制瓷业很快发展起来。在德国，除了迈森瓷场外，慕尼黑附近的宁芬堡、柏林、福斯腾堡、路德维格斯堡等地的瓷场也都很著名。在欧洲的其他国家，如西班牙、荷兰、奥地利、法国、英国、意大利、俄罗斯等，也都纷纷建立瓷厂，生产瓷器。

法国的制瓷业起步比较晚。17世纪下半叶，法国的工匠模仿中国瓷器，生产出仿中国青花的蓝白陶，后来也生产出彩陶。除了釉陶外，法国的软瓷在17世纪末发展起来，到18世纪时已经是精彩纷呈。但法国硬瓷的生产则要比德国晚。1756年，蓬巴杜夫人（La Pompadour）在塞夫勒建起了瓷器作坊，1761年改为“皇家塞夫勒瓷场”，成功烧制出真正的硬瓷。为了区别于早期生产的软瓷，塞夫勒生产的新瓷器被称为“皇家塞夫勒瓷”。法国瓷器以造型优美、装饰高雅而享誉欧洲，特别是其中国风的设计更是无与伦比。

这些欧洲的瓷器制造工场无论是在工艺还是在造型艺术上，都以仿制中国瓷器为主。从16世纪起，欧洲瓷器的发展史实际上就是一部既在装饰图案方面，又在物质方面模仿中国瓷器而做出努力的历史。这个时候，欧洲制造品大量采用中国的饰纹，又进而

图 11-21　五彩开光山水楼阁图八方盘，英国，上海历史博物馆藏

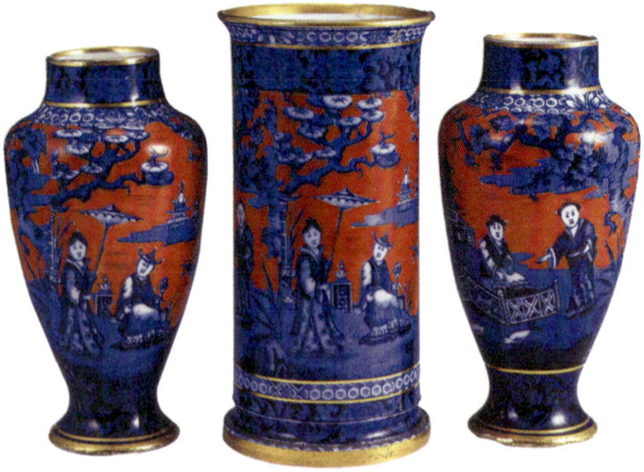

图 11-22　青花红彩描金人物花瓶一组，法国，上海历史博物馆藏

仿效中国的款式。瓷器本被认为是中国所独创，其仿效中国画法，也是很自然的。有的时候这些瓷器还在未上釉的器物底部刻上假冒的中国标志“底款”，来冒充精美绝伦的中国上等瓷器。（图 11-21、图 11-22、图 11-23）

图 11-23　彩绘花卉纹花瓶，英国，上海历史博物馆藏

八　独放异彩的漆器

漆器和瓷器一样，也是古代中国的一项伟大发明。漆器是用漆涂在各种器物的表面上所制成的日常器具及工艺品、美术品。至明清时代，漆器工艺的多种技法和不同纹、地的结合，迎来了千文万华之盛。在这个时期，漆器的品种已在 400 种以上，其中最为突出的主要是雕漆、镶嵌漆、彩漆、洋漆、填漆、戗金漆等。（图 11-24）

在 17 世纪时，中国漆器已经输入到欧洲，但尚

图 11-24　　漆器箱，湖北曾侯乙墓出土，湖北省博物馆藏

属于罕见之物，所以在 1689 年，髹漆的中国家具竟作为皇家的开奖物品，可见其名贵。但到了 17 世纪末，漆器开始大量输入欧洲。中国外销到欧洲的家具以漆木家具为主，多采用黑漆描金的装饰手法，式样大到厨柜、桌椅、屏风，小到扇子、针线盒、工具箱等，无所不包。这些家具和漆器是展现中国彩绘装饰艺术的主要形式之一。多数家具的木胎事先由订购地做好，再用船运至广州，广州漆匠髹漆彩绘后再返运回订购地。广州制作的漆器独占鳌头，成为主要出口商品之一，欧美各地所见的漆器大多来自广州。

漆器家具输入欧洲后，立即受到广泛的欢迎。法国路易十四时代的凡尔赛宫和托里阿诺宫中都采用了整套的中国漆制家具。据“皇宫家具总目录”记载，凡尔赛宫中的漆器家具有“一只中国橱柜，带有两扇门，门上画有在空中飞翔的四只鸟、两只兔子和中国式的房屋；一只中国橱柜，带有两扇门，一扇门上画有空中有四脚的怪物，另一扇门上画有一块岩石”。还有几只柜子，“涂以中国清漆，画有岩石和中国式的房屋，还有鹿、马、鸭子等动物”。1708 年记录的凡尔赛宫的家具清单里有一套中国漆器屏风，其是由“十二扇精致的漆木折叠饰板组成的，都以绿色漆及金片衬底，五彩缤纷的色彩画有花卉、梯田、树木，并以黑漆涂边，再在边饰

图 11-25　　外销的漆制缝纫台

中画有不同颜色的花瓶，并配有银色的小鸟和金龙，都是雕绘的。高为六英尺十英寸，背面是黑漆”。

1703 年，法国商船从中国运回了大批漆器，引起全国性轰动。饰有镶嵌螺钿的中国家具大受欢迎，比较常见的有屏风、橱柜等等，当时甚至称为“安菲特利特中国漆器”。据说法国著名作家塞维涅夫人（Madame de Sévigné，1626—1696）在一个用作书桌的嵌螺钿漆器五斗橱上，写出了她有名的数十封给女儿的信。葡萄牙著名耶稣会学校科英布拉大学图书馆，也采用了漆绘装饰的墙面。在当时商业或财产目录上有关东亚进口货品的记载中，有许多中国漆器的名目。各种式样的漆器在社会上广为流行，以致老米拉波侯爵曾从经济方面对此种现象提出批评。（图 11-25、图 11-26）

图 11-26　　外销的红彩描金花卉人物黑漆象牙雕针线盒

中国漆器家具传入欧洲后，在荷兰、意大利、英国、法国等国家都出现了中国漆器家具的仿制品。在 17 世纪之初，欧洲就开始有了仿制中国家具的记载。1600 年在巴黎上演的一出戏剧中，剧中的人物提出，要按照中国样式打造一件橱柜。1612 年，荷兰家具师威廉·基克应一位将军的要求，打造过一件仿制的中国橱柜，以与另一件进口的中国橱柜配套，作为送给苏丹的礼物。

但是，当时人们还不知道中国漆的配方和制漆工艺。据说中国的制漆技艺是由奥斯定修道会传教士奥斯塔希乌斯（Eustachius）最早传入欧洲的。但此说尚待考证。在1690—1700年间，意大利科学家、耶稣会士伯纳尼（Filippo Bonanni）写了一份关于中国漆器的详细材料，后来整理成为学术报告，于1720年发表。他的研究利用了耶稣会士们掌握的有关中国漆的材料，认为漆来源于一种树，它只生长于亚洲，不可能移植到欧洲。而且漆是有毒的，不便于海上长途贩运，所以欧洲不可能复制中国的漆，而必须寻找其他的替代品。

后来，欧洲人找到了中国漆的替代品，就是“树胶漆”（gum-lac）或“虫漆”（shell-lac）。虫胶又名紫胶，是寄生在某些树种上的紫胶虫所分泌的一种天然动物性树脂，颜色紫红，故称“紫胶”。其因系紫胶虫分泌物，又称“虫胶”。紫胶在采集后经过加工，溶解在酒精里，就可以制成虫漆。从16世纪晚期开始，欧洲就利用树胶漆或虫漆仿制中国的漆器。17世纪初，根据当时的文献记载，阿姆斯特丹、纽伦堡、奥格斯堡等地都已经有了漆器生产行业，荷兰还出现了漆器的行会。18世纪时法国的漆器业居于欧洲之首，其中以马丁一家最为著名。罗伯特·马丁（Robert Martin）在制漆技艺方面取得卓越的成就，曾受到伏尔泰的热情赞扬，伏尔泰说：“马丁的漆橱，胜于中华器。”又说：“马丁的漆壁板为美中之美。”他对法国漆业的最新成就表示了由衷的喜悦。蓬巴杜夫人对中国时尚十分热心，其沙龙中经常聚集着许多高谈中国风尚的人。她特别喜爱马丁家仿造中国及日本样式的姿态优美的花鸟漆器，曾订购大批这样的漆器家具装饰她的居所。法国漆器以蓝、红、绿和金色为主，室内立柜式样都按照中国风格，而以牡丹花鸟、中国妇女、中式栏杆、房舍等作为装饰图案。

18 世纪英国的设计家们认为，漆艺是指用漆先覆盖家具或其他物品表面，而后再用更多色泽的漆反复在已有的漆面上绘画。他们首先把漆器的制作当作是一门艺术。当时英国上层社会的妇女以学绘漆为时尚，绘漆成为女子学校的一门美工课。家具制造商也纷纷仿造中国漆器家具的图案和色彩，打造中国式家具。17 世纪晚期英国的家具，以豪华的装饰和出色的髹漆著称。家具的样式有写字台、立式时钟、椅子、桌子、镜子等，这些产品在中国都找不到原型，但在装饰图案上则都是中国风格的。著名家具设计师齐彭代尔（Thomas Chippendale，1718—1779）和赫普尔华特（Hepplewhite）设计制作的橱、台、椅子，完全模仿中国，采用上等福建漆，雕刻龙、塔、佛像、花草等。齐彭代尔引进福建漆檀木椅，后来又模仿中国竹节家具，设计的屏风尤其雅致。齐彭代尔在 1754 年出版了一本《绅士与橱柜制造者指南》，副标题是“哥特式、中国式和现代式常用家具中最优雅与实用之图例”。书中有 160 幅桌、椅、橱柜等中国风格家具的图案。这本书成为当时许多工匠的蓝本，他们制作的这类家具被称为“齐彭代尔中国式”（Cinese Chippendale）。

第十二章

中国趣味与洛可可风格

一　洛可可：富含中国趣味的新风格

中国商品的异域情调，中国工艺美术的神秘意蕴，以及全社会风行的中国趣味，共同塑造了欧洲的一种艺术风格，这种风格被称为“洛可可风格”。

在17世纪末18世纪初，欧洲艺术领域的主导风格是巴洛克风格。巴洛克样式的特点是宏大、辉煌、壮丽，但又失之刻板。此时法国正值路易十四时代，所以巴洛克风格又叫“路易十四风格”。而17世纪后期，正是欧洲人为中国的物品和艺术迷狂的时期，与当时欧洲艺术领域的巴洛克风格正好重叠。巴洛克艺术虽然源自古典风格，但它华丽的装饰感、昂贵的材质、奢华的氛围，与那个时期人们对中国的想象是基本合拍的。外销瓷器上的釉色和华丽的装饰，比大理石更为光洁的中国漆家具，奢华的中国锦缎和刺绣上色彩的丰富变化，甚至外销艺术品昂贵的价格，有关东方旅行神奇而又冒险的经历，都符合这个时代的总体精神。

但是，中国艺术风格对于欧洲的影响，更表现在对洛可可风格的形成起到的促进和推动作用。这种风格模仿中国文化、艺术中的柔美梦幻色彩，表现在许多生活层面上：壁纸、柳条盘子、壁炉台、木头檐口、格子框架、家具、亭子、宝塔，以及最重要的园艺。

“洛可可”（Rococo）一词源于法语“rocaille”，意为假山石或装饰用的贝壳。“洛可可风格”（Rococo style）是18世纪风行于欧洲的一种艺术上的解放运动。洛可可风格的特点是轻飘活泼，线条丰富，色调灰淡，光怪陆离，重自然逸趣而不尚雕琢，与欧洲以前流行的严谨匀称的古典风格完全不同。

洛可可风格不仅仅是一种艺术形式的特殊风格，而且也是一种审美观念、一种社会情调。作为欧洲文化史上一个重要阶段的洛可可时代，处处弥漫着中国文化的优雅情调，是中西文化交流史上别具风味的一章。洛可可艺术与中国古代艺术风格之间具有神奇般的联系，它实际上就是一种“中国味的新风格”。

在当时欧洲人的心目中，中国是一个遥远、神秘、开明、温和、文质彬彬、道德高尚的“文化中国”。而大量流入欧洲社会的中国工艺美术品，更是激起人们对那个遥远帝国的想象与神往。实际上，在当时流入欧洲的中国商品中，有很大一部分具有很鲜明的艺术性质，而且这些商品又有许多是以生活日用品的形式出现的，深入人们的日常生活之中，使这种艺术性质深入、渗透到大众文化领域，因而具有广泛的群众性。瓷器、绸缎、漆器、屏风、壁纸、绘画、雕刻所具备的艺术性质，使得它们格外引人注目。这是因为，中国外销艺术品精美的工艺和别致的造型，以及全然不同于西方传统的装饰纹样，为欧洲提供了异国情调的审美体验与想象空间。大部分没有到过中国的欧洲人，正是通过这些外销艺术品认识中国并感知中国文化的。淡色的瓷器、色彩飘逸的闪光丝绸等美化的表现形式，在18世纪欧洲社会眼前，揭开了一个他们梦寐以求的幸福生活的场景。这个文雅轻快的社会，闪现于江西瓷器的绚烂色彩、福建丝绸的雾绢轻裾背后的南部中国的柔和多变的文化中，激发了欧洲社会对中国的喜爱和向慕。

但是，“中国风格”实际上是一种“西中风格”，是欧洲对“中国风格”的“想象性”诠释。欧洲人对于中国的艺术并不是完全照搬和简单移植，也不是简单模仿，虽然在初期阶段充满了模仿，甚或是一些粗劣的模仿，但更主要的是出于对中国艺术的倾慕而进行的进一步“想象”，亦即进行新的创造。

二　风靡欧洲的外销画

自从广州成为“一口通商”的唯一口岸之后，大批的欧洲商人、船员等来到广州。许多广州艺术家按西方人士的喜好，采用西方的绘画技巧和风格，将港口风景、市井生活、风土人情、轮船、动植物等体现东方风情的各类题材，描绘在纸本、油布、玻璃、象牙、通草纸等各种材料上，让来广州贸易的西方人士带回本国，馈赠亲朋好友。这类画被现代学者称为“外销画”或“贸易画”。

18 世纪早期广州口岸的外销画主要为纸本绘画和彩色木版画。纸本绘画被西方人称作“悬挂纸画”（Painted Paper-Hangings）。这些纸画的内容多是表现中国的自然风光、风土人情和日常生活等，特别是富裕人家的快乐闲适的生活。另外，表现农民和城市手工业者的生产活动的作品也比较常见，如耕织、采茶、养蚕及家具、瓷器生产等。《十竹斋笺谱》《芥子园画传》等大量木版印刷的书籍也由传教士带回欧洲。

19 世纪 30 年代至 60 年代，是广州外销画的鼎盛时期。这时的外销画具有突出的商业性，画家和画作都带有明显的广州口岸的烙印，从创作形式、创作风格和题材上，都体现了中西合璧的色彩，是中式洋画的一种体现。一方面，外销画大量吸收了西方绘画的技巧和风格，以适应欧洲人的审美心理；另一方面，在题材上充分表现中国的风光和风土人情，以满足欧洲人对东方异国情调的趣味和审美期待。据说，“差不多每个英国人回欧洲时，都会购买一幅广州风景画回国”。在那个时候，以中国本土风景和人物为题材的玻璃画、通草水彩画的需求量极大，这种“贸易画”在摄影技术流行之前，深受西方人士的喜爱，成了他们了解东方风情的最佳媒介。所以，外销画成为欧洲人认识中国的一种图像形式。而这些外销画中的人物形象、风景风俗、花卉植物等，又常被欧洲的艺术家移用到他们的工艺美术设计中。

当时在广州出现了专门绘制外销画的职业画家。他们制作的外销画涉及西方各种绘画形式，其中有油画、水彩画、水粉画、玻璃画和通草画等。外销的油画，主要是描绘中外商人肖像、港口船舶以及临摹的西方印刷图案，题材广泛，绘制规模比较大。比如：有一幅瓷器生产过程图，130 厘米 ×190 厘米；一幅茶叶生产过程图，119.7 厘米 ×182.2 厘米。这两幅画是在巨幅的画面上描绘出瓷器和茶叶的整个生产和销售的过程。这两幅画现藏于美国皮博迪·埃塞克斯博物馆（Peabody Essex Museum）。

在当时的外销画中，玻璃画也十分珍贵。玻璃画的工艺来自海外，而且制作困难，其特色是画家把图案以相反的方向描绘在玻璃背面，西方称其为“玻璃上的绘画”（Painting on Glass）。此技巧在 18 世纪传到中东、西非的塞内加尔、印度、东南亚、日本和中国。玻璃画的基本材料是玻璃、木制镜框，颜色以油彩为主，兼有水粉、水彩，总体上偏向于工艺性质。外观摆置必须有镜框等辅助，经常组合安装在各类家具中，工艺装潢十分讲究。还有的玻璃画作为挂屏，挂在房间的墙壁上。18 世纪中叶，英格兰对以中国本土风景和人物为题材的玻璃画需求极大。玻璃画画面十分优美，主要是用鲜艳的色彩在玻璃上描绘中国风景，有时添上休闲人物。画面上方空白处则是镜面，整个玻璃镜面用镜框镶好。这样的玻璃画以其颜色艳丽、做工精良和富于异国情调而在欧洲大受欢迎。玻璃画的题材非常广泛，反映了中国人社会生活的方方面面。现藏于荷兰莱顿国家民族学博物馆的19幅玻璃画，是1785—1790年间绘制的，其内容有广州珠江沿岸商馆区风光、广州黄埔锚地、珠江荷兰炮台风景、花园、家庭生活情景、盂兰盆会、龙舟赛、拜见官员、宫廷宴会、打猎、下围棋、婚礼情景、觐见皇帝、皇家花园、皇帝春耕仪式、收割庄稼、制作瓷器、种植茶叶、纺织丝绸等。这些外销画大体上表现了同时期外销画的普遍题材。18世纪80年代，大量西方版画图案被带到广州，被画家复制在玻璃镜上，这种内容逐渐成为玻璃画的主要创作题材。

通草片水彩画的笔法相当细腻精致，题材繁多，内容丰富，写实性强，色彩异常亮丽，加上价格便宜，在19世纪盛极一时，为来访广州的西方人士所钟爱。他们购买这类画回国，作转售或馈赠亲朋之用。长期以来，人们将这类画误认为“米纸”（Rice-paper）画，直到近年，广州博物馆通过田野考察，将这类画正名为通草片水彩画。通草片水彩画可以说是广州人对我国绘画史的一大贡献。历史上，通草片是用来治病和制作人造花的，到18世纪末19世纪初，广州人发明了用由通脱木树茎切割而成的通草片来绘水彩画的技法。

水彩画的题材也十分广泛。1796年，美籍荷兰人范巴兰（André Everard van Braam Houckgeest, 1739—1801）从广州将一组水彩画带到美国。这批画大约1700张，分成38卷，包括多个主题，如港口图、风景画、广州及其附近风光、贸易情景、船舶画、鸟类、昆虫、海关面貌、商人肖像，以及航海图和地图等，集中体现了18世纪广州外销水彩画的主要绘制题材。2001年9月，广州博物馆举办了“西方人眼中的中国情调”展览，展出了107幅19世纪广州外销通草水彩画。这些图像，包括清朝皇帝肖像、市井市民小贩形象、广州口岸风光、中国各地的传播图、戏剧故事，以及各种昆虫、花草、鸟类图画，涉及当时广州乃至整个中国社会生活的方方面面。反映中国社会市井风情的画面是外销画最受欢迎的题材，这些外销画向西方世界展示了中国社会的各种职业和社会风貌。

在清代广州出产的外销画作品中，有一类作品数量庞大，与广州对外贸易息息相关，那就是中国外销商品，包括外销瓷器、丝绸、茶叶以及其他中国物产的制作过程图，这是外销画的独特品种。这些题材反复出现在外销画中，是18、19世纪最受西方人欢迎的外销画。描绘这些主题的画作，通常成批量生产，以水彩画的形式上市，每套从12张到数十张，甚至上百张不等。每张图绘制一个工序。也有少数以油画的形式绘制，在一幅画上描绘多个生产程序。如现藏于美国皮博迪·埃塞克斯博物馆的一幅瓷器生产过程图和一幅茶叶制作过程图，在巨幅的画面上，各自描绘了瓷器和茶叶的整个生产销售过程。（图12–1、图12–2、图12–3）

外销画作为当时来广州的欧美人士最喜欢的纪念品，销售的数量巨大，流传到欧洲和美国各地，现在许多博物馆都有收藏。由此可知当时从事外销画绘制的画家或画师也是一个很庞大的群体。广州艺术品店铺一般开设在广州的同文街（即新中国街）和靖远街（即旧中国街）。1768年到访广州的威廉·希克（William Hickey）记载，当时十三行附近有各色工匠，如玻璃画工、制扇工匠、象牙工匠、漆器匠、宝石匠及各种各样的手艺人。外销画的画室和店铺也

图 12-1　　广州外销画《采摘荆桑》，英国维多利亚阿尔伯特博物院藏

都设在这一带。

当时的外销画画家，现在可知具体姓名的不多，而且在已知的画家名字中，多数也只是知其姓而不知其名。因为在外销画上，有的有一些签名，标明画的作者，一般都写成后缀“qua”或“呱”。关于“qua”或“呱”的意思，有的研究认为，“qua”是汉字“官”的对音，意为先生，是对人的一种尊称。19 世纪，广州从事对外贸易的行商和散商都习惯以“某某呱”自称。

外销画主要是面向欧美市场，受到消费者的欢迎，这也引起了画家和其他工艺美术家们的重视，成为当时流行的“中国风”设计的重要参考。18 世纪末外销画家浦呱的画室出产的作品在欧洲被制成版画印刷出版。伦敦出版商米勒（Miller）用英、法两种文字印刷出版了一套由戴德利（dadley）制作的有关 18 世纪末中国街头商贩的图册，题为《中国服饰：60 幅附有英、法文说明的版画》，这套图册的原型是英国人梅森（Mason）在广州购买的浦呱画室的产品。图册的说明中写道：“这些是关于中国人各种习惯和职业的正确图画，……在朋友坚持下，这些十年来没有公开展示过的私人藏品终于出版了。这些精确的图画一定会带给人们对那个遥远国度的各种

图 12-2　　广州外销画《瓷器出窑》，英国维多利亚阿尔伯特博物院藏

图 12-3　　广州外销画《采茶》，英国维多利亚阿尔伯特博物院藏

生活习惯和技术的新的认识和乐趣。”

英国东印度公司也收藏了大量的外销画。1805 年，英国东印度公司在广州订购了一批包含“各种各样的事物”的图画，这些画都是水彩画或水粉画，描绘的主题包括神像、庙宇、船舶、广州官员的家庭室内情景，以及其他很多家具和装饰品。1846 年在英国出版的康纳（Julia Corner）所著《图解中国史和印度史》，其中有大量插图，都是以中国外销画为原本制作的，并注明“英国东印度公司的藏品”。英国布莱顿（Brighton）的皇家建筑内部的很多中国式图案，是由克雷斯（Frederick Crace）和他的助手在 1800—1820 年间绘制的，也从东印度公司所藏的外销画中获得了许多题材。另外，英国画家托马斯·阿罗姆（Thomas Allom，1804—1872）在许多外销画的基础上重新绘制，于 1843 年在伦敦出

版了《大清帝国的风景、建筑和民俗》4卷，有128幅插图，被认为是当时欧洲人能够得到的最详细、最丰富的关于中国图画的出版物。

三　壁纸上的中国风光

在这个时期，还有一种中国美术形式流传到欧洲，就是绘有中国图案和具有中国艺术风格的壁纸。

在室内装饰中大量使用精致美观的壁纸也是洛可可风尚的表现之一。

中国的壁纸在欧洲的传播与流行，是一个很奇特的现象。因为中国传统的民居，虽然也有用纸裱糊墙面的情况，但一般是用木板或石灰泥墙分隔空间，以素净为美，习惯在厅堂的墙壁上悬挂立轴绘画与对联，民间常见的是贴上年画。那么，怎么会有“中国壁纸”一说呢？有的学者推测，可能是卷轴画或民间年画这类纸本绘画被不明就里的欧洲商人购买后，直接贴到了墙上，其浓郁的东方情调引起人们的强烈兴趣，并正好与欧洲正在兴起的壁纸时尚相吻合。所以，欧洲的商人到中国大批量地采购壁纸，于是，才开始生产这种外销产品。因此可以说，壁纸是一种应外销要求而兴起的艺术手工业。

壁纸是16世纪首先由法国传教士从中国带到欧洲的，后来又由西班牙、荷兰商人经广州采购运回欧洲。仿制生产中国壁纸的著名法国工匠巴比雍（Jean Papillon）曾说：“早在17世纪已有大量这类的颜色纸输入欧洲。最初采用的可能是远东的船主，他们爱上这种价廉而颜色绚丽的花纸，用来贴于办公室内。不久，就引起了较广泛的需要。”中国外销的壁纸大多是成套的，一般每套有 25 张，每张大约有 12 英尺长（365 厘米）、3 至 4 英尺宽（91 至 122 厘米），拼起来就可以在墙面上组成一组连续的画面。画面的题材主要有两类：第一类为“花树与鸟”的题材，这类题材的壁纸外销数量最大，画面清新自然，风格优雅。其主题纹样是一株或几株花树，其枝干柔细，撑满整幅画面。树枝上各色鲜花盛开，美丽的鸟和蝴蝶绕树飞舞。整幅画面衬以浅色的底子，特别明快。“花树和鸟”的基本样式也有变化，或配以假山、池塘、盆景、栏杆等，或将竹子、芭蕉等植物陪衬在花树间，或在树上挂鸟笼子，或在树下点缀一些猴子、孔雀，以集中表现中国情调。第二类为人物风景题材，主要表现中国人的日常生活场面，如游园、过节、宴乐、家居、打猎等，反映中国平安逸乐的生活景象。当不需要使用这些画做墙纸时，人们就会把这些画裁剪成小块，镶在镜框里，或者贴在家具表面。

17 世纪以后，中国手绘套印的色彩绚丽的由花鸟、山水、人物起居画构成的壁纸，风靡欧洲。1693 年，英国有一份讲述玛丽女王所拥有的中国和印度珍品柜、屏风和挂纸的资料，首先提到了中国的壁纸。所谓挂纸大约就是中国手印的彩纸。这一年的《伦敦年报》上有这样一则广告：“耐用的墙纸，上面有 5 个印度人物（实际上是中国人），每张 12 英尺长，2 英尺宽。”17 世纪末的一位作家在报纸上发表文章说，中国壁纸在豪宅中极为流行，这些房子里挂满了最华丽的中国纸和印度纸，上面满绘着成千个根本不存在的、想象出来的人物、鸟兽、鱼虫的形象。大约在 1772 年，约翰·麦基（John Macky）提及旺斯特德宫时说它用中国壁纸装饰得异常华丽，壁纸上画着他平生从未见到过的最生动的中国人物和花鸟，有些简直惟妙惟肖，不禁令人觉得“只要仔细研究这些壁纸，就无须再研究中国的一切了。植物之中，有一种在中国和爪哇都很普通的竹子，其形象比我看到过的培植出来最美的植物还要婆娑多姿”。即使到了现在，欧洲人仍然认为中国手绘壁纸令其他壁纸逊色。一位英国建筑界的权威人士说过：“没有比一觉醒来见到卧室中的北京画纸更令人赏心悦目的了。”今天伦敦古斯银行客厅还保存着英使马戛尔尼出使中国后带回的花墙纸，上面绘有 302 个各不相同的栩栩如生的人物，表现了当时中国极高的工艺美术水平。

和中国其他的工艺品如瓷器、漆器等一样，壁纸传到欧洲后，也引起了欧洲人的仿制。在仿制过程中，他们力图把握这种异域风格，并“赋给中国艺术的主题以一种新颖的幻想的价值”，使社会生活里的“中国趣味”表现得更为充分。最早开始仿制中国壁纸的是法国人，其中法国工匠巴比雍仿制中国壁纸十分成功。他可能是受到在此之前的德国人实验的启发。他曾说过，1638 年，在德国魏玛和法兰克福已经流行一种制造方法，生产出一种上面有花鸟图案的金银色纸，以代替昂贵的皮革悬挂物。17 世纪 30 年代法国和英国工匠曾受到从中国进口的彩色纸的启发，分别造出糊墙用的所谓“毛面纸”（flock paper）。1746 年，英国人造出了 2 米长的印纸木版。1754 年，杰克逊设在巴特西的工厂，在印刷上有了很大的改进，开始大规模制造印有传统图案的壁纸，纸上点缀着中国传统的山水画元素。这种壁纸在英国行销很广。在 19 世纪中叶开始用机器印制壁纸之前，欧洲各国的壁纸生产一直是按照中国的方式，以小幅为单位，用铜版或木刻一张接一张连续拼印的。（图 12-4）

英国壁花纸业还向中国订购彩印木刻，运到英国后拼版印成

图 12-4　　18 世纪英国产的中国风壁纸

壁花纸出售。1734 年英国出版了一本用新法制造壁花纸的书，1754 年 1 月 8 日《英国晚报》登载的一则制纸业的广告宣称:“这些创制的壁花纸，它的秀丽、雅致，远胜以前生产的纸，价廉而物美。它和中国手绘的最美丽、精致的花纸一般无二。”即使英国已经能自制壁纸，中国壁纸也仍以其精美继续输往英伦三岛。1766 年时厦门还特产壁纸供应英国。

四　中国情调的设计风格

当欧洲人最热烈地醉心于中国艺术之时，中国的艺术品，影响于欧洲生活各方面，尤以手工艺品和工艺美术为最。中国的瓷器、漆器、家具、轿子、壁纸、丝绸、刺绣及其制作工艺传入欧洲，不仅为欧洲人的日常生活提供了许多方便，在一定程度上改变着他们的生活环境和生活方式，更为重要的是，它们还将一种神秘而飘逸的艺术风格和神韵带到欧洲，在很大程度上影响着欧洲人的审美趣味和艺术追求。在欧洲本土生产的工艺美术作品中，出现了大量的模仿中国纹样或中国情调的设计，或者称为“中国风格”的设计。

流传到欧洲的中国瓷器对洛可可艺术风格的形成有重要影响。在中国制瓷技术的影响下，欧洲各国相继办起瓷器工场，它们大都模仿中国瓷器，描绘亭台楼阁、小桥流水、菊花柳树等独特的具有中国艺术风格的图案。温雅清脆的中国瓷器不仅为洛可可艺术提供了新的物质材料，而且象征了洛可可时代特有的光彩、色调、纤美，象征了这一时代特有的情调。

欧洲各国的丝织业都模仿中国的丝织技术和纹样图案，特别是法国生产的丝绸丝质柔软，并且大量采用中国的纹饰图案，其丝绸的技术特点，连同花式装潢，都是取法中国的。

欧洲产的丝绸和瓷器在设计方面都采用了来自中国的风格和图样，成为当时流行的“中国风”设计的重要表现形式。有人说，中国文化对于洛可可风格的影响，不在文字方面，而在于中国瓷器发出的清响和各种丝绸上绚艳悦目的光泽，这种清响和光泽暗示欧洲 18 世纪社会一种想象中的快乐的人生观。

中国的刺绣工艺也在欧洲广为传播并产生很大影响。刺绣最早的历史要追溯到四五千年前，随着养蚕、缫丝业的发展兴盛，心灵手巧的女工们不再满足于织物本身的质地与纹理，而开始用各色彩线在织物上绣出女儿家的“心境”，古代的刺绣工艺由此兴起。唐时胡令能的诗《咏绣障》说：“日暮堂前花蕊娇，争拈小笔上床描。绣成安向春园里，引得黄莺下柳条。”这首诗写出了女子在古式床上刺绣时候的灵动场景与欢快心情，更展现出这门手艺的绝美之处。到明清时，刺绣工艺在技艺和审美上达到巅峰，城市中出现了经营刺绣工艺品的行庄，许多画家参与刺绣画稿的设计工作，刺绣品类万千，日用品为刺绣主流，刺绣商品出口至日本、南洋及欧美等地。全国各地形成各具地方特色的刺绣系统，出现了苏绣、湘绣、粤绣和蜀绣这“四大名绣”。

浓郁而精美的东方风格丝织刺绣产品大量传入欧洲，立刻成为皇室贵族和上层社会妇女的爱物，并出现许多仿制的工场。在法国丝织业中心里昂，皮勒蒙（Pillement）以中国刺绣图案为范本，设计了许多奇妙的花卉图案，对里昂刺绣术起到很大推动作用。丹尼尔·马罗特（Daniel Marot）的刺绣图案将螺纹、格子及逼真的小花大胆地配合起来，同中国的意匠十分相像。另外，著名画家布歇（François Boucher, 1703—1770）等人也常为刺绣品提供图样。17世纪初，法国宫廷刺绣匠师瓦尔利特等人创建了刺绣公会，专门向宫廷刺绣师提供具有东方风格的刺绣图案和样式。在18世纪，巴黎的刺绣公会有250多名成员。上流社会的妇女把掌握刺绣工艺当作她们的必修课之一，认为这才是有教养的表现。17世纪末，中国刺绣绷圈传入法国，普通家庭主妇可以用这种技术自制家用的枕袋、靠垫、台布、垫布等。

据说路易十四以及他的女儿都对刺绣这种手艺感兴趣，有时父亲还亲自为女儿挑选美丽的图案。在路易十四的财产目录中常常出现“中国式”（façon de la Chine）或“中国品”（à la Chinoise）等字样，还特别提到绣花绸绢，再加上日期。18世纪，路易十五的情妇蓬巴杜夫人用绷圈绣制丝绸工艺品，使绷圈刺绣不仅具有实用价值，而且还具有艺术价值。

壁毯也是这一时期表现中国趣味的重要艺术形式。这主要表现在壁毯的图案设计上。有一件制作于17世纪末的英国著名的伦敦梭霍壁毯，原件现藏于美国的耶鲁大学，这个壁毯共有4幅，图案分别是:“音乐会”“公主梳妆”“进餐”“坐轿”。其中“坐轿”

图 12-5　　英国梭霍工厂生产的挂毯

的画面是一位王子坐在一顶加盖的轿子上，由随从抬着，几位女子正等候王子的到来。“进餐”表现皇帝和皇后坐在帐篷里进餐，前景是垂钓的场面，地的颜色是深暗的，画面上的人物很小，着装是中国、印度和欧洲风格的混合，人物活动就在一个个浮岛上展开：人们在岛上钓鱼、散步、上树采果子、聊天、坐车等等，配以中国式建筑、异国情调的棕榈树、奇异的植物、与东方有关的禽鸟和神秘的动物等，构成一幅幅十分神奇的画面。（图 12-5）

巴黎的高布兰（Gobelins）是专为皇室和贵族制作挂毯的工场，它的产品大量采用中国绘画和图案，例如皇帝上朝、皇后品茶、夜宴、采茶等。宝塔、亭榭、仕女、花鸟、鹦鹉、猴子、拖着辫子的官员等，都是挂毯上常用的图案。挂毯上还时常出现这样的中国场景：一个学者在埋头读书，两个仆人跪在他的身后等候吩咐，远处的宝塔隐约可见；园中亭下，丫鬟张伞为女主人遮阳，女仆跪着向女主人献花，远处是海滩，礁石旁影影绰绰地有几个渔夫在捕鱼。

法国博韦（Beauvais）皇家作坊是 1664 年建立的，它不仅生产专供王室的产品，也供应其他顾客。1732 年的一份文件中说：“该作坊中最美观的图案之一是中国图案，由于它被如此频繁使用而

图 12-6　　　法国博韦中式挂毯《皇帝上朝》

图 12-7　　　法国布歇绘挂毯《中国集市》

现在几乎从中再辨认不出什么东西了。”这些壁毯实际上是欧洲人根据中国的素材在造型艺术领域创作的第一批作品。18世纪20—30年代，博韦生产了一套10幅以中国皇帝为主题的大型系列壁毯，有“皇帝上朝”“皇帝出行”“天文学家”“夜宴”“摘凤梨”“采茶”“打猎归来”“皇帝登舟”“皇后登舟”“皇后品茶”等，展现了一系列中国皇室宏伟的生活场面。

1752年，画家布歇也曾为博韦织毯厂制作了许多挂毯的画版，其中有一套包括9幅画的挂毯，这9幅画分别是:《中国皇帝的召见》《中国皇帝的宴请》《中国婚礼》《中国捕猎》《中国捕鱼》《中国舞蹈》《中国集市》《中国风俗》《中国园林》。据说，这套挂毯是布歇参照传教士王致诚寄给巴黎的《圆明园四十四景图》设计的。1764年，法国国王路易十五将根据这份画稿设计织造的挂毯赠送给了乾隆皇帝。据说乾隆皇帝对这套壁毯十分欣赏，赞不绝口，还在圆明园中开辟了专门的房间来收藏。可惜在英法联军“火烧圆明园”的时候，这套挂毯也一起被毁。（图 12-6、图 12-7）

五　中国绘画艺术的影响

在洛可可时代，中国文化对欧洲的绘画艺术产生了重大影响。一方面，由于大量中国工艺美术品的传入，欧洲形成普遍的审美意识的“中国趣味”；另一方面，也有一些中国山水画、人物画流入欧洲，为欧洲画家直接欣赏借鉴中国绘画艺术提供了可能。所以，和当时收藏中国瓷器、漆器等工艺品一样，中国画也被欧洲人热心搜寻、珍藏。当时的欧洲人，已为中国画的气氛和奇妙形式所陶醉，进而心生向往。他们最初在瓷器中所发现的并深为喜爱的风致，在丝绢中所发现的使他们为之倾倒的绚烂色彩，在中国画里又重新接触到了。

接受中国绘画艺术影响而突出表现洛可可风格，最杰出的是法国画家华托（Jean-Antoine Watteau，1684—1721）。华托是法国绘画艺术史中一位很重要的人物，正是他使法国绘画摆脱了刻板的巴洛克风格，而开启了洛可可画风。在技术上，华托在许多方面借鉴了中国画法，给风景画注入了一种独立的生气。他以山水烘托人物，把山水作为背景或壁画。他使用娇嫩而半透明的颜料作画，喜爱玫瑰色、天蓝色、紫藤色和金黄色的调子。这些色调和构图所呈现出来的画面，产生一种非常和谐的效果。特别是他描绘的风景，重峰叠嶂、流云黯淡、烟雾迷蒙，晕染出一片蒙蒙大气。

华托最著名的作品《舟发西苔岛》描绘的是，在一座小丘上，一些盛装的贵族男女坐在枝叶茂盛的树木和花环簇拥的维纳斯像下面，另几个人已经步下小丘走向岸边，那儿有金色的船只和快乐的小爱神们在等待他们。远处，在朦胧的烟雾中显现出那个幸福之国的岛屿的轮廓，一对对恋人渴望到达那儿，以领略爱情的真正幸福。这些沉湎于爱情的人，融入山石树木雾气之中，给人以无限亲切悠然之感。任何仔细研究过宋代山水画的人，一见这幅画的山水背景，就会立刻感到二者的相似。华托未将景物与画中人合为一体，他所画的蓝色的远景，仍旧保持自己独立的存在。形状奇怪的山峰，一定不是他平日所见的山水，它们的形状和中国的山水十分相像。用黑色画出山的轮廓的技法是中国式的，表示云的那种奇妙的画法也是如此。华托喜欢用单色山水作为画的背景，这正是中国山水画最显著的特点之一。华托还画过不少中国景物和人物画，但都是凭想象画成的，画中的景象反映了他幻想中的东方世界。

在法国画家中，具有中国情调的还有贝伦（Jules Berain）、基洛特（Gillot）、毕芒、布歇等人。毕芒曾印行过一套和华托风格很相近的雕版画，题名《中国茅舍》。画中，在小小的敞开的茅舍之下，有中国人，有古怪的柏树、婀娜的蔓草，有代表人们所熟悉的中国桥梁的一二弧形物，亦有杂花，完全是一派中国田园风光。布歇是法国皇家绘画雕塑学院院长、国王的首席画家、戈贝林皇家作坊的艺术总监。他早年十分崇拜华托，曾把华托留下的多种素描刻成版画，出版了《千姿百态》画册。布歇继承了华托的优雅传统，吸取中国画的螺旋形构图和漂浮意象，使他的一些绘画具有明显的中国特色。他曾为蓬巴杜夫人画过肖像画，为她设计女服和装饰品，他设计的图案成为当时出入宫廷的贵妇人们所效法的榜样。布歇富有装饰的才能，他的绘画也都具有装饰的要素，如《爱之目》《牧歌》等。他以擅长花鸟著称，也画过一幅山水画。他创作的《中国皇帝的召见》《中国捕鱼》《中国园林》《中国集市》4幅油画，画面上出现了大量写实的中国物品，比如中国的青花瓷、花篮、团扇、

图 12-8　　法国布歇《中国园林》

伞等，画中的人物装束很像是戏装，与当时清朝人实用的装束还离得比较远，但中国特色还是很明显。其中的《中国捕鱼》，上有蔚蓝的天空，下有一二中国建筑物，其前有一老人垂钓，旁有一妇人做观水之状，有一小童持伞荫蔽老人，深得中国画之神韵。贵族们争相收购这些画，买不到的，便把那些以这 4 幅画为蓝本的挂毯抢购一空。俄国文艺思想家普列汉诺夫说："优雅的性感就是他的缪斯，它渗透了布歇的一切作品。"（图 12-8）

中国绘画艺术对英国水彩画的发展有着直接的影响。英国画家亚历山大·科仁斯（Alexander Cozens，1717—1786）和约翰·罗伯特·科仁斯（John Robert Cozens）父子，是首先以水彩作风景画的画家。他们作设色山水，常以中国墨打稿。这一技法在浪漫主义时期及其后成为一种普遍的艺术表现形式，受到传统中国绘画技法的强烈影响。据英国史家记载，在水彩画发展初期，很多画家使用的都是中国墨。

风景画中的大师透纳（Joseph Mallord Willian Turner，1775—1851）也曾试用中国墨。他一生创作了几百幅油画、几千幅水彩画和速写，给英国艺坛带来了巨大的活力。他运用最丰富的色彩来表达光与空气的效果，形成了明暗对比鲜明的格调，并具有诗的情味。他的水彩风景画颜色十分单纯，但具有丰富的色彩感。他最善于表现晨夕的光影，浓郁的大气充满了画面。《失事船沉没以后》是他最完美的作品之一，表现出他在色彩和水彩技法上的高度造诣;《凯威莱城堡》的整个画面色彩缤纷，虚实交错，光和色的变化使画面显出深远的空间感，给人以无限高远、辽阔、清新而庄严的意境；他的名作《意大利的纳米湖》，以单纯的墨色来表现景色的空气感，颇有中国画味道。

六　对中国造园艺术的介绍

中国的园林和建筑艺术对欧洲人有着特别大的吸引力。在中国文化的影响和刺激下，欧洲各国的建筑园林艺术在洛可可时代有了突出的发展，形成了欧洲造园艺术文化史上的一个有特殊意义的阶段。

中国的“自然式园林”与欧洲的“几何规则园林”形成了强烈的反差和对比。中国皇宫的富丽堂皇、南方民居的典雅清秀、庙宇塔寺的庄严肃穆，都明显具有东方文化的特点。来到中国的欧洲人，看到与他们习惯的园林式样完全不同的中国园林，看到与他们习惯的建筑样式完全不同的中国建筑，往往会产生强烈的视觉冲击和十分深刻的印象。所以，在近代早期来华的传教士、商人等都对中国园林、造园艺术以及中国建筑风格有不同程度的介绍。（图 12-9）

最早来中国的传教士利玛窦曾多次提到中国的建筑和园林。传教士卫匡国的《中华新图》、安文思的《中华新史》等一系列关

图 12-9 广州外销画《园林景色》，英国维多利亚阿尔伯特博物院藏

于中国的著作中也有相当篇幅描述了中国园林，使西方人对中国园林有了进一步了解。1724 年，意大利传教士马国贤把铜版画《避暑山庄三十六景图》带回英国伦敦，使中国园林图像资料第一次传入西方，标志着西方人对中国园林的了解进入图像时代。这“三十六景图”的原作是清代画家沈嵛奉康熙皇帝之命所绘的《御制避暑山庄诗》，康熙五十一年（1712），版刻名手朱圭、梅裕凤以该画稿为底本，雕刻成木版《御制避暑山庄三十六景诗图》。康熙五十二年（1713），马国贤又以木版“御制图”为蓝本，主持印制了铜版《御制避暑山庄三十六景诗图》，同于木版的格式，在 36 幅铜版画另侧，由名臣王曾期书写诸景点记述和康熙题诗。马国贤将这些铜版画带到英国，起先收藏在热心中国风园林的伯灵顿（Burlington）勋爵家中的图书馆，现存于大英图书馆。马国贤在伦敦时，曾经向英国人介绍过中国园林，并将其与古罗马的贺拉斯和西塞罗的牧歌式理想做了比较。马国贤的伦敦之行，对英国乃至欧洲的园林艺术产生了极大的影响，推动了英国以及欧洲园林设计的革命。

另一位来华传教士王致诚在 1743 年给在巴黎的朋友达索写了一封长信，其中详细描述了被他称为“园中之园”的圆明园的美丽景色。由于王致诚具有很高的艺术修养，并且对于中西方艺术都很有体会，所以，他对于中国造园艺术的看法就不同于前述几位传教

图 12-10　　《英中园林图解》一书中的圆明园长春仙馆图

士那样仅仅是作为参观者的意见了。在当时来华传教士中，王致诚介绍中国园林的书信是最全面也是影响最大的文献。在王致诚看来，中国的园林建筑给人一种画意的感觉。他指出了中国园林的无比丰富性，认为其充满了胜境幽处、意想不到的变化，充满了浪漫情趣，山重水复，木老石古。他认为中国人在园林建筑方面的创作是作为景物的一部分而提出的，是对自然美景的补充。对于这种美景，王致诚觉得无法描摹，只能说："只有用眼睛看，才能领略它的真实内容。"

王致诚的这封信在欧洲流传很广，他笔下的圆明园成为欧洲人心目中的时尚园林和梦幻仙境，同时也引起了欧洲园林建筑家的极大兴趣。后来，王致诚应友人之邀，将中国宫廷画家唐岱、沈源、冷枚等人完成的《圆明园四十景图》的副本寄到巴黎。（图 12-10）

在向欧洲介绍中国园林艺术方面，除了上述传教士们的介绍和推崇外，英国建筑家威廉·钱伯斯（William Chambers，1723—1796）也起到很大作用。

钱伯斯在一艘瑞典东印度公司的商船上任货物经理。1742—1744 年间，他在广州工作之余搜集了一批有关中国建筑、园林、服饰和其他艺术的资料。他对中国的园林很有兴趣，曾向一位叫李嘉的中国画家请教过中国的造园艺术。1748 年他曾再次到中国考察，描画了许多中国建筑、家具、服饰等的式样，特别是对中国建筑做了大量的速写。后来，他结束了航海生活，先到巴黎后到意大利学习建筑。1755 年，钱伯斯回到英国，担任威尔士亲王（Prince of Wales）

的绘画教师。1757—1763 年，他主持邱园的园林和建筑设计，1761 年开始任英国宫廷的建筑师，1782 年成为宫廷总建筑师。

主持邱园的建设，是钱伯斯最主要的成就。与此同时，他还对中国建筑和造园艺术进行了深入的研究，于 1757 年出版了《中国建筑、家具、服饰、器物的设计》一书，内容主要是介绍各种中国的建筑物和园林，有大量相当精确的插图。同年 5 月，他又在《绅士杂志》上发表了论文《中国园林的布局艺术》。钱伯斯的研究具有很高的价值，在当时就产生了相当大的影响，成为中国风尚的范本。

钱伯斯的著作提出了和当时欧洲普遍流行的园林形式完全不同的理念。他认为真正动人的园林应该源于自然，但要高于自然，要通过人的创造力来改造自然，使其成为适于人们休闲娱乐之处。他认为古典主义的花园太雕琢，过于不自然，而所谓自然景致花园又不加选择和设计，枯燥粗俗。最好的选择是明智地调和艺术与自然，取双方的长处，这样才能造出一种比较完美的花园。这种花园就是中国式的花园。他说："任何真正中国的东西至少都有它独创的优点，中国人极少或从不照搬或模仿别国的发明。"他还指出："(中国人)虽然处处师法自然，但并不摒除人为，相反地有时加入很多劳力。他们说：自然不过是供给我们工作对象，如花草木石，不同的安排会有不同的情趣。""中国人的园林布局是杰出的，他们在那上面表现出来的趣味，是英国长期追求而没有达到的。"钱伯斯相当系统全面地论述了中国的造园艺术。关于中国造园艺术的基本特点，他指出："大自然是他们的仿效对象，他们的目的是模仿它的一切美的无规则性。"他指出："首先，他们详察所选定的地址的地貌，看看它是平地还是坡地，有土丘还是有山岗，是开阔的还是幽闭的、干的还是湿的，是不是有许多小河和泉水，或者根本没有水。他们对各种各样的环境很重视，选择最适合于自然地貌的布局方法，这种方法花钱最少，最能遮盖缺点，而又最能充分发扬一切优点。”

钱伯斯进一步阐述了中国造园艺术的基本原则，他指出：“中国园林的设计原则，在于创造各种各样的景，以适应理智或情感的享受等各种各样的目的。”“整个地段被分化成许多不同的景；他们的园林的完美之处，在于这些景致之多、之美和千变万化。中国的造园家，就像欧洲的画家一样，从大自然中收集最赏心悦目的东西，把它们巧加安排，以致不仅仅这些东西本身都是最好的，更要使它们在一起组合成一个赏心悦目、最动人的整体。”他认为中国园林中的这些景都是有性情的。

钱伯斯对中国造园的具体方法进行了说明，认为中国园林对包括四季的变化，每天清晨和中午、黄昏不同时段的变化，以及不同功能的变化，都有各自不同的设计和安排，还有用不同的尺度和色调变化来造成空间的深远效果，等等。钱伯斯还非常重视色彩在园林中的独特作用，并首先将这种理论运用到实践中去。总之，他对中国园林怀着极为赞赏和推崇的态度，他说，中国人设计园林的艺术确是无与伦比的。欧洲人在艺术方面无法和东方灿烂的成就相提并论，只能像面对太阳一样尽量吸收它的光辉而已。他还指出，“在中国，不像在意大利和法国那样，每一个不学无术的建筑师都是一个造园家……在中国，造园是一种专门的职业，需要广博的才能，只有很少的人能达到化境”。

钱伯斯对于中国建筑和造园艺术的研究，在当时的欧洲各国产生了很大的影响，他所建造的邱园成为当时欧洲流行的“中国

图 12-11　　这幅画表现了 18 世纪欧洲人对东方园林的想象

风”在园林建设上的一个样板，他的《中国建筑、家具、服饰、器物的设计》一书，也成为造园家们必备的参考书。可以说，钱伯斯在英国乃至欧洲的造园史上开创了一个时代。（图 12-11）

七　流行一时的“英中花园”

1750 年，钱伯斯受肯特（Kent）公爵之托，在英国东南叫邱城（Kew）的地方建造别墅。他在此设计了一座中国式庭园，名为“邱园”（Kewgarden）。园中垒石为假山，小涧曲折绕其下，茂林浓荫；园内有湖，湖中有亭，湖旁耸立一座高 160 英尺的九层四角形塔，每层都有中国式的檐角端悬，塔顶四周以 80 条龙为饰，涂以各种颜色的彩釉。塔旁还有一座类似小亭的孔子庙，图绘孔子事迹，并杂以其他国家及宗教的装饰，唯雕栏与窗棂为中国式。邱园中某些局部的规划也具有相当程度的中国特色，在水面以及池岸处理上尤显突出，两者之间过渡自然。邱园中那如茵的绿草地、点缀其间的鲜艳的花卉、矗立一旁的深色调的参天古木组合在一起，显得相当协调，充分体现了钱伯斯独特的艺术感觉和创造力。

邱园是钱伯斯最著名的代表作，是钱伯斯式风格的最佳体现。有一位艺术评论家评论钱伯斯的邱园说："钱伯斯建园，用曲线而不以直线，一湾流水，小丘耸然，灌木丛生，绿草满径，树林成行，盎然悦目。总而言之，肯特公爵入此园中，感到如在自然境界。"

1763 年，钱伯斯把邱园的建筑平面图和剖面图汇集成册，出版了《邱园设计图》一书。1771 年，瑞典国王见到这本书后，封钱伯斯为骑士，授北极星勋章，英国国王乔治三世批准他在英国使用这个头衔，钱伯斯的声望达到了顶峰。

钱伯斯建造的邱园引起了模仿的浪潮。1770 年前后，中国的园林及建筑实际上成为英国某些公园的主题，涌现出一批"中国风"园林。比较有代表性的有建于 1772 年的德罗普摩尔（Dropmore）花园，园中不但有假山、水池和灌木丛，还有竹子和绿釉的空花瓷墩，很有中国风味。此外还有阿莫斯博雷（Amesbury）花园、夏波罗（Shugborough）花园等。牛津的沃斯顿公园也是用中国式园林构图方式来设计的。1798—1799 年，罗伯特在贝德福德的沃布建造了农场花园，其中的牛奶场采用了中国形式，它是用白色大理石和彩色玻璃装饰的，在中心有一个喷泉。墙的四周环绕着许多中国和日本的各色碟碗，里面装满了新鲜牛奶和奶酪，操作台上的物品柜完全是中国式的家具。窗户使用落地玻璃，上面绘有中国画，在幽暗的灯光下显得非常神秘。

这一时期的英国园林，常堆几座土丘，叠几处石假山，再点缀上错落的树丛，造成景色的掩映曲折，增加层次，引三两道淙淙作响的流水，穿过高高的拱桥下，偶尔形成急湍飞瀑，汇集到一片蒹葭苍苍的小湖里去，湖里零散分布着小岛或者石矶。溪畔湖岸，芦蒲丛生，乱石突兀，夹杂几片伸到水中的青青草地。道路在这些假山、土丘、溪流、树丛之间弯来绕去，寻幽探胜，有意识地造一些景，大多以建筑物为中心，配上假山和岩洞。

在众多园林建筑中，英国人最喜爱用的是“中国亭”。在18世纪，英国所建造的中国亭大部分是建造在水边或水中的，它们常常用于垂钓。随着中国式园林样式迅速地传播开来，英国很多地区出现了中国亭。在一个秀气的园林里面放置一个中式亭子，对所有的贵族来说好像是花园必不可少的装饰。中国亭的体积小，很轻盈，很快替代了流行很长时间的、很多柱子支撑起来的圆形古典小庙。

在18世纪后期，中国式庭园建筑在英国蔚然成风，日趋完善。此风传到法国，其便有“英中花园”之称。法国一些贵族刻意模仿中国园林，在私人花园里建造亭台楼阁宝塔，布置小桥流水、假山石岛，甚至把圆明园的花卉移植到法国。巴黎的一些花园被设计成“自然式”，里面有湖、小溪，还有中国的桥、岩洞和假山，即曾在凡尔赛流行的所谓的“乡村之景”。1774年，凡尔赛的小特里阿依花园（Jardin de Petit Trianon）建成，这座花园是由园艺师理查德（Antoine Richard）设计建造的。这个花园位于小特里阿依的东北、北和西北三面，里面有栽种异国植物的大温室、亭阁、大楼阁、塔、牛棚、羊舍、中国的鸟笼、大悬岩、上流河的源头、迫使河流积聚

图 12-12　　伦敦邱园中的花园和鸟舍

泥沙的岩石等。在当时，这座花园被认为是“最中国式”的。这座花园是为玛丽·安托瓦尔特王后建造的，王后可能阅读过王致诚有关圆明园的描述，所以才有了建造这样的中国式花园的想法。

1773 年始建的蒙梭（Monceau）花园是一座很典型的“英中式花园”，水面多而且富于变化，有小溪、跌水和湖泊，湖心有一座小岛，岛上建造了一座中国式建筑物，还有中国式的桥和岩洞、假山。1780—1787 年建于纽斯特附近的斯腾公园是法国最精美的英中式园林，其部分建筑是根据尼霍夫访华时从中国带回的资料设计的，园林中有中国的三角亭等。（图 12-12）

18 世纪的法国建筑师让-弗朗索瓦·勒鲁瓦（Jean-François Leroy）在巴黎郊外的尚蒂伊宫建造了一座中式花园。这座宫殿和花园是属于孔蒂王子（Bourbon Condé）的。这座“中国花园”的标志性建筑是一座规模不大的假山，上面有石块砌筑的登山小路。假山前有一条蜿蜒曲折的小河，河边建有茅草小屋。小屋旁有一个水车，说明这是一座中国的农舍。

“中国风”设计的园林在德国、瑞典、西班牙等地也很有影响。在 18 世纪的欧洲，仿造中国式的园林，或者说建造一座英中式花园，已经成为一种贵族的时髦行为。此风从英国开始，继而被各国纷纷仿效，一时间中国式园林遍布欧洲各国，成为独特的风景。

八　家喻户晓的“中国瓷塔”

在欧洲人了解的中国建筑中，最有名的是南京的“瓷塔”，以至于在很多人看来，“瓷塔”就是中国建筑的代表。

所谓“瓷塔”，即是南京大报恩寺内的琉璃塔。大报恩寺位于南京中华门外雨花路东侧秦淮河畔，是明朝永乐皇帝为纪念其生母，在1412年到1431年间重修的，郑和担任过监工官。这座寺庙规模庞大，是一组有如宫殿般金碧辉煌的建筑群，其方圆达“九里十三步”，曾与灵谷寺、天界寺并称为“金陵三大寺”。位于大殿后的大报恩寺琉璃塔九层八面，周长百米，高达78.2米，以五色琉璃精工砌筑，为当时全国最高的建筑，甚至于从数十里外的长江上也可望见。该塔是金陵四十八景之一。1856年，太平天国发生“天京变乱”，大报恩寺塔被北王韦昌辉下令炸毁。（图12-13）

欧洲人得知“瓷塔”，首先得归功于荷兰人纽霍夫。他在《出使中国记》中以图文并茂的形式介绍了“中国瓷塔”（The porcelain tower of NanKing），热情地推崇它造型的独特和无与伦比的美丽：

> 我们走出城区，去看一座著名的宝塔。那里被中国人称作报恩寺。……到了那里，你拾级而上……你所看到的所有营造设施都美轮美奂，巧夺天工，浸染着古老的中国风韵。我想整个中国也没有别的地方可与这里媲美了……在寺院的中央，矗

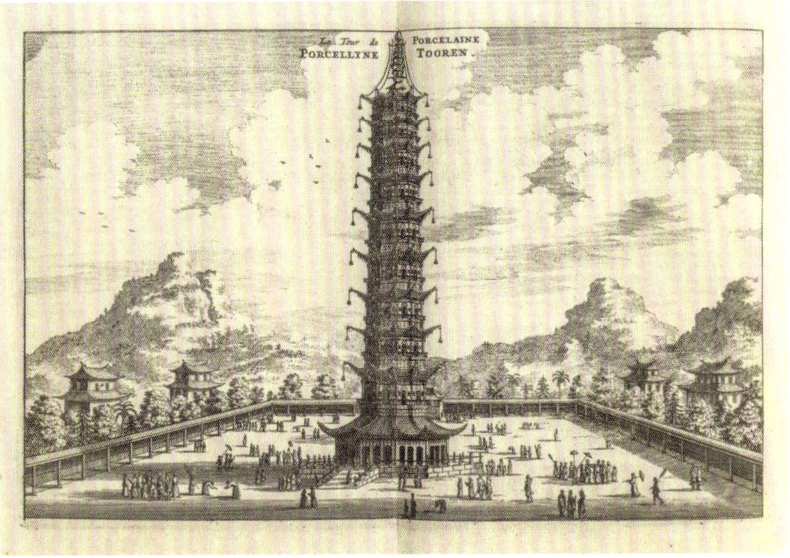

图 12-13　荷兰纽霍夫的《出使中国记》中的插图“中国瓷塔”，巴黎吉美博物馆藏

> 立着一座高高的瓷塔，它是精品之中的精品，展现了中国能工巧匠独特的才华与智慧……当我由这件艺术杰作联想到其他所有的艺术杰作，由这座非凡的建筑追忆起其他精妙的建筑时，一个念头袭上心头，我要以诗把它凝固——将宝塔与世界七大奇迹并置，这在西方旧世界也许显得荒谬，我为你崇拜的庙宇的灿烂深感惊恐。啊，南京，在此没有人信仰真正的神灵！

纽霍夫图文并茂的介绍，使得南京大报恩寺塔成为最为西方人所熟知的中国建筑。但纽霍夫将 9 层的宝塔错画成 10 层，这一错误直接影响到后来欧洲以此为蓝本设计的许多塔的层数。这座塔通体琉璃，但纽霍夫误认为是外表贴着珍贵的瓷砖，就把它称为“瓷塔”，从此以后大报恩寺塔就在欧洲以“瓷塔”著称。1665 年纽霍夫的书的法文版面世后，还激发路易十四于 1670 年在凡尔赛建成了欧洲首个中式建筑——特列安农瓷宫。欧洲人惊叹南京“瓷塔”的雄伟壮丽，将其视作“东方建筑艺术最豪华、最完美无缺的杰作”，将其称为与罗马大角斗场、土耳其圣索菲亚清真寺、英国巨石阵、意大利比萨斜塔、埃及亚历山大陵和中国的万里长城相提并论的“中古世界七大奇观”之一。

经过纽霍夫以及传教士们的介绍，中国瓷塔在欧洲家喻户晓、童叟皆知。1839年，安徒生在童话《天国花园》中提到一位名叫“东风”的少年，穿了一套中国人的衣服，刚从中国飞回来。关于中国的印象，东风告诉他的风妈妈：“我刚从中国来——我在瓷塔周围跳了一阵舞，把所有的钟都弄得叮当叮当地响起来！”在这个童话里，安徒生通过风妈妈四个儿子的叙述，描绘了世界各地的旖旎风光和独特的景物。故事中的瓷塔即表示中国。

1878年，诗人朗费罗（Henry Wadsworth Longfellow）写的《可拉莫斯》（*Keramos*）也提到瓷塔：

远方的南京城的侧旁，可以看见
瓷塔，古老而且古怪，
拔地伸向惊异的天空，
它有九层彩绘的回廊，
配有缠绕树叶状的扶栏，
瓦片的塔顶，在飞檐下，
挂着瓷铃，每时每刻
发出柔和、悦耳的乐声……

中国的“瓷塔”成了欧洲园林建筑中纷纷仿制的对象。17世纪晚期到18世纪各地出现的中国式宝塔，都以“瓷塔”为样板；在其他装饰领域，也多见到它的形象。欧洲第一座中国式塔于1762年在伦敦西南部的邱园建成。这座八角形的砖塔共10层，高约50米，由钱伯斯设计。宝塔主体呈八角形砖砌锥体，底部为廊。每层设有列窗，有10层凸出的顶盖，覆以白绿相间的琉璃瓦。每层均有中式大红眺台围绕，檐角则有彩绘雕饰的玻璃巨龙，龙嘴中